· 江淮名师成长之路 ·

源自大山，痴情守望

—— 一位乡村名师的成长行思

周　宏◎著

安徽师范大学出版社

· 芜湖 ·

图书在版编目(CIP)数据

源自大山,痴情守望:一位乡村名师的成长行思 / 周宏著 .— 芜湖:安徽师范大学出版社,2020.10

ISBN 978-7-5676-4633-9

Ⅰ.①源… Ⅱ.①周… Ⅲ.①乡村教育－研究－中国 Ⅳ.①G725

中国版本图书馆CIP数据核字(2020)第195073号

源自大山,痴情守望——一位乡村名师的成长行思　　　　周　宏◎著

YUANZI DASHAN, CHIQING SHOUWANG—YI WEI XIANGCUN MINGSHI DE CHENGZHANG XINGSI

策划编辑:王一澜

责任编辑:何章艳　　责任校对:蒋　璐

装帧设计:丁奕奕　　责任印制:桑国磊

出版发行:安徽师范大学出版社

　　　　　芜湖市九华南路189号安徽师范大学花津校区

网　　址:http://www.ahnupress.com/

发 行 部:0553-3883578　5910327　5910310(传真)

印　　刷:江苏凤凰数码印务有限公司

版　　次:2020年10月第1版

印　　次:2020年10月第1次印刷

规　　格:700 mm×1000 mm　1/16

印　　张:14.5

字　　数:230千字

书　　号:ISBN 978-7-5676-4633-9

定　　价:49.00元

江淮名师成长之路
编委会

（按姓氏笔画排序）

主　　编：周兴国

副 主 编：阮成武

其他委员：李宜江　辛治洋　聂竹明

总　序

从理论上说，教师专业发展存在"补缺"和"成长"两种主要模式。前者主要是为了弥补教师在教育教学上存在的某些缺陷而开展的培训活动，旨在提供一种外在于教师的知识、技能，以弥补教师存在的这些素质上的不足和缺陷，促进教师的客体性发展；后者主要指与教师对其自身教学实践进行持续性探究相伴随的各种发展活动，促进教师的主体性发展。近些年来，我国教师专业发展多采用的是一种客体性的发展方式，即试图通过各种各样的培训来弥补教师存在的知识、能力或观念的"缺陷"，以期达至专业发展之目的。相对于教师培训这种客体性的发展方式，是教师作为教育活动和专业发展的主体，基于教育实践进行自我式、伙伴式或团队式的探索发现、经验总结、深度反思，实现经验的生成和分享，实现一种主体性的专业成长。

为此，近年来我们发起成立的安徽省教师教育协同创新中心，在开辟教师教育协同创新实验区，开展教师职前培养模式改革的同时，注重与一线优秀教师的合作和协同，发掘他们在教育实践和职业生涯过程中积累形成的成长经验，并将此作为成功案例进行系统整理和编辑出版，提供给广大在职中小学教师在专业发展过程中分享。特别是安徽省人民政府及教育主管部门先后从全省中小学教师中遴选了一批"江淮好教师""江淮好校长""江淮好班主任"，他们的事迹虽然得到表彰和一定的宣传，但都不够系统、深入和完整，难以反映这些优秀教师在各种岗位上探索成长的心路历程。为此，安徽省教师教育协同创新中心联络这些优秀教师进行深度讨论和策划，希望他们将专业成长的历程和经验，以教育生活史的方式进行叙事和讲述并整理出来。这不仅有利于他们自己进一步的探索和成长，更是准备投身教师职业的师范生和广大中小学教师在职学习的活教材，也有利于他们探索和总结教师成长、发展的规律，促进教师专业发展研究和教师培训模式的创新。

《中共中央 国务院关于全面深化新时代教师队伍建设改革的意见》指出，"兴国必先强师"，"教师承担着传播知识、传播思想、传播真理的历史使命，肩负着塑造灵魂、塑造生命、塑造人的时代重任，是教育发展的第一资源，是国家富强、民族振兴、人民幸福的重要基石"，并提出"培养造就数以百万计的骨干教师、数以十万计的卓越教师、数以万计的教育家型教师"。习近平总书记在全国教育大会上进一步指出："建设社会主义现代化强国，对教师队伍建设提出新的更高要求，也对全党全社会尊师重教提出新的更高要求。人民教师无上光荣，每个教师都要珍惜这份光荣，爱惜这份职业，严格要求自己，不断完善自己。"新时代教育呼唤党和人民满意的高素质、专业化、创新型教师队伍。围绕新时代教师教育建设，党和国家制定出台了一系列重要的教育政策措施，但最关键的还是广大教师自身的思想自觉和行动自觉，牢记使命、不忘初衷，爱岗敬业、教书育人，改革创新、服务社会。

我们遴选的这些优秀教师都是扬名一方的江淮名师。他们或在城镇或在乡村，工作的环境和条件各不相同，但他们都执着于教书育人，有着热爱教育的定力、淡泊名利的坚守，更有着在教育实践中不断探索、创新的活力和韧劲。他们将自己的成长之路系统回顾和梳理出来，从中看到他们探索的步履、成长的足迹、成功的欢欣。我在阅读过程中一次次为他们的故事所感动，也从他们的成长之路中得到启示和教益。相信准备投身教师职业的师范生和广大中小学教师，通过这些江淮名师成长的活生生的故事和心语，同样能够领略和分享到乐育英才的成就感和幸福感。

这套丛书由安徽师范大学教育科学学院周兴国教授和我总体策划，辛治洋教授、李宜江教授、聂竹明教授、吴支奎副教授、徐赟副教授、孟庆娟老师和柳丽娜博士、马兴博士等做了大量的具体工作，尤其得到各位作者的鼎力支持，安徽省教师教育协同创新中心和安徽师范大学教育科学学院提供了出版资助，在此一并致谢！

是为序。

阮成武
二〇一八年十一月一日

序　言

　　暑假的一天早上，我刚到办公室，就收到一本周宏同志送来的《源自大山，痴情守望——一位乡村名师的成长行思》书稿，并请我作序。

　　我浏览了一遍，有两点想法，那就是"感动"和"感谢"。说"感动"，是因为周宏同志无论是当教师还是当校长，都是那样朴实、勤奋和敬业。

　　我在毛坦厂镇工作了8年，对周宏同志还是很了解的。周宏同志作为一名在山区成长的教育专家，不被城市的优越条件吸引，8次放弃进城，是乡村教育最需要的实践者和引领者。35年来，他以学校为家，勤恳工作，写了98本备课笔记和教学反思，带动了一大批中青年教师成长。他利用节假日跑遍了毛坦厂镇中心学校自己担任班主任班级的所有学生家庭，绘制了学生家庭住址图，与家长共商教育孩子的方法。有位同学曾在一次报告会上动情地说："周老师，在我的心目中，不仅是我的好老师，有时我觉得他就是我的好父亲。"他还用自己的影响力，带动了一大批学生大学毕业后又回到家乡学校任教，为毛坦厂镇的学校添增了一批优秀教师。教学相长，他自己也成长为安徽省中学语文特级教师和正高级教师。

　　周宏是一位扎根乡村35年的好校长，他把仅有168人的乡村初中发展到现有在校生3000多人的上规模的学校，他是乡村师生成长的陪伴者和乡村教育的守望者。他着力塑造"人心工程"，努力构建"和谐学校"，打造"美丽校园"，重视校园绿化、净化、美化、文化，营造书香氛围，让毛坦厂教育有了勃勃生机。

　　周宏还是一位在教育教学、教研教改方面成绩卓著的安徽省名师工作室首席负责人。他主持完成3项省重点课题研究项目并获研究成果奖，发表论文30多篇，主编教材2本，2017年获六安市政府特殊津贴。他多次担任省、市、区级骨干教师、班主任、校长培训的主讲人，是全国阅读实验项目负责人，被省教育厅派往美国访学。

说"感谢"，是我以一位教育管理者的身份对乡村教育进行思考而生发的感触。本书以理论和实践相结合的方法，用讲故事的形式，呈现了一位乡村教师如何从普通的师范毕业生成长为中学语文特级教师、正高级教师的轨迹，如何把一所濒临关闭的偏远初中发展成为远近闻名的教科研型的具有一定规模的优质学校。

本书分为六章。第一章介绍的是"历练课堂教学"。课堂教学水平的高低，决定了一个教师教学质量的高低。教师要努力提高自己的课堂教学水平，而课堂教学水平的提升又能很好地促进教师专业化水平的提高。第二章介绍的是"巧借故事帮手"。教师不仅要有故事，还要讲好故事。作家莫言获得诺贝尔文学奖后，应邀在瑞典文学院进行了文学演讲，题为《讲故事的人》，莫言拥有的丰富故事为他的写作提供了丰沛的养分，他把故事变成了一篇又一篇厚重的作品。教师也应该做一个会"讲故事的人"。第三章介绍的是"精心修炼语言"。教师是靠语言来完成自己的工作任务的。换句话说，语言能力的高低，决定了教学水平的高低。教师要提高语言修养，就应该加强思想道德修养，练就扎实的专业基本功，训练敏锐的思维能力。第四章介绍的是"打造卓越班级"。如果说学科教师的职责重在教学，那么班主任的职责就重在教育。班主任是班级工作的领导者、组织者和实施者。班主任还要协调各科授课教师，形成教育合力，努力构建优秀的班集体。这才是完整的教育。第五章介绍的是"重视教育科研"。教师要做一个研究者，优秀的教师没有一个不参与教学研究的。教而不研则浅，研而不教则空。要做一个有思想的老师，不断有想法，又不断有做法，还要与大家一起成长，这样才能走得更远。第六章介绍的是"整合教育资源"。教育的特点之一是教师劳动的个体性和劳动成果集体性相结合，所以会做教育的人必定善于整合教育资源，让教育事半功倍。所有这些都是教育的真经。

可以说，本书全方位地阐述了教师成长的途径，既有课堂教学探索，又有班级管理研究；既有教师个人的基本功修炼，又有教师共同体构建；既有教育教学的常规打磨，又有教科研的深入探究。本书系统而全面地研究了教师专业成长的方方面面，是一部教师专业成长的生动教材。本书启示年轻教师：是金子总能发光，有付出定有回报，在农村的广阔天地也能大有作为：只要目标明确，方法科学，持之以恒，就能成就一番事业。

百年大计，教育为本；教育大计，教师为本。教育的难点在乡村，全面建成小康社会的重点也在乡村。我希望有更多的教师扎根乡村，有更多的乡村教师成长为乡村教育家。

代序。

韩怀国

二〇一九年九月

目　录

第一章　历练课堂教学

课堂教学水平的高低，决定了一个教师教学质量的高低。因此，教师要努力提高自己的课堂教学水平。每一名新上岗的教师，都要尽快养成良好的课堂教学习惯，比如：认真学习，真正读懂课程计划；学会备好整本教材；课前精细备课；上课提前到教室做好准备工作；每一节课都要有明确的教学目标；课堂教学条理明确，节奏感强；重视学生的学情反馈并不断调整下一步教学；养成时时反思的习惯。这样坚持下来，就能成长为优秀的教师，并且终身受益。反观部分教师，专业素养不高，专业能力不强，很大的一个原因就是随意性大，最初几年没有养成良好的课堂教学习惯，没有打好课堂教学基本功，既影响了学生，又束缚了自己的成长。

课前的准备与课中的生成

古人云：凡事，预则立，不预则废。课堂教学的成功与否，很大程度上取决于课前准备得是否充分、到位。备课，实际上是做周密的教学准备的过程。那么，备课包括哪些内容呢？备课的常规大家都明白，在此不再赘述。

先说说例外。

有一次，我正兴致勃勃地讲读着茅盾的文章《白杨礼赞》，准备从三个方面分析白杨树生长的环境美：颜色之美——黄绿错综，面积之广——无边无垠，地势之平——坦荡如砥。当讲到黄土高原"坦荡如砥"的特征时，方同学突然站起来，大声说："周老师，这篇课文对黄土高原的描写与地理书上的说法不一样，《中国地理》第三册第30页写黄土高原呈现'千沟万壑，支离破碎'的状态。"说着，还把地理书拿给了我。

这个问题在课前备课的时候我还未想过，但已经摆出来了，我总要给同学们一个说法。于是我真诚地对同学们说："方同学的问题老师也没想过，现在我们一起来探讨解决好吗？"此时，同学们积极思考。我也在想：《白杨礼赞》是文学作品，写黄土高原"坦荡如砥"，是从高原整体地势的相对海拔高度来说的，是对地势作艺术化的形象描绘；地理书说黄土高原"千沟万壑"，是写其地貌特征，着眼于局部的地表。因此，我在同学们作了一定思考的基础上给予点拨："同学们可以从观察一块稻田得到启发。"大家的积极性更高了，通过进一步思考联想，大多数同学都举手要求发言。周同学说："我看这不矛盾，一块稻田，远远望去很平整，就像一块大毛毯。但仔细观察，却看到有沟沟坑坑，一点也不平了。语文书和地理书就是从不同的角度看问题的。"我很高兴，因为大多数同学都像周同学一样懂得了这个道理。

此时，我又不满足于此了，于是追问："还有同学要补充吗？从不同的角度思考。"

稍停，居同学说："我想，茅盾说黄土高原'坦荡如砥'与他当时坐在快速奔驰的汽车上的特定感觉有关，这里有个相对性的问题。"

何同学接着说："茅盾的作品写于20世纪40年代，而我们的地理书编于21世纪，这大半个世纪黄土高原的变化确实很大。我从相关报道上看到，我们国家的水土流失非常严重。方同学的问题提醒了我们：保护生态环境刻不容缓！"

同学们都听得连连点头。

我又把问题引向深入："方同学能将所学的知识进行联系和比较，并提出问题，这很好，了不起。同学们能从不同角度看问题，这也难能可贵，希望同学们多动脑筋！"

至此，我不仅解决了"半路上杀出的程咬金"，还活跃了课堂气氛，训练了同学们辩证的发散思维，激励了同学们的自信心，同时提高了教学效率，获得了意外的收获，师生双方都很激动，课堂教学在情绪高昂的氛围中继续进行……

这节课给了我以下几个方面的启发：第一，教师应努力提高自己的学识水平，扩大知识面；第二，在课堂教学中，应充分运用点拨法启发学生的思维；第三，教师要有较强的应变能力，灵活地驾驭课堂；第四，备得再充分的课，也要因时、因地、因情、因境适当地改进、变通——一切从实际出发，一切为了学生着想；第五，教师的主导作用不能漠视，教学的根本目标需要坚持。教师要善于精当的点化和正确的引导，否则，"自主"就会异化为"自流"，"生本"也会演化为"放羊"。

上面这个例子说明一个道理，课前的准备是无穷尽的，不仅要备教材，还要备学生，更要与时俱进。有些备课常规，我们是要给予高度重视的，比如认真研读相关材料，认真设计教学流程。通过很多课堂观察，我发现，课堂准备有一些被忽视的要素，而恰恰是这些被忽视的要素在某种程度上影响了我们的教学效果。

比如，教学设备的准备。有些课堂，教师需要使用教学仪器、教学设备，但由于课前准备不充分，导致课堂出现"故障"。还有一种情况，教师在课堂上要使用多媒体，但课前没有打开多媒体，授课过程中，师生就瞪眼望着电脑，等待多媒体的打开。

比如，教学软件的准备。有的教师在授课中需要播放音频，但未提前准备，待上课的时候，现场到网上寻找，不仅速度慢，耽搁课堂时间，音频质量还不能保证。还有一种情况，有的教师课堂授课的课件是"拿来"的，课前未熟悉，授课过程中课件"自动播放"，打乱了教师授课的节奏。这些都是应该提前准备好的。

比如，教学资料的准备。在课堂观察中，我曾遇到过这样一件事：课堂中需要用到练习簿，教师请学生临时去办公室取；练习簿取回教室后，再通过组长分发，而这个分发的过程至少占用了三分钟，这三分钟，师生就在等待中度过。这种准备的失当，不仅扰乱了教学节奏，而且严重浪费了课堂教学的宝贵时间。

比如，课堂教学的逻辑性。课堂是生成的过程，这是不错的，但无论是怎样的生成过程，都有严密的逻辑性，而逻辑性是需要教师课前精心设计的。怎样切入，先讨论什么，再沿着怎样的思路深入下去，最后怎样收尾，都需要有严密的逻辑结构，万不可"东一榔头西一棒子"，让人"丈二和尚摸不着头脑"。没有逻辑性的课堂，既不能实现"语言的建构与运用"，也谈不上"思维的发展与提升"。

教学准备，是在做周密的教学筹划，既包括教学内容和教学方法的准备，也包括对学情的预判，还包括必要的资源准备，等等。

只有充分的准备，才可能有优质的课堂。走进课堂前，我们必做充分的准备。走进课堂后，还要适时调整，做到预设和生成的相得益彰。

把课堂从生涩修炼到生动

每个教师的成长都有一个过程。无论是普通教师还是专家型的教学名师，他们最初的课堂可能都是生涩的。

我到现在还记得自己第一次上讲台的情景。

那天，我带着早已准备好的教案，心里七上八下地走进教室。当天我特意选上我自认为最熟悉的课文——欧阳修的《醉翁亭记》。一走上讲台，我也不太注意学生的学情和现状，就唱独角戏般将先前准好的内容全盘托出。我先讲作者简介、时代背景、唐宋古文八大家的有关情况。接下来，对照注释，逐字逐词地解释，还要求学生作详细的记录。因为那时老师手头上的资料很少，更不要说学生了，所以我把好不容易准备好的学习材料一一呈现，要求学生一字不落地记下来，以备将来考试之用（当时对考试非常重视）。

字词讲完了，我带着学生朗诵了两遍课文，之后开始分段。先叫学生分段并说出如此分段的理由（讲清每段的大意），接下来我讲标准答案——到现在我还记得当时我用的"精致"的语言：

"第一段引出醉翁亭，第二段写朝暮四季的景色，第三段描绘太守与民同游同乐图，第四段描绘日暮醉归图。"并且，不忘叮嘱：一定要做好笔记。

段落分析后，就是讨论中心思想（主题思想）和写作特点。

我当初确定的这篇文章的中心思想是：作者通过对醉翁亭一带秀丽山水景色和游山宴游乐趣的生动描绘，展现出一幅作者理想中的封建社会"官民同乐"的生活图画，抒发了作者的政治理想和被贬官后寄情山水的特殊心理，含蓄委婉地表达了作者对朝廷和保守派的不满和愤慨。

最后是分析写景和抒情自然结合以及21个"也"字和25个"而"字巧妙使用的写作特点。

从以上的大体记录来看，这是刚上岗教师的正常教学思路，虽然四平八稳，但没有个性特色。这样的教学只重视教师的教，不重视学生的学，没有真正突出学生的主体地位，没有出彩的地方。如果不能尽快从这个低水平的套路上突破出来，教师的教学水平就不能真正得到提升。

再举一个教学案例：

这是一节童话写作教学课，课题是《放飞想象，让童话人物更鲜活》。

整节课采用"阅读"的思路，是基于语段谈童话形象特点和童话写法的教学。

在导入环节，有一个片段很精彩。

教师利用《白雪公主》中王后与白雪公主的对话"语音"导入，请学生回答三个问题。其中有一个问题是"猜猜里面人物的外貌是怎样的"。

这个教学片段中师生的对话如下：

生1：她应该是一个很丑的老太婆。她应该有一张灰黑色的脸，她的笑声和她的所作所为就证明她的心是黑的。

师：你不仅说了她的长相，还说了她的性格。

生2：我觉得王后应该是掉牙的，说话嘴巴漏风，连牙齿都没有（学生哄笑）。

师：那你的想象中她长什么样？

生2：很丑。

师：怎么个丑法？除了没牙之外。

生2：鹰钩鼻子，横眉竖眼……（学生大笑）

师：你根据她的语言，说她没有牙，长着鹰钩鼻子，横眉竖眼……这是多丑的一个形象呀。他的语言能让我们想象到王后的形象。谁再来说一说，你所想象的王后长什么样呀？

生3：我觉得她应该是满脸皱纹，牙都掉光了，脸上还长着一颗非常大的痣（学生大笑）。

师：说得太有画面感了。那么把大家说的加在一块，这个人物究竟长什么样呀？你说（指向一举手学生）。

生4：贼眉鼠眼，脸上还有一些皱纹、痣。

师：我们把这些形象放在一个人身上，这有多丑啊！

这是一个非常精彩的教学片段，其精彩表现在很多方面。

第一，教学的形式很精彩。教师借助声音这种独特的艺术形式创造教学情境，为学生的想象提供凭借。凭借声音，想象人物形象，是从"无形"想象"有形"，再让学生用语言表达出来，这是一种极好的联想与想象力训练的形式，而且《白雪公主》的故事学生都知晓，这为想象教学提供了很好的基点，有效降低了教学难度，《白雪公主》的故事本身也是童话，符合课堂写作教学的文体要求。教师要求学生想象的点，是原童话描写的空白点，这个点选得极好。

第二，学生的想象很精彩。学生对王后长相的描述，紧紧扣住"丑"字展开，描述集中在五官上，具有童话的"想象"与"夸张"色彩，比如"嘴巴漏风""鹰钩鼻子""横眉竖眼""满脸皱纹"等，都是很好的描述。从学生发出的笑声看，学生已经走进了童话写作的情境。

第三，教师的点评很精彩。教师的几处点评，紧扣童话写作的要求和技巧。比如"那你的想象中她长什么样""他的语言能让我们想象到王后的形象""你所想象的王后长什么样呀"，教师反复强调突出"想象"在童话写作中的重要性，引导、诱导学生进行想象。又如，教师评价"说得太有画面感了"，这一点评给学生的描写指引了一个好的方向。

第四，有效抓住了教学重点。童话教学的重点在于用"想象和夸张"塑造童话形象。在这个简单的导入环节，教师有效抓住了这个重点，并且快速引导学生进入教学情境，学生用"想象和夸张"的语言开始描述和塑造王后的外貌形象。

遗憾的是，教师仅仅将这个精彩的教学片段当成一个课堂导入的环节，接下来，仍然进入"知识讲授"和"语段阅读"的环节，落入"阅读教学"

的怪圈。

现在想来，有点可惜——不，太可惜啦！

如果能抓住导入中生成的这个场景，引导学生把说的写下来，会是怎么样？

如果抓住学生所说的"嘴巴漏风""鹰钩鼻子""横眉竖眼"等，引导学生进一步想象，用联想和比喻进一步扩展场景，写出更细腻的表达，会是怎么样？

唉，为何不让学生写下来，快速进入"写"的环节，在写中教写，在写中学写？

唉，又进入"阅读教学"的怪圈，走不出来。

这就是新手教师的短板，即使有出彩的地方，也不能充分地发挥发掘，更不用说深化。

现在想想，还感到遗憾！所以，教育教学，没有最好，只有更好！——我们永远在路上。

课堂教学，由滞涩到意未尽

初登讲台的年轻教师常常课前准备得很充分，内容很详尽、很丰富，可是真正走上了讲台，又不是那回事。往往出现两种情况，走两个极端。

第一种情况：走上讲台，三下五除二，不到十分钟就讲完了。

这是什么原因呢？这是年轻教师教学素养不足的表现。年轻教师不能理解教学的真正内涵，不能将抽象的知识形象地展现给学生，也做不到将知识具体化，不能联系实际，只是讲了知识点。形象地说，这种教学只有筋骨没有血肉。教师自己也觉得干瘪无味，学生学习效果也不好。

第二种情况：经过一段时间的教学实练，年轻教师有了一定的经验，知识储备也增加了，于是上起课来就会口若悬河，但忽视了学生的学。

下面以我初教毛泽东的《沁园春·雪》为例。

这首词是经典名篇，内涵丰富，有许多可生发的内容。下面引用我第一次教学这首词的教学设计来说明问题。

7

品人高远志向　悟文磅礴气势
——《沁园春·雪》创意设计

设 计 思 想

我曾经到庐山旅游过，无意中见到毛泽东手书的《沁园春·雪》，那毛体草书特有的豪放风格，一下把我吸引住了，联想到给学生上这首词的激昂情境，我心潮澎湃。从此《沁园春·雪》深入我心，我对教学本文也有了新的设想。

这首词写于1936年2月。之前的遵义会议确立了毛泽东在党中央的领导地位。他率领红军到达陕北，一次大雪之后登高望远，写下了这首词。全词分为上下两片：上片绘北国风光，赞壮丽河山；下片评历代帝王，抒凌云壮志。这首词一经发表，就成了别人无法企及的高峰。它之所以有如此的高度，是因为词人有着远大的抱负、宽广的胸怀和高超的文学修养。

一、毛泽东的远大抱负

词的上片前三句总写北国雪景，"千里""万里"大气磅礴，包容一切，意境开阔，气魄宏大。接下来，"望"字统领其后七句，一直到"欲与天公试比高"。这里展现了长城、黄河、山脉、高原等最能反映北国风貌的雄伟景观，这些景观也正是我们伟大祖国的形象。如果说上片的前十句是写实景，那么后三句则是想象的虚景，呈现出一派新气象，红日和白雪交相辉映，艳丽无比，词人的赞美溢于言表。这样美如画的江山，以毛泽东为主要代表的中国共产党人何尝不想把她建设得更加美好？

果然，下片的前两句是上文写景到下文议论之间的过渡句。"江山如此多娇"承上，对"北国风光"作评价；"引无数英雄竞折腰"启下，展开对历代英雄的评点。接下来"惜"字也统领其后七句，词人列举出五位古代帝王中很有代表性的人物，展开一幅幅历史画卷，评议具体形象，历历在目。最后三句点出全词的主旨，"俱往矣，数风流人物，还看今朝"，表现了毛泽东的坚定自信和伟大抱负。

二、毛泽东的宽广胸怀

毛泽东是伟大的，他自信却不自大。这首词与他在1925年所作的《沁园春·长沙》相比，更加大气和包容。

"惜秦皇汉武，略输文采；唐宗宋祖，稍逊风骚"中的"惜""略""稍"是这种大气和包容的具体体现。"惜"既能体现出后来者居上的气概，超越历代英雄的自信，也能表达出对他们的褒扬之意，肯定他们的历史功绩，肯定他们是无数英雄中的杰出人物，只是没有做到完美。这是符合历史唯物主义的。"略"和"输"就更能体现这种包容了，说他们只是在"文治"方面有那么一点点不足，但不影响他们是大英雄，是美玉，是微瑕美玉，当然瑕不掩瑜。这样的眼界没有"日月之行，若出其中。星汉灿烂，若出其里"的宽广胸怀，是难以做到的。

三、毛泽东在文中的精准用词和表现出的深远意境

这首词写雪景形象可感，如在眼前；评价历史人物也使之形象化，生动可感，耐人寻味；用语更是非常凝练、贴切，极富表现力。

首先是副词的表现力强。看"惟""顿""略""稍""只"的运用："惟余莽莽"，一"惟"字就把万里雪飘后只剩下白茫茫一片的景象尽收眼底；"顿失滔滔"，一"顿"字把千里冰封后的严寒表现得淋漓尽致；"略""稍"恰到好处地表现了秦皇、汉武、唐宗、宋祖这些英雄人物的稍稍不足，用语的分寸感极强；一"只"字体现出诗人给予了成吉思汗不同于前四者的评价。

其次是动词"封""飘""望""舞""驰""看""输""逊"的灵动使用。以"望"字为例，它有登高远眺的意思，并且有很大的想象成分，显现了词人自身的形象，使读者感受到他那豪迈的情怀。其他动词的精妙之处，这里就不再一一赘述。

另外还有形容词以及比喻、拟人、对偶等修辞手法的巧妙运用。正因为词人拥有深厚的文学素养和千钧的笔力，才把他的雄才大略表现得酣畅淋漓，意味深长。

这是一首词，是领袖的言志之作，编者将其安排在初三上学期语文第一单元第一篇的位置，正好符合初三学生激情澎湃的青春气息和求新好奇的年龄特征。教学本文，可以以此为抓手，引导学生了解领袖的超人之智慧，不朽之伟业，再带领诵读感悟其大气之精髓，这样必定能让学生学得

生动，收到事半功倍的教学效果。这是本设计的创意与追求。

创 意 设 计

教学设想：

读毛泽东的作品，能读出并理解其伟人气魄，就算是成功了。这首词通过朗读，容易激发学生的情绪，调动学生的积极性，营造良好的课堂气氛。因此，可以通过精妙的导入，激起学生的好奇心，让学生带着崇敬之心来学习这首词，然后用朗读贯穿教学全过程，以评议关键词语作抓手，读议结合，以读促议，以读促理解。

教学目标：

了解词的内容，理解词的内涵，领会词人的伟大胸襟、坚定信念及其赞美祖国壮丽河山和无产阶级革命英雄主义的感情。

教学重点：

词的思想内容、精妙语言的把握。

教学难点：

词的意境的理解。

一、导入课文，激发兴趣

毛泽东是伟大的马克思主义者，伟大的无产阶级革命家、战略家、理论家，是中国共产党和中国人民的伟大领袖。

我们今天就来一起学习他的一首词，一起来见证伟人的与众不同。

二、初读课文，整体感知

1. 教师范读。

学生想象词作所描绘的景象，初步体会词作所表达的感情。

2. 齐读一遍。

指导学生朗读，教给学生朗读方法。学生自由朗读。

三、品读课文，理解内容

1. 品读前三句。

（1）这三句有什么作用？

要点：总写出一个壮阔雄奇、玉砌银装的冰雪世界。

（2）"千里冰封""万里雪飘"在情态的描写上有何不同？

要点：前者是静态描写，后者是动态描写，分别表现在"封"和"飘"字上。

2. 品读中间七句。

（1）"望"字管辖哪些句子？体现了什么？

要点："望"字管到"欲与天公试比高"，共七句。词人好像是一位顶天立地的巨人，站在高山之巅，不畏严寒风雪，远眺北国大地，欣赏壮丽雪景，充满了冲天豪气。这是何等远大的视野、宽广的胸怀！

（2）品析"惟""顿"用法的精妙。

要点："惟"写出雪后大地只剩下白茫茫一片的景色，"顿"写出冰封后的凛冽寒威，显示出词人博大宽广的胸怀和雄伟旷达的气魄。

（3）品析群山、高原句的精妙。

要点：这里用了对偶、比喻、拟人的修辞手法，把山脉想象成银蛇在舞动，把高原幻化成白象在奔驰，画面生动活泼，加上"欲与天公试比高"句，就更有一种奋起向上的态势。如果说长城、大河句是静态美，那么这几句展现的则是动态美。

3. 品析上片后三句。

问题：后三句也是写景，与前十句有何不同？

要点：前十句实写，后三句是想象中的虚景，展现的是一种红白交映生辉的景象。后三句用拟人的手法，把红日映照下的北国山河比作一个红装素裹的少女，艳丽动人。

4. 品读下片前两句。

问题：这两句在文中的结构上有什么作用？为什么不用"赞美"而用"折腰"？

要点：这两句起承上启下的过渡作用，使全词浑然一体。"折腰"本来是鞠躬、倾倒的意思，这里有赞颂、赞美的意思，而它比"赞美"程度更深，感情更强烈，更能体现出无数英雄被祖国的壮丽山河所倾倒之情。毛泽东和他的战友们也不例外。

5. 品读下片中间七句。

（1）"惜"字的作用与上片哪个词相近？

要点：与上片的"望"字相近，都有统领下文的作用。

（2）"文采""风骚""弯弓射大雕"各指什么？运用了什么修辞手法？

要点："文采""风骚"指的是文学才华，这里是广义的用法，指的是文治，"弯弓射大雕"指的是武功，都用了借代的手法。

（3）词人在文中评论的历代帝王，你都了解吗？能给大家介绍一下吗？（请几位同学简单介绍，其他同学和教师可作补充。）

（4）词人对前四位帝王的评价和对成吉思汗的评价态度是否一样？哪些词能表现出来？

要点：不同。对前四位是在充分肯定的基础上表现出一定程度上的惋惜，而对成吉思汗的评价态度惋惜之中近乎嘲讽。这种感情分别体现在"略""输"和"只"这三个字上。

6. 品读主旨句子。

问题："风流人物""还看今朝"怎样理解？

要点："风流人物"指的是建功立业的英雄人物，"还看今朝"中的"今朝"指的是无产阶级和广大的人民群众。这里不仅体现了词人坚强的信念和伟大的抱负，还体现了词人昂扬的斗志，抒发了词人作为无产阶级革命领袖的凌云壮志。

7. 全班朗读全词。

四、研读课文，拓展深入

1. 学生自主朗读这首词。

2. 研读这首词的表达方式。

问题：这首词上下两片的表达方式有什么特点？有什么联系？

要点：上片描写与抒情相结合，描绘了北国的壮丽雪景，热情赞美了祖国的大好河山，抒发了词人的豪迈情怀；下片议论与抒情相结合，既谈古，又论今，把古代与今天作比较，热情歌颂了无产阶级和广大的人民群众，抒发了词人作为无产阶级革命领袖的壮志和抱负。上片是基础，是铺垫，下片是水到渠成的升华。正是上片写景的大气磅礴，句句洋溢着热爱祖国山河的满怀豪情，才能自然引出下片由景而产生的议论。下片由祖国壮丽山河联想到无数英雄为之鞠躬、倾倒，并进而对历代英雄人物加以评说，蕴含了词人对祖国的深情以及充满自信的情怀；最后由评论到赞扬，点明主题，抒发了词人的豪情壮志。

3. 研读这首词的语言特点。

这首词的语言特点表现在哪些地方？

这首词的语言凝练、贴切、极富表现力。

（1）"望""看""惜"——贯穿全文；（2）"飘""舞""驰"——动词生动；（3）"红""素""妖娆"——形容词形象；（4）"莽莽""滔滔"——叠词的韵律；（5）"惟""顿""略""稍""只"——副词恰当；（6）比喻、拟人、对偶——修辞贴切。

五、赏析课文，朗诵内化

第一轮，朗读、背诵。

教师点拨：《沁园春·雪》诗意充沛，有声有色。全词融写景、抒情与议论于一体，从而收到强烈的艺术效果。认真朗读品味，就会获得美的艺术享受。

1. 学生自由朗诵两遍。

2. 男女生对读。

3. 轮读。

（1）男生朗诵上片，女生朗诵下片。

（2）一男生朗诵上片前三句，众女生朗诵上片中间七句，众男生朗诵上片最后三句；一女生朗诵下片前两句，众男生朗诵下片中间七句，全班同学朗读最后三句。

4. 全班齐声朗诵。

5. 背诵比赛。

教师点拨：对于诗词，背诵是最好的学习方法。下面我们进行背诵比赛，看谁能在最短的时间内背熟这首词。

第二轮，对比阅读，提供毛泽东《沁园春·长沙》，和本词作比较阅读。

1. 延展课内内容，深化教学目标。

2. 比较两首词的相同点和不同点。

3. 拓宽学生视野，让学生深入体会一代伟人冠绝古今的气魄。

六、板书设计

沁园春·雪

毛泽东

高远志向 ——→ 磅礴文势

望……   数风流人物

惜……   还看今朝

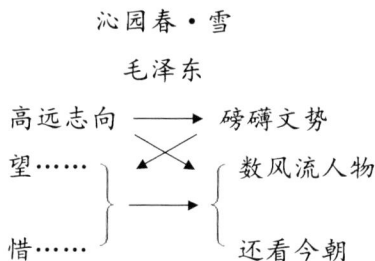

以上教学设计，可谓面面俱全，该讲的不该讲的都全盘托出，教学的选择性不强，重点不突出，教师付出很多，但教学效果并不好。

所以说，课堂教学并不是讲得越多越好，而是要进行精细加工。

从眼中只有教材到心中装着学生

初登讲台的年轻教师，往往只注重对教材的钻研，而不重视对学生学情的研究。他们通常会经历三个阶段：第一阶段是眼里只有教材，心中全无学生，上课时只能照本宣科；第二阶段是眼里有教材，心中不大有学生（会偶尔关注学生）；第三阶段是心中熟悉教材，心中装着学生。

我刚入职的三年内，对语文教材进行了深入钻研，不仅每课都进行了详细的备课，还进行了单元整体备课，并且每课写出的教学设计都有十几页纸。为了更好地把握教材，吃透内容，我把6本语文教材中的所有例文，又按照文体进行分类备课。其中，实用文体方面，记叙文备了4本，说明文备了3本，议论文备了3本；文学类体裁方面，小说备了4本，诗歌备了2本，散文备了3本，戏剧备了1本，其他备了1本。通过这样的梳理，我基本上吃透了教材。但是，以为把握了教材就能搞好教学，那也太天真了。

举例来说，我备鲁迅的《故乡》一文时，查阅了大量资料，备课笔记足足写了49页。备课笔记写的内容有：作者介绍，时代背景，小说的三要素，故事情节的梳理，人物形象的分析，环境描写，对比手法的运用，人物形象刻画的手法，少年闰土和中年闰土的描绘，杨二嫂这个角色的定位，人物外貌、语言、神态、动作、心理描写的手法，文中议论语句作用分析，"变"在文中的作用，关键词语的分析，课文的有关评述。

我准备了这么多内容，可是，按此上课，效果并不好。学生在课堂上听得热闹，但收获不大。我征询同学们的意见，大家普遍的反应是：感到有些杂乱，不符合学生的口味。原来，关键的一点我没有重视，即没有做学情分析，缺少这一因素，教学就是败笔。

此后，我就重视研究学生，心中装着学生。上课前，先提示学生要自己查阅相关资料，自主阅读课文，讨论需要研究的内容，可向同学请教，向老师求助。教学中，根据学生的学情，及时改进、完善教学环节——总之，一切以学生的需求为本。这样，经过历练，我的课堂教学效果明显好转，课也越来越受学生欢迎。

教师需要精通学科专业知识与教育教学专业知识，并通过科学的教学方法激活学生的学习欲望，培养学生的学习能力，提高学生的知识水平，做到这一点，也就意味着教师教育的成功。如若学生在某些方面的知识水平超过自己，足见学生的自主学习能力达到了一定的高度，这恰恰体现了教师的成功。"师不必贤于弟子"，面对学生的超越，教师应当投以欣赏的眼光，让学生感受到足够的尊重，从而激起他们持续进步的渴望。

教师必须拥有专业的高度与厚度，但并不一定要将自己的才华显露出来，非得让学生崇拜。教师拥有专业的高度与厚度不是为了在学生面前显摆与炫耀的，特别在中小学生面前，教师专业水平的重要体现，应当是化繁为简，通过自己扎实的专业知识，培育学生成长的土壤，让学生自发地成长，通过自己的教育智慧，点拨、启迪学生，让学生自主学习，体验获得知识的快乐。

教师要心中有"人"，教师不应将自己塑造或伪装成"完人"，而应将自己定位为一个普通的"教师"，一个有感情的人，一个会犯错的人。教师如果犯了错误，那就当面承认。一个圣人，是可敬的；一个真实的人，才是可亲的。

教师还要心中要有学生，要把学生当成成长、发展中的人来看，能够尊重每一个学生，欣赏他们的优点，包容他们的缺点，将学生的一切（好的和坏的）视为成长过程中的必然。

这一点许多老师是我学习的榜样，我从他们身上学到了怎样做一个心中装着学生的好老师。比如，魏巍《我的老师》中的蔡芸芝先生，就是我几十年从教的楷模。

《我的老师》是一篇纪实性文章，从课内到课外，从校内到校外，从平时到假日，全方位地反映了学校生活，体现了教师心中装着学生的生本思想，蕴含着丰富的素质教育内容。

首先，《我的老师》中的学生生活是如此的充实。这里的学生不仅有活泼的课堂教育，有课外的唱歌跳舞、诗歌朗诵，还有校外的实际观察、亲身实践。蔡芸芝先生不仅让学生学到了文化知识，还使学生感受到了学校的温暖、老师的慈爱。一句话，学生的发展是全面的。

其次，《我的老师》中的师生关系是如此的融洽。老师从不打骂学生，仅有的一次不快，也是那样的有趣，假发怒，真爱生，多么富有人情味，就连学生也深深地体会到这一点，真是"心有灵犀一点通"。老师和蔼可亲，学生模仿依恋，常常不知不觉地围住蔡老师，不愿离开蔡老师，无限深情地信赖蔡老师，刻骨铭心地思念蔡老师，就连梦中也向往着蔡老师。此情此景，为师者也别无他求了。"亲其师，信其道"，蔡老师的教学效果自然就不言而喻了。素质教育就是使学生在老师的引导下，各个方面都得到和谐的发展，对教师的要求是一专多能，多才多艺。

再次，《我的老师》中表现的教学法是如此的生动。这里没有沉闷压抑的训斥，代之以生动活泼的引导、启发；这里没有苦口婆心的呆板说教，代之以身临其境的影响感化；这里没有题海战术，代之以激发兴趣、开展活动、传授方法。我们要像蔡芸芝先生那样，教育学生要在隐性教育、授之以"渔"上面下功夫。

最后，《我的老师》中教师的影响是如此的深远。正是因为蔡芸芝先生有一颗热爱儿童的心，所以她才倾全部心血于学生、于教育，才能把教育延伸到学生生活的方方面面，才能对学生的小小纠纷也认真对待，才能让学生"魂牵梦绕","就是那些在热恋中的人们也难比啊"。我们不能断然说魏巍成为著名作家归功于蔡芸芝先生，但可以肯定，蔡芸芝先生对于魏巍的"接近文学和爱好文学是有着多么有益的影响"！

正如魏巍在文中告诉我们的道理：对于教师这崇高的职业来说，最重要的是要有一颗热爱儿童的心，为师者只要有这种精神，就会一切从实际出发，一切为学生着想，全身心地投入，像蔡芸芝先生那样，调动各种积极有益的方法，引导学生成才成人。

几十年的教书育人生涯，我就是在这样一种力量的感召下，心中装着学生，努力做好教育工作。

练课让课上得更出彩

国学大师钱穆说过："古往今来有大成就者，诀窍无他，都是能人肯下笨劲。"能人尚且如此，何况我等？

如何让你的课上得更出彩？主要是加强基本功训练。有人说，一节好课，是用一辈子做准备的。而对于教师来说，最好的备课就是阅读。其实，我的大部分功底，都是源于我曾经的阅读经历——400多部名著，以及现在每年还在继续阅读的不少于五本的经典著作、若干专业期刊和各种杂志。作为语文老师，我还通读《新华字典》，通读《现代汉语词典》，用这种蛮功夫，硬是磨炼语文教师的基本功。

"你现在的气质里，藏着你走过的路，读过的书，爱过的人。"

不是说书本身有多么了不起，而是读书这个行为意味着你还有追求，还在奋斗，还在寻找另一种可能，寻找另一种生活方式。

书能带给人的成就，有的一眼就可以看到，有得则需要时间来慢慢品味。但不论哪种结果，人要走向高贵，读书是最简单的途径，也是成本最低的投资。

学一门乐器，或许你还需要足够的经济基础；学一门手艺，也离不开金钱的投资；而读书，只要有一本书和一颗沉得下来的心，便可以进行。杨绛先生曾经说过：读书好比"隐身"地串门，要参见钦佩的老师或拜谒有名的学者，不必事前打招呼求见，也不怕搅扰主人，翻开书面就闯进大门，翻开几页就登堂入室，而且可以经常去，时刻去，如果不得要领，还可以不辞而别，或另请高明，和他对质。

锻炼与不锻炼的人，隔一天看，没有多少区别；隔一个月看，差异甚微；但是隔五年十年看，身体和精神状态就有了巨大差别。

读书也是一样的道理，读书与不读书的人，日积月累，终成天壤之别。

北宋著名文学家黄庭坚曾说：一日不读书，尘生其中；两日不读书，言语乏味；三日不读书，面目可憎。

读书虽是成本最低的投资，但是你获得的将是一生灵魂的高贵！

对教师来说，读书是最好的练功方式。

上好一堂课的前提是备好课，备好课的基础是扎实的功底。修炼教学基本功要学会吃透教材，学会抓住学科的本质，还要善于创设教学情境，善于提出问题，引导学生自主探究。教学中以下几个关键点要把握好：

一是教学目标要明确、具体，不能虚化、泛化，可以通过三维目标网格化、立体化落实到位。二是导入一定要先声夺人，要有特色和亮点，与众不同，能吸引住学生。三是善于捕捉生成的教学资源，这是一节课的出彩之处，非常可贵。四是师生要交流互动：学生要主动参与，教师要善于"煽风点火"，激发学生的学习热情和兴趣。五是要处理好一对矛盾关系，既要"多元建构"，又要"价值引领"，培养学生正确的价值观。六是板书要简明形象，反映出一节课的内容架构和教学思路。七是结课要干净利落，不能拖泥带水，要让学生回味无穷，欲罢不能！

"学，然后知不足；教，然后知困。"对于教材的使用更是如此。一次教学是不可能十全十美的。这就要求我们教师在教学中要不断创新，不断找出差距和不足，尤其是在完成教学之后，更容易发现问题，此时若能及时总结，对于教师自身能力素质的提高，对于教学质量的提高，都是很有好处的。我在多年的教学中，始终注意这个问题，每写一篇教案后，都留下几页空白，等完成了教学任务，再静下心来进行回味和反思：本节课的教学重点是否突出？教学方法的选择是否科学？课堂结构的安排是否合理？学生的主体地位是否落实？课堂语言是否精炼？板书设计是否合理？教学效果是否明显？……特别要反思：这节课教给了学生什么？这节课向学生渗透了什么？假如学生把这节课的知识都忘了，还剩下什么？这样有针对性地思考，能发现很多问题，找出差距。再把它写出来，哪怕是一点，只要坚持，一段时间后，必有进步。就我自己而言，多年的总结和反思，使我对教材吃得更透一些，驾驭课堂的能力更强一些，对语言教学的兴趣也更浓一些，收获是很大的。

俗话说："一技在手，走遍天下都不愁。"有能力的人无论走到哪里，都会被他人敬佩。作为教师，我们有良好的先天条件，那就是学生对老师都有一种崇拜，认为自己的老师无所不能。假如我们再练就自己的"专业刷子"，那我们的魅力就更大。

教师的专业水平即教育教学能力。教师在课堂上挥洒自如，"指点江山，激扬文字"，令学生听得如痴如醉；课下，运用巧妙的方法教育学生，让学生心服口服。这是我梦想中教师"专业刷子"的魅力体现。磨炼这把"专业刷子"的难度很大，我从教三十余载，也就磨炼了三十余载，且至今仍在继续努力。

我磨炼"专业刷子"主要从两个方面做起：学科教育和学生管理。先谈谈学科教育。班主任的工作跟教学是密切相关的，教师通常都要承担一个班或几个班的教学工作，如果自己的学科教学能力不行，那么，班主任工作就只是空中楼阁——根本无法开展。如果班主任的学科教学能力过硬，威信就会相应提高，学生就更加信服班主任。所以，我首先要磨炼自己的教学能力。

如何磨炼？我的方法很简单，"学习、反思、实践"，即认真学习他人的经验，深刻反思、总结，不断实践、锻炼。

再谈谈学生管理。我向学生传授我的信念：只有懒惰的老师才能培养出勤快的学生，你们现在已经长大了，我相信你们自己的事情一定能够自己做好。如果遇到没办法解决的问题，再来找我。

有了这个指导思想，我遇到事情会先想：学生有没有办法完成这件事呢？他们自己能完成的，就让他们自己去完成吧，该放手时就放手。比如，卫生评比、墙报布置、班会组织等班级事务，我都交给班干部去操办，乐得做个"甩手掌柜"。

上好优质课的技巧

就语文教师和语文教学来说，一堂课是否优质，首先是看学生能否做到联系阅读，主动问答，自主讨论，自评互判。

一是联系阅读。联系阅读是指在教师的引导下，学生从相关书面材料中提取信息、获得意义并影响其非智力因素的活动。优质课可以让学生在阅读的过程中围绕目标对相关知识进行纵横联系、互相贯通，以提高自己的综合能力和综合素质。

二是主动问答。主动问答即学生自主、积极地提出问题和回答问题。有学者说，教学的最终目标是培养学生正确提出问题和回答问题的能力，任何时候都应鼓励学生提问，因为"提出一个问题往往比解决一个问题更重要"。

三是自主讨论。自主讨论是指在教师的导引下，学生自选问题，并就这一问题自由交换意见或进行辩论，以解决问题或生成新问题的活动。讨论，对于培养学生的语言表达能力、辩证思维能力、合作意识以及合作能力，具有十分重要的意义。

四是自评互判。"自评"是指自我评价，即以自身作为评价主体而对自我进行评价，其目的是全面认识自我，反馈调节；"互判"即相互评价，是指学生之间相互促进的评价，它重视相互学习和相互提高。罗杰斯认为，当学生以自我批判和自我评价为主要依据，把他人评价放在次要地位时，其独立性、创造性就会得到促进。同时，也有研究认为，初中生评价能力发展的一个突出特点，就是十分重视同龄人对自己的评价和看法。关于这一点在其他学段的学生中是少见的。

其次要看教师是否使课堂引人入胜，精导妙引，结尾回味无穷。

一是引人入胜。"引"指的是"引出课题"和"进行指引"。"入"是让学生处于某种状态或境界。"引"是手段，"入"是目的，体现了教师主导与学生主体的和谐统一。引人入胜指的就是在一节课的起始阶段，教师根据教学目标，创设情境，激发兴趣，让学生对这节课处于最佳学习状态或境界的教学行为。俗话说："好的开始是成功的一半。"所以，一堂课是否优质，要看其是否有一个引人入胜的开头。

二是精导妙引。"精导"即精心指导，"妙引"即巧妙引领。精导妙引，就是上课过程中，教师运用各种有效的手段和方法，对学生的阅读、问答、讨论、评判等学习活动给予精心指导、巧妙引领的教学行为。其目的是掀起学习高潮，调动学生的积极性和主动性，促进课堂教学目标的实现。所以，一堂课是否优质，要看是否有一个教学高潮。

三是结尾回味无穷。结尾回味无穷指的是一节课的结束阶段，教师在引导学生对本节课进行总结、升华的同时，激发学生对相关内容或问题产生继续学习的欲望，并使学生在课后主动收集信息、解决问题的一种教学行为。如果说开头的艺术是为了将学生引到教学胜境之中，以求收到最佳效果的话，那么结尾的艺术就是要将教学小课堂带入人生大课堂，将最佳效果从课堂之点辐射到社会之面，达到余音绕梁、回味无穷之境界！所以，一堂优质课不仅要有一个引人入胜的开头，还要有一个回味无穷的结尾。

好的开头是成功的一半

好的开头是成功的一半，课堂教学也是如此。因此，我们在教学中从来都很重视一堂课的开头设计，力争做到与众不同，富有个性，能最大限度地激发学生的学习兴趣。

比如，我对《三峡》一文的开头设计，就是自己的独创，起到了很好的激趣作用。

如果有人要你给他介绍一处风景名胜，你会介绍哪里？（请学生思考后介绍）当外国友人把这个问题提到著名学者余秋雨面前时，他毫不犹豫地给友人推荐了长江三峡。

在座的同学大多可能没有到过三峡，这对我们来说确实有点遗憾。但是，1500多年前的北魏著名地理学家、散文家郦道元，则用简洁的文字给我们留下了三峡美丽的风光。（看新版10元人民币的背面图案）三峡是瞿塘峡、巫峡和西陵峡的总称，在长江上游重庆奉节和湖北宜昌之间，是我国十大风景名胜之一。今天我将和同学们一起跟着郦道元去游一趟三峡。

我曾经到三峡旅游，当站在白帝城下，放眼向三峡的瞿塘峡望去时，看到这样一个标牌："新版10元人民币的背面图案取景处"。我心里一颤，原来我们使用的人民币取景于此！由此足见三峡在我国的重要地位。

《三峡》一文以凝练生动的笔墨，写出了三峡雄奇险拔、清幽秀丽的景色。作者抓住三峡山水景物的特点进行了生动的描写：写山，则突出其连绵不断、遮天蔽日的特点；写水，则描绘了不同季节的不同景象——可以说《三峡》是描写中国山水的代表作，其展现出的如画江山，处处显示着扑面而来的"美"。

这个开头设计，我用常见的人民币图案引出话题，新颖别致，对学生有极强的吸引力，为学生学习枯燥的文言文扫清了障碍。

再比如，教学朱自清的《春》时，我充分利用好农村的课程资源，带领学生走出教室，走进大自然，引导学生自己找一找最能代表"春"的景物有哪些，让学生充分感知，然后让每个学生都从三到五个方面思考一下：如果要我写"春"，我会怎样写？如此这样，学生对"春"自然有了感性认识。这样，再回来阅读课文，收获是大不一样的。

我做的教学设计，如《沁园春·雪》由创作背景引入，《小石潭记》采用历史故事导入法，杜甫系列作品《望岳》《春望》《茅屋为秋风所破歌》从探寻古人足迹引入，等等，都是因时、因境而作的——这是我的独创。

三十多年的教学经历，我努力追求的是把每一节课的开头都设计得与众不同，富有个性，具有针对性，充满趣味性。

反思，让我步入成长快车道

"教学是一门遗憾的艺术"，只有更好，没有最好。要想让自己的教学精益求精，趋于完美，就要在教学过程中，特别是教学行为发生后，及时反思，时时反思。叶澜教授说，一个教师写一辈子教案不一定能成为名师，如果一个教师坚持写三年教学反思就有可能成为优秀的教师。所以很多地方在对老师进行职称评审时，在教学材料的审查过程中，把教学反思作为重点审核材料，这种做法是有一定科学性的。

多年来，我养成了写教学反思的习惯。备课时，总是在备课本的教学设计后面留下一些空白，便于补写教学反思；每堂课结束的当天晚上，一定会静下心来，反思当天教学的得失，并且写在教学设计后面，便于改进教学，提升教学水平和能力。

我还有一个习惯，就是始终带同学科的平行班课程，并且向学校教导处申请，尽量将平行班的授课间隔时间安排得长一些。目的是在第一个班上过后，让自己有充足的时间反思，好的地方坚守，不足的地方在第二个班上课的时候就能及时改进。

我曾经写过一篇文章，标题是《我和闰土的十三次约会》，文中主要阐述的就是我在十三次教学鲁迅《故乡》这篇课文后的历次反思，这些反思使我的教学趋于精练，成为精品。虽然这篇课文较长，但由于我抓住了关键，通过一个"变"字，统领全篇，从而做到了化繁为简、长文短教，教学效果越来越好。

下面是我就培养学生阅读能力的几点认识，用以说明教学反思在提高教学效果和提升教师专业素养方面的重要作用。

阅读是完成语文教学任务的根本途径，其关键要素在于以下四个方面。

第一，使学生由"要我读"向"我要读"转变，凸显学生阅读的主体性。在阅读教学中，教师要充分调动学生的积极性，发挥学生自主阅读的主动性，发挥学生主人翁的阅读精神。教师要在语文阅读教学中用新课程标准的理念指导教学工作，在具体的实践中，将学生的"学"放在教学的首位，把语文阅读的主动权交给学生。这就要求教师要做好语文阅读教学的引导工作，让学生爱阅读、会阅读，并在实践的锻炼中养成良好的阅读习惯：养成默读的习惯，养成预读的习惯，养成浏览的习惯，养成分析句子的习惯，养成搜寻要点的习惯，养成把握核心信息的习惯，等等。

第二，培养学生的阅读兴趣，增强学生的阅读自信心，使学生敢于挑战阅读难题。孔子在两千多年前说过："知之者不如好之者，好之者不如乐之者。"可见，要想在某一方面有所建树，就要对这一方面产生浓厚的兴趣，兴趣是最好的老师。要提高学生的阅读能力，就要让学生爱上阅读，博览群书，增加自我的阅读储备，让学生经常感受到自己某方面的成功受益于以往读过的一句话、一本书等。一些成功人士，在谈成功秘诀的时候经常说，没有什么特别的经验，无非是比别人多看了几本书而已。这给了我们一个启示：仅靠课本上数量有限的几篇文章，难以培养出视野开阔、知识丰富、富有想象力和创造力的人才。这就要求我们指导学生进行广泛的课外阅读，为学生导航，让学生在浩瀚的书海中遨游。所以，培养学生的课外阅读兴趣，有利于培养他们良好的阅读习惯，全面提高听、说、读、写能力。在语文教学中，要以让学生有所收获为目的。只要学生有了强烈的阅读动力，就会主动自觉地投入到阅读中去。教师大力倡导，大胆引导，鼓励学生在阅读中自由畅想，敢于质疑，并且让学生在小组合作探究中体验成功的乐趣。这样，学生的阅读兴趣日渐增长，阅读的自信心日益增强。

第三，"授人以鱼，不如授人以渔"，教给学生阅读的方法。阅读方法的习得会让学生终身受益，所以在阅读教学中教师要在阅读方法、阅读技巧上多给学生实际的指导，让学生在阅读中到达事半功倍的效果。学生掌握了适合自己的阅读方法，在日常学习中持之以恒地海量阅读，那么学生的知识就丰富了，视野就开阔了。在阅读方法的指导上，教师应当注意以下几个方面：一是定时，每天至少抽出30分钟的时间读书，无论发生什么事情都尽量不要取消阅读。二是减少看电视、上网时间，多读书。三是做好阅读记录。记录不只写下自己所读的书的书名和作者，还要写下读书的起止日期，更好的做法是写出读书的感想，回顾自己的阅读经历和阅读体验。四是选取自己感兴趣的和耐读的书读，因为那些能够吸引你并让你持续阅读的书，即使不是文学名著，也能让你充满阅读欲望。五是设置一个较大的目标，告诉自己今年要读30本（或者类似数量）书，然后坚持完成任务。

第四，以有效的阅读问题为导向，提升学生的阅读能力。有效的阅读问题是提升阅读质量的保证，是教师引领学生理解文章、感悟作者情感的切入点。教师设计阅读问题，要做到将阅读文本问题化，将阅读问题层次化，将阅读的层次梯度化，以这种循序渐进的教学原则的引领来提高学生的阅读能力。阅读问题的设计不仅要兼顾问题的知识性和趣味性，还要兼顾阅读问题的科学性和思想性，使学生在这些问题的引导下，探究阅读材料，体验心灵的碰撞。这些有效的阅读问题能够让学生加深对文本的理解，拓宽文本的思想，领悟文本的主题，探索人生的真善美。

总之，提高学生语文阅读水平是一个循序渐进的过程，作为语文教师，我们要通过多种教学实践逐步达到这一目标，为学生今后的人生打下坚实的基础。

可见这样的反思，既提高了阅读教学的效果，也提升了教师的专业化素养。

课堂教学追求语言精练

从人的认知规律来看，学习效果最差的是听别人讲解，往上依次为自己看书，自主探究，与他人讨论，效果最好的是为别人讲授。这个"听讲—阅读—探究—讨论—讲解"的递进过程，之所以效果越来越好，是因为这是一个由"被动"到"主动"的变化。这就告诉我们，给学生授课，语言一定要精练。

那么怎样锤炼出精练的课堂语言呢？

构建语言精练的课堂是教师的基本职责和要求，要做到这一点，首先要确定好教学内容，保证其科学性和严密性。语言精练的课堂背后是教师深厚的文化功底和教学功底。一堂好课，离不开教师对课程性质的深刻领悟，对教学规律的正确把握，对教材教学价值的敏锐捕捉，对学生发展方向的积极引导。就语文教学而言，好课实质上就是语文教师遵循语文教学规律，坚守语文教学本真，关注学生。语文教师要基于学生的语文学习，注重课堂生成。崔允漷教授说："一个优秀教师的教学行为，常常会特别关注教学情境。"李镇西老师说："语文课不是文化讲座，不是生命教育，一切自以为深刻独到的挖掘与一针见血、鞭辟入里，不过是教师的自言自语。"精彩的课堂，不是拒绝教师的展示，而是欢迎教师大胆去展示：展示你的阅读功力，展示你的教学智慧，展示你在课堂教学中的敏感度——及时把握学情，并为此做出恰当的反应。当教师与学生有着巧妙的、心有灵犀式的呼应的时候，课堂就有了生命，精彩就有了源头活水，课堂语言也一定是精练的。

苏霍姆林斯基说："教育的技巧并不在于能预见到课堂的所有细节，而在于根据当时的具体情况，巧妙地在学生不知不觉中做出相应的变动。"在教学动态进程中，教师除了要把握好预设的教学环节外，还应突破原有设计，捕捉和处理好教学中产生的没有预见到的新的即时性问题，顺学而导，教中求变，抓住一个个生成契机！

思后方知教之法，思后方知教不足，思后方知教之变。思考产生变革，变革带来发展，只有对自身教育实践进行理性思考，用理性的教育态度探求教育的本质规律，思索教育的真谛，然后在实践中改变自我、发展自我，提升自身的专业水平，教育教学才能逐步达到更高的境界。苏霍姆林斯基说："没有个人的思考，没有对自己的劳动寻根究底的研究精神，那么任何提高教学法的工作都是不可思议的。"刚踏上讲台的年轻教师，对教学的理解就是机械地搬运教学参考书上的内容要点，自己极少主动去思考、纠正自己的思维方法和教学进程，这就必然导致课堂教学的"浅"与"空"，语言更谈不上精练。而善于思考的教师，决不照本宣科，人云亦云。善于思考的教师，一定是思路清晰的人，并逐渐成长为有独立思想的传道者，也才能称得上"语言精练"。

当然，更重要的是，为人师者，要永怀赤子之心。王栋生老师说："我把自己教成了一个学生，我把自己教回到课堂，我把自己教回了童年……这也许就是为什么在离开课堂之后，我仍然对教育保持着热情，仍然对世界保持着好奇心，仍然在思考着学校里和课堂上发生的所有教育。"于永正老师也曾说过，教了四十多年的书，最终把自己教成了孩子。课堂的精彩来自课堂的亮点，更来自执教者自身的"亮光"，这就近乎"技"与"道"的关系了。无论是钱梦龙先生反复强调的"老实教书"，还是于漪老师一再强调的"踏实做语文人"，等等，老前辈们一直都在告诫着我们"不逾矩"。

教育有它的规律，教学有它的形状，课堂的精彩绽放在某个教师的内心，就说明他有一个纯净的教育梦想，并且为之努力，付诸实践。

课堂教学力争语言形象

我做过一个调查：学生喜欢听什么样的教师讲课？百分之九十以上的学生的看法是喜欢听语言形象而幽默的教师讲课。教师不仅要具备专业知识，还要具备专业技能。形象而幽默的语言，就是教师专业技能的重要组成部分。

如何修炼出形象而幽默的课堂语言？我从以下几方面用功。

第一，吃透教材。要把教材中的知识完全转化为教师自己的东西，把教材中的书面语言系统转化为教师讲解的通俗口语系统。我的做法是，先下苦功夫钻研教材，将教材中的课文内容烂熟于心，备课时用自己的语言方式重新构思，上课时就能做到离开教材、离开课文、离开资料，全方位地与学生面对面地交流。如此，上课就像谈心一样，一定会形象生动。

第二，课堂上教师要把主体让位给学生。教师只有经常启发学生动手、动口、动脑，自己去发现问题、解决问题，才能使学生始终处于一种积极探究知识、寻求答案的最佳学习状态，教师的课堂语言才能精练而形象。

第三，教师授课时，要善于运用比喻、类比、举例子的手法，把抽象的知识形象化。比如，为了阐明学生确立目标的重要性，我以下列的事例作形象化说明。

1985年，人们发现，牛津大学有着350年历史的大礼堂出现了安全问题。大礼堂的20根横梁已风化腐朽，需要立刻更换。大礼堂的每一根横梁都是由巨大的橡木制成的，为保持大礼堂350年来的历史风貌，只能用橡木更换。此时，要找到20棵巨大的橡树很不容易，或有可能找到，但每一根橡木至少要花费25万美元，这令牛津大学一筹莫展。这时，学校园艺所打来报告，350年前大礼堂的建筑师早已考虑到后人会面临这样的困境，当年就请园艺工人在学校土地上种植了一大批橡树，如今，每一棵橡树的尺寸都已远远超过了横梁的需要。这是一个令人肃然起敬的故事，是建筑师在

350年前的用心和远见。这告诉我们，目标和远见很重要！

学生听了这个故事，对于确立目标的重要性也就深刻理解了。

第四，课堂上的教学形式要多样化，不能一成不变。就我的语文课而言，有我精练的讲授，有学生的阅读，有大家的热烈讨论，也有大声的朗读，还有讲故事、演小品、说相声……总之，课堂内容丰富，形式多样。这样，课堂教学语言要想不形象都难。

为了说明形象而幽默的语言的功能，我说了以下的故事，让学生具体可感。

据说古希腊哲学家苏格拉底"惧内"。一次，苏格拉底正在和朋友谈论哲学，谈得太投入，忘记了时间，天都暗下来了，还没有做饭。他的妻子本来就是个悍妇，见此情景，不禁火冒三丈，大骂了苏格拉底一顿，并且将一盆洗脸水劈头盖脸地倒在了苏格拉底的头上。同学们想一想，这种情况我们要怎样应对？我们的哲学家会有什么表现？

稍停，我揭晓了答案。哲学家当时轻轻地一笑，对着朋友说："我就知道狂风过后必定是暴雨！"

课堂教学要生活化

语文教学的外延与生活的外延相等。我经常在生活中寻找教学资源，这使我的语文课生动活泼，有取之不尽用之不竭的源泉。生活中处处有语文，生活中处处是教学资源。

以儿子吃咸鸭蛋的故事为例。

儿子周易八岁那年，有一次吃咸鸭蛋，他只吃蛋黄，把蛋白弃于桌上，一块，两块……我忍不住了，指着蛋白呵斥道："你给我吃掉！"周易眨眨眼，夹起蛋白迅速递给我说："给你吃。"我愕然了。他又补充一句："你不是叫我给你吃掉吗？"

这件事让我久久难忘，孩子不是不懂我的语意，而是不仅理解了，还巧妙地把意思说得有利于他自己。仔细分析，这里涉及词性、语法、句式、标点、修辞、逻辑等多种知识的运用技巧。

我在这里用了一个命令式的祈使句，主语是代词"你"，谓语是动词"吃"，"掉"是补语，补充说明"吃"得怎么样，"给我"是介宾短语做状语。这句话的意思是"我要他吃掉剩下的蛋白"，而周易却把这句话作了另一种的解读，变成了"他把剩下的蛋白递给我吃掉"的意思。

首先，他将"你给我吃掉！"中的介词"给"做动词使用，从而让介宾短语的"给我"变成了动宾短语"递给我"。句子也变成了兼语句式（"我"字是动词"给"的宾语，又是动词"吃"的主语，故为兼语）的连动句（两个动词："给""吃"）。这是词性、语法的知识范畴。

其次，他把祈使句当陈述句用。我使用的是命令式的祈使句，目的是督促周易吃掉蛋白，养成不挑食的良好习惯和节约的良好品质。如果是书面语，句末是感叹号。而周易却故意将这句话改成了语气平缓的陈述句，自然就变成了"把蛋白递给我吃"的意思。如果是书面语，句末自然就是句号了。这是句式、标点的知识范畴。

最后，周易还使用了别解的修辞手法。对于一个孩子来说，大人的命令带有一种不合理的强制性，这是他们无法通过正常的逻辑思维和语言来应对的，既然如此，那他们就用一种近似耍无赖式似的方式来对待。这种做法，不合理，但合情。这就是生活中的语文，这就是亲情呵护下的孩子气的逻辑。

虽然，八岁的孩子不通词性，不知语法，不明句式，不懂修辞，但他凭借语境、语感和语意，不仅快速领悟理解了我说的话，还灵活地把我要求他吃的意思别解反转为他递给我吃，真是很有戏剧性的场面，叫我这个作为语文教师的父亲哭笑不得。

八岁的孩子对语感尚且有如此的悟性，更何况我们的教学对象是渐趋成熟的十几岁的中学生呢？

当然，如果仅凭悟性去学习语法，可能有一定的效果，但对于掌握语言的规律，进一步学习语言而言，是远远不够的，容易出现似是而非的情况，而且，学习语言的深入性也远远不够。

对于语文教师来说，生活中处处都是语文教学资源。重视语法教学，是语文界的当务之急和迫在眉睫的重要任务，我们完全可以在把握规律的基础上将语法教学融入鲜活的生活中去，那样，定会收到事半功倍之效。

课堂教学要韵律化

我爱读的新诗是闻一多先生的格律化新诗，因为它最有韵味、诗味。闻一多是我国最早提倡新诗格律化的诗人，其诗论的核心内容是讲究诗的"三美"——音乐美、绘画美和建筑美。而这"三美"的实质是讲究韵律。韵律不仅对诗歌很重要，对其他体裁的文章也很重要，特别是对中学生学习语文，培养语感尤为必要。因此，语文课上要书声琅琅。

在生活中，我们经常能遇到语感好、对韵律敏感的人，他们的语言更流畅，说话更自然，感受更灵活。

语文教学要引导学生有意识地感受文章的韵律。我们读朱自清的散文，只要反复朗读，就会感知其文字珠圆玉润、声调优美、韵律和谐；我们读古典的诗词歌赋等，也会感知一种音乐的存在，纵情朗读往往也是声情并茂，无论朗读者或是听者都得到了美妙的享受，仿佛听到了优美动听的曲子。究其原因，不外乎这些文章十分讲究韵律，把音乐巧妙地融入进去，而读者通过熟读，与之产生了共鸣，就像人们在听《江南 style》时会情不自禁地有一种想舞动起来的冲动。这就是文章韵律的作用。

"书读百遍，其义自见。"古今中外文学作品中精彩的语言只有经过反复诵读、理解和感悟，才能从中获得营养。朗读和语文课的关系就好比鱼和水的关系，密不可分。不同形式的读有不同的作用：指名读，能了解学生读的水平；齐读，可深化文本的内涵；分角色读，能体味不同人物的心理；速读，有助于学生把握主要内容；放声读，有利于学生发现问题；默读，便于学生深入思考；范读，用老师的语言感染学生的心灵……我们要善于选择恰当的读书方式，让学生一步步走进文本，走进人物内心，体会文章的内在韵律。

那么怎样写出有韵律的好文章呢？

作家陈建功曾经向汪曾祺先生请教："您作品语言节奏怎么拿捏得那么好？"汪先生回答："别无他法，多读而已。我曾把晚清小品熟读于心，读到最后，内容可能都忘了，节奏倒留在潜意识里了。写文章写到某处，多一字必删，少一字则必补，不然永远觉得系错了扣子，一天过不舒坦……"

余秋雨先生的"文化散文"影响广泛深远。他的文章行文流畅，虽然汪洋恣肆，但是韵律和节奏都恰到好处。他有一种写作习惯：边写作边朗读边找节奏。戏曲演员出身的妻子马兰也充当起余秋雨先生的"秘书"，余秋雨先生谈到写作感悟时说过："我写完了以后，就让她给我朗读，我听着，感觉不好的地方再做修改和调整。"真可谓"文章不厌百回改"，读和听的感觉是最直接的。因此，节奏在修改中更加和谐，韵律在推敲中自然流畅。这也是写作时充分发挥韵律作用的结果。

那么韵律对文章有什么作用呢？

我们阅读文学作品，除了内容之外，文字内在的节奏和韵律的效果如何，有时候是决定我们喜欢不喜欢、愿意不愿意继续读下去的大问题。简洁而丰满，明快而朴素，富有张力而又朗朗上口的文字，总是让我们爱不释手。多读这样的作品会激发学生的阅读兴趣，养成良好的读书习惯，积累更多的语言及知识材料，也有助于对作品的深刻理解，提高语言表达能力和写作水平。

我的做法：学好语文，一要向学生推荐韵律好的作品；二要引导学生反复阅读喜欢的经典作品，培养语感，感受韵律；三要指导学生写作、说话注意音韵，不必兜圈子，不必说套话。

课堂教学要有资源意识

叶圣陶说，课文，无非是一个例子。余映潮说，语文教学，要有强烈的资源意识。我认为，课程资源无处不在。

这三句话的字面意思有所差异，但是所表达的实质是一样的，也就是说，语文课文只是我们实现教学目标的资源、桥梁。

那么，可以用于教学的资源，只有课文吗？或者说，于我们的语文课堂教学而言，我们可以利用的资源又有哪些呢？

其实，可以利用的资源很多，只是需要我们有强烈的教学资源意识，有善于发现资源的慧眼和善于挖掘利用资源的智慧。

课文是资源，课文"周边"也有很多资源。比如，每个单元前的"单元提示"，每篇课文前的"预习提示"，每篇课文下面的"课文注释"，还有自读课文的"旁批"和"总评"。另外，教材中提供的"思考探究"和"积累拓展"，以及教材中的重要"补白"，这些都是资源，而且是我们教学中不可忽视的资源。一旦我们忽视了它们，就是主动放弃了诸多宝贵的资源。比如，八年级上册第二单元"单元提示"中说："学习本单元，要了解回忆性散文、传记的特点，比如内容真实、事件典型、注重细节描写等。"这句话实际上是在告诉我们，这一单元的教学要"得体"，要教会学生认知"回忆性散文"和"传记"这两种文体的特点。再比如，《回忆我的母亲》一文的课文注释为我们提供了阅读文章的重要背景，这是我们可以利用的资源。又如，《安塞腰鼓》一文中提供的旁批"沉稳而安静"的作用和"耳畔是一声渺远的鸡啼"的作用，为我们提供了很好的打开文本的思路。

课文是资源，教辅用书也是资源。例如，在某节课堂上，教师提醒学生拿出教辅用书《基础训练》，阅读其中的"作者介绍"，这就是对现有资源的利用。课外教辅资料，有些是教学的有效补充，作为教师，我们要善于用其精华。当然，工具书也是资源，我们在教学中也要运用。

课文是资源，生活也是资源。生活中的许多事情都可以整合到我们的教学中去，剔除其非语文的要素，站在"语文"的视角，用"语言建构与运用"的思维去挖掘，提炼出用作训练的"实践"材料。

教学，要有资源意识。教师要善于整合资源。单篇课文，是静态的资源；单个段落和句子，是死的资源。但，如果我们对它们进行整合，用"建群"的方法，实现"同类相聚""异类相比"，把它们盘活，我们的资源就无穷无尽了。教师还要善于提炼资源。从一句话中发现一种句式，从一篇文章中发现一种写法和思路。然后，用这样的资源让"读写共生"。

如果放眼校外，走出教室，走出校门，走向社会，那课程资源更是非富多彩。田野中的芳香气息，大山里的青翠欲滴；春天的山花烂漫，夏日的炎炎烈日，金秋的累累硕果，严冬的皑皑白雪；阴天的层层云堆，晴天的阳光普照，下雨时的丝丝雨滴，雪飘时的漫天飞舞……所有的所有，无不成为我们的课程资源。

因此，教学要有资源意识。教师要善于发现资源，整合资源，盘活资源，让资源成为课堂的肥沃土壤，培育灿烂花朵。

写作要有真情实感

作文是语文教学的"老大难"。其实说难也不难，我们每天都在说话，抒发自己的感情，发表自己对问题的看法，表达自己的诉求心愿……这是大家每天都在做的事，有什么困难的呢？问题的关键在于要表达的是否是自己想要表达的。

记得有一次，同年级的一个语文老师气呼呼地拿着一张纸条对我说，现在的学生真的没办法，布置的作文写不好，小小年纪写起"情书"来却有说不完的话。说着把她"缴获"的"情书"递给我。我快速地看了一遍，果然是很好的一篇文章。也难怪，这个同学喜欢一个人，说明他的情感是真挚的；把他想对她说而不好意思当面说的话写成文字，说明他有写作的能力。有情感，有内容，当然能写出好文章。这正是我们语文老师的活教材，值得我们反思和借鉴。因此，我从不强迫我的学生写他不愿意写的东西。

我小的时候特别喜欢听人说书讲故事，这也许是我成为语文老师的重要原因，而且那种童年记忆历历在目。记忆中的那些山川日月、飞禽走兽、历史掌故、田野树木，是我想象力的源泉，这些故事引起的思考和联想，开启了我的情感源泉。所有的美文好词，必须经过常年的累积，加入自己的情感，然后才能真实地表达出来。缺少真实体验、缺少真情实感的表达都是空洞无力的。

事实上，许多学生都有不少经历，为什么他们不会写？究其原因，一是他们经历后没有触动，不知道写什么好；二是他们没有感想，写出来很肤浅、苍白。

干涩的文字，即使勉勉强强写成了文章也是索然无味。

《红楼梦》里说："世事洞明皆学问，人情练达即文章。" 对人生、对社会、对世界的感悟，对家人、对朋友的真情实感，情动于中而言于形，才是写文章的坚实基础。而表达能力的形成，一方面需要词句训练，另一方面需要大量阅读。

阅读深处是读人，作文深处是做人。

鼓励学生阅读，鼓励学生思考，鼓励学生说出自己的想法，这才是基础。

其实，判断一篇文章写得好不好，最重要的一点就是有没有写出自己的真实感受，是不是能引起别人的共鸣，是不是情动于中而言于形。

作文必须从日常的听、读、行、思、说、写、演中积累而来。先有了触动，有了感想，然后用准确的语言来表达，这叫情动而辞发。

对生活有感悟、有真情实感、有阅读积累的学生，就算对"作文大法"一条不知，但只要稍加训练，就能写出好的作品。

多年来，我是这样想的，也是这样做的。

课堂教学要删繁就简

语文教学的内容丰富，与各种知识都是有联系的。一些教师不注意分清主次重点，往往事倍功半。

有些课文，文本很长，要在有效的40分钟内完成教学，必然要做一些技术上的处理。关键是要抓住文本的"眼"，比如《故乡》中的"变"，《皇帝的新装》中的"骗"，《孔乙己》中的"笑"，《周总理，你在哪里》中的"念"……具体来说，要做好以下四点。

第一，一节课要确定核心教学点，避免眉毛胡子一把抓。比如教学朱德《回忆我的母亲》一文，要保证一节课教学内容的完整以及目标的单一、明确，教师就需要做好选点、取舍。教师可以围绕"母亲"去提炼描写母亲的"典型事件"和"精彩细节"，引导学生建构起对母亲形象的认知，并领悟作者描写母亲的手法和语言特点；可以围绕"回忆"去提炼"回忆性散文"的文体特点，感知"我"在回忆中所蕴藏的思想情感。一篇课文，尤其是长课文，可以挖掘的教学资源很多，教师要恪守的基本原则是，一节课要有一节课的"一得"，一节课要有一节课突破的"一点"，力争在"长文"中找到"短的线段""聚焦的点"，这样的教学方可更加高效。

第二，对一些常规性的教学内容做好技术性处理。比如课文的阅读，过长的文章是不宜在课堂上听朗读录音的，更适合用默读的方法去搜寻"目标信息"。比如给段落标序号、生字词的教学，是可以作为预习内容让学生在课前完成的。再比如，对于学生的课堂阅读，可以进行一些阅读方法的指导，提出明确的阅读目标，限定阅读的时间，等等。

第三，把握文本特点，找到好的方法。比如教学朱德《回忆我的母亲》一文，引导学生理解"描写母亲的典型事件"时，教师可以让学生"浏览课文"，找段落中心句、关键句。通过这些中心句、关键句，可以很清晰地梳理出作者写了母亲哪些典型事件。在此基础上，聚焦部分典型事件，品析语言，理解人物形象特点和人物描写方法。好的方法可以四两拨千斤，事半功倍，帮助我们提高课堂教学效率，实现"长文短教"。

第四，少教多学。这是微语文倡导的重要理念。"长文"要实现"短教"，就必然要减少教师的"教"和"说"，促进学生"多学"。比如教学朱德《回忆我的母亲》一文，概括"描写母亲的典型事件"时，教师可以给出"根据关键句"提炼出的"四字短语"，引导学生依据范例"概括"，将更多的概括和训练留给学生。而品析语言也可以用范例引导，让学生逐步认识到作者描写的妙处和所表现的人物特点。

"长文短教"，并非易事，尤其是我们面对的是偏远乡村学校的学生时，这就更是一个难题。像《回忆我的母亲》这样的课文，我们即使用上三个课时（三个课时也是短的），也需要有"短教"的思路，只有这样的思路，才能教出"长文"的"长效应"。

巧用精妙的板书

语文教学涉及面广、内容庞杂，往往给人一种"散"的感觉。课堂上，学生听起来热闹；课下，丢开后收获不大。教师若能精心设计精妙的板书，则能起到"抓纲显目"的神奇效果，不仅让学生感到学语文有趣、容易、适用，还能培养他们多方面的能力。如果利用多媒体制成CAI课件，则更直观，效果更好。那么，语文课的板书，如何才能达到上述效果呢？我根据自己多年探索的经验，认为语文课板书应努力达到以下"七性"。

一是精练性。这对于篇幅较长、主旨含蓄、思想深刻的课文尤为重要。因为篇幅长的课文知识容量大、情节复杂，学生通过一两遍的学习是难以掌握的。如果在板书设计时能抓住关键内容，抓住主要矛盾，"长文短教"、拨疑为悟，学生就能豁然开朗。如《故乡》一文，几千字的内容，通过"我"回故乡的见闻和感受——故乡的变化、闰土的变化、杨二嫂的变化、人与人之间关系的变化等，来反映当时农民的艰苦生活，揭示了农村经济破产的社会根源。在教学时，结合课文阅读和讲解，精心设计以"变"字为核心的板书（见图1），则学生对课文理解会容易得多。

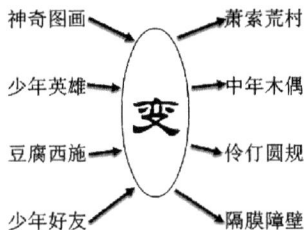

图1　《故乡》以"变"字为核心的板书

二是新颖性。语文课不像数学课那样有很强的逻辑性，学生往往对之提不起兴趣，如果教师讲解再啰嗦，学生容易厌烦。怎么办？教师在巧妙指导的同时，辅之以新颖别致的板书，则能激起学生的学习兴致。如学习安徒生童话《皇帝的新装》一文时可以用"骗"字来揭示全文的内容（见图2）。教师只题"骗""行""受""助""传""揭"几个字，而涉及的人物，让学生通过阅读后自己填写，并伴以分角色表演。这样，教学效果必然不同凡响。

图2 《皇帝的新装》板书

三是形象性。语文课本中的文章，大多数是形象思维的产物，中学生的形象思维又恰恰很活跃，因此形象的板书是很受学生欢迎、易于学生接受的。如《春》一文，作者由盼春到绘春再到赞春的感情步步加深，重点是绘春，通过描绘春天的"草嫩、花繁、风和、雨细、人忙"五个方面，向读者展现出春的气息、春的景象。在具体绘春前是热切地"盼"，绘春后，又是高度地赞其"新、美、力"。教学时，如果设计下列散发出春的气息的板书（见图3），则既体现了作者的思路，又给学生以启迪。（其中五副春景图特点"嫩""繁""和""细""忙"，让学生思考、概括后自己填写。）

图3 《春》板书

四是直观性。语文教学中常有这样的现象，某些知识，特别是文言词语中的解释，学生容易记错，如果教师设计出直观的板书，则会加深学生的理解和记忆，如《愚公移山》和《登泰山记》等作品中的"阴""阳"两个词，用于山水，其意义不同，学生往往记反了。对此可以设计如图4所示的板书，并加以说明：受光面为阳，水之阳为北，山之阳为南（限于北半球，下同）；避光面为阴，水之阴为南，山之阴为北。记住这个板书，学生对阴、阳就再也不会混淆了，同时，还学习了地理知识，拓展了知识面。

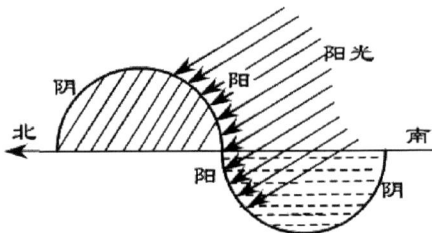

图4 "阴""阳"板书

五是启发性。语文课本中许多文章构思精巧别致，但这种娴熟的构思技巧常融入字里行间，不易被学生所察觉和体会，如果能设计出具有启发性的板书，就会让学生从看似繁杂的材料中悟见行文线索、象征手法、构思联想等，从"山重水复疑无路"的困惑走向"柳暗花明又一村"的境界，还能培养学生的阅读感悟能力。如杨朔的《荔枝蜜》一文，材料繁杂，跳跃性大，如果能设计出如图5所示的蜜蜂形的启发性板书，就很容易让学生体会到：文章以"我"对蜜蜂的感情变化为线索组织材料，"我"对蜜蜂由讨厌到喜欢，又由喜欢到赞叹，再由赞叹到"梦见"自己变成一只小蜜蜂，思想感情得到升华。作者以蜂喻人，借对蜜蜂的赞美，颂扬为建设美好生活而无私奉献的劳动人民。这些，无论对学生的阅读、感悟，还是对其写作、交流，都会有很好的启发性。

图5 《荔枝蜜》板书

六是提挈性。语文板书还讲究含蓄，着一字而提挈丰富的内容。如教学《爱莲说》一文，要使学生理解作者赋予"莲"的高洁品格，以及用菊和牡丹做衬托的写法，重点掌握对莲作充分赞美的语句。教师可画一朵盛开的莲花（见图6），然后在讲析的同时，于每个花瓣顶端写上赞美莲的7个分句的第一个字："出""濯""中""不""香""亭""可"（整句的内容让学生填写）。一堂课下来，学生基本上能掌握相关内容，并且由于这7个字的提挈作用，让学生当堂背诵和默写一般不成问题。

图6　《爱莲说》板书

七是创造性。雨果说过，第一个把姑娘比作花的人是天才，第二个把姑娘比作花的人是庸才，第三个把姑娘比作花的人就是蠢材了。语文板书设计也不能走别人的老套路，要有创造性。同时，我们要激发学生的学习兴趣，培养学生的创造能力，创造性的板书是必不可少的。就语文教学来说，新颖别致、凝聚着教师创造火花的板书，一定能促进学生思考，激活学生的想象力。

例如，在教学《周总理，你在哪里》这首悼念诗时，教师可将板书设计为献给周总理的花圈（见图7）。可引导学生根据周总理的足迹遍及祖国每一个地方而赋予花圈上的花不同的颜色，如高山为青色，大地为黄色，森林为绿色，大海为蓝色。还可以引导学生给花圈添上挽联，只要学生的设计符合"悼念"的意思，就应给予肯定。这样的板书，在设计、研究的过程中，能很好地激发学生的创造欲，培养学生的创造力。

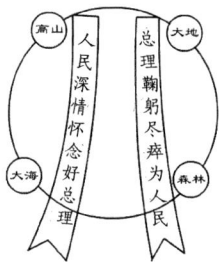

图7　《周总理，你在哪里》板书

总之，符合文章本意，又切合学生实际的板书设计，是教师在吃透教材和了解学生基础上的一种创造，这个创造过程，也是一个师生互动的过程。在教师的引导下，学生积极参与，这样就能激发学生的兴趣。而兴趣是最好的老师，有了兴趣，学生就会更加主动地学习。因此，教师要在教学中充分认识到板书的作用，努力设计出简洁、形象、新颖，融教育原理和美学于一体的板书，扬长避短，就能很好地吸引学生的注意力，激发学生学习的兴趣，点燃学生创造思维的火花。

三十多年来，我始终坚持这样的板书设计，使板书很好地促进我的教学。

拒绝似是而非的内容

在语文课堂上，我们常常看到一些与"语文要素"无关的活动。这些"非语文要素"与"语文教学"有两种关系，一种是有帮助的，一种是无意义的。

先举两个例子。

比如教学《三峡》一文时，教师开场用雄浑的男中音演唱了《长江之歌》。从内容和属性上看，这属于"非语文要素"。但是，这样的"非语文要素"却有着"语文"的作用：第一，向学生展示了教师的才艺魅力，教师在学生心中的形象变得更加立体，学生可能因此"亲其师，信其道"。第二，教师动听的歌声营造了良好的教学氛围，将学生的注意力拉进了课堂。这虽是"非语文要素"，但由于用时不多，也起到了"语文教学"的作用，所以并无不当。

但是，有另一个例子，教师同样在课堂上运用了歌声，却是极为失当的。那节课，教学内容是关于青春的。教师自己演唱了关于青春的歌曲，带领学生听了关于青春的歌曲，还请学生演唱了关于青春的歌曲，说了很多关于青春的歌曲。一节课下来，演唱歌曲、说歌曲的时间占去了二十多分钟，并且教师运用歌曲的目的不明。这样的"非语文要素"，不仅是"非语文"的，而且"无益于语文"，是没有任何意义的。

再回到《三峡》一文的教学。如果我们花费一定的时间去介绍关于三峡的地理知识，比如三峡的名称、三峡的长度、三峡的历史和现状等，这些是不是"语文的"呢？有没有积极的"语文意义"呢？回答这些问题需要看《三峡》这一课的教学需要教什么。我们知道，《三峡》是一篇写景的散文，教学这类文体，关键在于三点：第一，课文写了什么景？表现了景物的什么特征？第二，作者是怎样表现景物特征的？第三，作者通过描写这些景物要表达什么样的情感？结合这些问题看，介绍三峡地理知识，对学生理解这些问题有没有帮助呢？应该说，是无益的。那么，也就是说，过多介绍三峡地理知识，不仅是"非语文"的，而且也是无益于语文的。

我们还进行了这样的比较甄别。

曾经听一位教师的课，他把《假如生活欺骗了你》这首诗歌教复杂了，穿插了很多与诗歌相关的"周边知识"，提出了很多零碎的讨论问题。具体的复杂程序是：①介绍俄国作家、诗人。②介绍普希金。③介绍普希金的地位。④范读、齐读、分角色读诗歌。⑤讨论："生活欺骗了你"是一种什么样的状态？如何理解"欺骗"一词？⑥面对生活的欺骗，普希金又是怎么对待的呢？⑦用劝告的口吻再读此诗。⑧讨论："生活欺骗了你"的往事，怎么会成为亲切的怀恋呢？⑨插入写作背景的介绍。⑩普希金为什么被称作"俄国诗歌的太阳"？⑪普希金温暖的声音送到你们心里了吗？说说你此时的感受。⑫总结。⑬介绍汪国真《我微笑着走向生活》。

名师余映潮老师也执教过这首诗歌，用的也是一节课。余老师的选择是，把这首"简单"的诗歌教"深入"。余老师的具体做法如下。

第一乐章："假如生活欺骗了你"。就普希金的诗歌，组织学生这样做：第一，吟诵；第二，自由背诵；第三，抒发读诗之后的感受。吟诵，教师指导具体。背诵，学生全部完成。谈感受，学生联系现实，有很多好的仿写句。

第二乐章："假如你欺骗了生活"。教师提供中国诗人宫玺写的诗歌《假如你欺骗了生活》，组织学生这样做：第一，自由朗读；第二，话题讨论："诚实""一步一个脚印（踏实）"。

第三乐章："假如生活重新开头"。教师先提供邵燕祥写的诗歌《假如生活重新开头》第一节，组织学生用"假如生活重新开头"作为第一句，"结合对生活的体会自由写诗"，然后欣赏诗歌《假如生活重新开头》的完整版。

比较这两个教学设计和实施，我们发现，"把简单教复杂"的课中有两个明显的倾向：一是拓展、引用没有明确的目标，不知道为什么拓展。比如，介绍俄国作家、诗人的用意是什么？介绍普希金的地位的作用是什么？并不清楚。二是教师纠结于诗歌所说的理，用各种琐碎的问题引导学生去探讨理解，一节课的教学，教师反复说教、说理，却没有让学生领会诗歌之美，甚至没有完整地背诵。

作为比较，我们看余映潮老师是怎样将这首简单的诗歌教深入的。首先，余老师用三首相关联的诗歌帮助学生拓展了思维，加深了认知，让学生认知到"生活"和"欺骗"的关系是双向的。其次，余老师的教学，读得充分，理解得透彻，写得扎实。学生在读写中，对生活有了深层次的理解，知道了怎样去过生活，被生活欺骗的时候要"镇定""自信"，在生活面前不能欺骗而要"诚实"，"一步一个脚印"，有的时候我们还可以选择"重新开头"。最后，课堂没有说教，有的是学生的感知和领悟。课堂上教师说得很少，多的是学生的学习和训练。

语文课，是语文教师的自留地。在语文课堂上，如果一定要掺进"非语文"的内容，那么，就要想想，这是不是有益于语文教学。否则，就是在自留地里种别人的庄稼，这对提高学生的语文素养是没有好处的，甚至是有害的。

巧用歌曲激活课堂

有人批评语文教师把鲜活的语文课给上死了，扼杀了学生的学习兴趣。的确，中学语文教材里有许多富有丰富情感的课文，对此，我在教学中探索了这样一条路子：以朗读为主线，从情感的共鸣中找到学生和课文对话的切入点，让学生领会课文意思，激发学生学习兴趣。试以《枣核》一文的教学为例说明之。

《枣核》一文表现的是海外华人思念故土的赤子之心，情感极为丰富且深厚，我尽力避免烦琐的讲解，而代之以或歌或诵，一节课下来，效果很好。

首先，我抓住中学生爱唱歌的特点，课前将歌曲《我的中国心》印发给每个学生，要求学生会唱并理解其中的情感。这下触发了同学们的兴奋点，他们一下子来了兴趣。这样，同学们在感情上接受了它，情绪很高。

接着是上课前三分钟，我要求同学们齐唱《我的中国心》，既活跃了气氛，又做好了情绪准备。上课了，我饱含深情地范读课文，并让同学们根据板书填写内容，厘清课文结构：

（一）索枣核——　　　　（二）见枣核——

（三）说枣核——　　　　（四）议枣核——

同学们根据老师的示范朗读和自己的理解，厘清了课文的结构，并依次填上相应内容：

（一）索枣核——用途蹊跷　　（二）见枣核——如获至宝

（三）说枣核——为解乡愁　　（四）议枣核——民族深情

整齐的句式具有一种形式美，也是中学生最感兴趣和最易接受的语句形式，因此，简明而整齐的板书是帮助学生掌握知识的手段之一。

同学们了解了课文的结构，我又问：本文的线索是什么？根据上面的板书和前面对课文内容的初步把握，同学们积极地回答出：本文以枣核为线索，因为它贯穿全文，是思乡感情的寄托。

我接着启发：本文中美籍华人寄托思乡之情的表达方式，除了试种枣核外，还有哪些？学生通过跳读，有的答"栽垂杨"，有的说"养睡莲"，有的谈"堆北海"，有的讲"忆泛舟"……课堂气氛非常活跃。

我不失时机引导：这位海外赤子用这些方式寄托思乡的心理原因何在？同学们快速阅读后找出答案。有同学朗读回答："家庭和事业都如意，各种新式设备也都有了。可是我心上总像是缺点什么。也许是没有出息，怎么年纪越大，思乡越切。我现在可充分体会出游子的心境了。我想厂甸，想隆福寺。这里一过圣诞，我就想旧历年。"

同学们争先恐后地回答问题，是学习情绪高涨的表现，因为这里面蕴含着竞争意识，激发了同学们的敏捷思维。

我又激发：美籍华人的这种思念故土的心理，从歌曲《我的中国心》中能找到印证吗？稍作思考，男生齐唱："河山只在我梦萦，祖国已多年未亲近，可是不管怎样也改变不了，我的中国心……"这样又由"文"迁移到"歌"，让学生学会举一反三的学习方法，达到触类旁通的效果。

我"趁热打铁"，适时地总结："歌曲所表达的感情正是本文所表达的主题，两者是惊人的相同，因为这是千百万海外华人的共同心声。"接着又问："从文中找出这种情感的答案可以吗？"

男生齐答："改了国籍，不等于就改了民族感情；而且没有一个民族像我们这么依恋故土的。"

我引申道："既然如此，那么香港澳门的回归，海峡两岸的统一，是谁的意愿呢？"有的同学回答："这是港澳同胞、台湾同胞的心声。"有的答："这是中华儿女的心声。"有的说："这是全中国人民的心声。"

新课改要求开发课程资源，其实课程资源无处不在：学校有，老师有，学生有，媒体有……只要留心，课程资源取之不尽，用之不竭。

我最后要求：请同学们再唱一遍歌曲《我的中国心》，大家共同体验一下文中的思乡之情。顿时，教室里飘扬着激动人心的歌声："长江长城，黄山黄河，在我心中重千斤……"

本文的教学由于充分利用了学生对歌曲的热情，因势利导，激发了学生的学习热情，形象地加强了爱国主义教育，从而提高了教学效率。虽然下课了，可是歌声依然在校园里回响……

第二章　巧借故事帮手

小时候我生活在偏僻的山村，那时我最大爱好就是听故事。当时我们村生产队长吕文忠，是我们那里讲故事最多最好的人。据说他家过去开过私塾，还有一些藏书。夏日夜晚，我们这些孩子就围着吕队长请他讲故事，能一直讲到深夜。寒冬，我们围着火坑，央求吕队长讲《三国演义》，讲《水浒》，讲《西游记》，讲《隋唐演义》，讲《三侠五义》，讲《封神榜》……吕队长讲故事非常投入。有一次，他讲到精彩处，连自己的棉鞋烧了个洞都浑然不知，有人发现后提醒他，他把棉鞋上的火扑灭，接着又讲了起来。吕队长讲故事形象生动，绘声绘色，那些生动的故事深深地打动着我，也给我幼小的心田种下文学的种子，促使我走上了语言学科教学和研究之路。

作家莫言获得诺贝尔文学奖后，应邀在瑞典学院进行了演讲，题为《讲故事的人》。莫言的丰富故事，为他的写作提供了丰沛的养分，成就了他的一部又一部厚重的作品。其实教师又何尝不能做一个"讲故事的人"呢？

作为教育工作者，我们普遍会有这样一种感受：在教育学生的时候，假如进行一番"高谈阔论"，讲一些大道理，一味灌输和说教，老师说得口干舌燥，学生却觉得平淡无味，甚至左耳进右耳出，不能触动他们的心灵深处。

其实，我们不妨换一种说话方式，可以尝试讲故事给学生听，这样他们都会听得津津有味，也能起到良好的教育效果。我总是努力争取做会讲故事的老师，把讲故事的方法运用到我的教育教学中去，能让学生乐而忘返，欲罢不能；用讲故事的方法辅助教育教学，可以施教无痕，润物无声。

小故事解决大问题

在教育过程中，学生大多不喜欢听老师讲大道理，并且大道理不一定能有效地触及学生的思想深处，难以起到作用。但是中小学生确实存在一些不利于自身发展的思想和行为，如何有效地疏导学生思想，让学生健康、自由地发展呢？讲故事就是一种很好的途径，讲故事可以达到"润物无声"的育人效果，小故事可以解决很多大问题。

首先，讲好故事，可以帮助教师解决德育中的问题。

有一些对孩子难以直接进行正面教育的话题，可以用讲故事的形式来表达。例如，我班一个孩子从爸爸的钱包里偷偷拿了100元钱，爸爸发现了以后告诉了孩子的妈妈，他们都很紧张，想着一定要制止孩子的这种行为，不然会酿成大错。可怎样和孩子谈呢？如果直接用"偷钱"这个字眼来说孩子的话，孩子的自尊心很强，肯定达不到最佳效果，况且孩子可能没有意识到爸爸妈妈的东西不能随便拿，说他"偷钱"也许太严重了。这位爸爸找到了我，希望我给他出个主意。我的办法是建议他讲故事，并帮他编了一个《小猫吃鱼》的故事。

这位爸爸后来告诉我，他把这个故事讲给孩子听，效果出奇的好。孩子主动地说出了拿过爸爸钱包里的钱这件事，并且保证以后再也不会这样做了。

故事本身就是一个特别好的桥梁，它可以缩短大人和孩子之间的距离，让沟通变得顺畅愉快。故事原本就是既虚拟又真实的，如果把虚拟和真实很好地融合在一起，就可以让孩子很快进入情境当中，也能很好地解决孩子的某些德育问题。

其次，讲好故事，可以帮助教师解决教学资源上的问题。

语文教材中有许多故事可以成为我们的教学资源，我总是最大限度地运用好这些资源。没有一个孩子不爱听故事，故事能以其曲折的情节牢牢地抓住孩子的心，故事能以其生动的语言引领孩子在文字王国里畅游，故事能以其性格鲜明的人物在孩子的心底烙上永不磨灭的印记，故事中的人物会长生不死永远活在孩子的心灵世界里。每一个故事，都像一朵半开半闭的花，在孩子的心灵里悄然绽放，芳香四溢。

最后，讲好故事，可以帮助教师解决班级管理中的问题。

多年的班级管理工作中，我利用讲故事积累了许多宝贵经验，也使我的班级年年成为先进集体。学生，特别是小学生的自律意识较差，课堂上有人私下说话是常见现象，也是困扰很多教师的难题，很多教师耳提面命，磨破嘴皮子，甚至发脾气都屡禁不止。究其原因，一是小学生活泼好动，自我控制能力差；二是小学生不喜欢教师的说教方式。但是聪明的教师会通过讲一个个生动的故事，深入人心，并旁敲侧击地间接批评教育班上好说话的学生，促使学生自我反省和知错就改，轻松达到了目的。

总之，教师讲好故事可以解决很多问题。故事对于教育的作用远远不限于上面所说的三个方面，每一位教师都应该用好故事这把"金钥匙"，打开教育学生的"问题箱"。

故事教学法效率高

在我的课堂教学中，讲故事可以充当一种高效的教学手段，是一种有效达成预期目标的教学措施。把故事作为一种教学素材和教学方式运用于课堂教学中，以故事的呈现（包括讲述和表演等）、故事的分析、故事的评价为主要形式最终达成某种教学目标，就是故事教学法。故事是激活课堂教学的强效剂，它比直接灌输知识、宣讲道理、分析数据更为持久有效，更具有价值，更受学生欢迎。研究表明，以事例或故事形式呈现的信息更容易也更准确地被学生记住、理解和掌握。故事中往往含有生动的人物和情节，有明确的时间和地点，讲述的语言丰富多彩，其震撼性和冲击力往往比单纯的课堂说教要强很多。

故事教学法是一种行之有效的教学手段，运用得好，可以轻松达成课堂教学目标。

教师学会故事教学法，要做到以下几点。

第一，教师要经常阅读儿童文学作品，广泛涉猎相关知识，增加故事储备。

著名作家金波说："对于教师来说，儿童文学是一种素养。教师阅读儿童文学，不只是为了指导儿童阅读，不只是为了提高教学水平，还是一种职业的素养，甚至是做人的素养。这种素养，既有利于你的教学，也有利于提高你的生活质量，丰富你的情感世界。"教师应该经常阅读童话、故事、小说，对于经典儿童文学故事要耳熟能详，在必要的时候可以信手拈来。有的教师没有接受过系统的儿童文学教育，可以在工作之余多阅读具有时代特色，符合现代儿童观、儿童教育观的作品，特别是深受学生喜爱、对学生成长很有价值的经典作品，以此扩大自己的阅读量，拓宽自己的知识面。

第二，教师要把握好学生的年龄特点以及所授科目的学科特点和教学目标，选择适宜的好故事。

虽然学生都喜欢听故事，但是不同年龄段的学生对于故事的接受能力还是有很大差异的。具体来说，6~8岁的孩子喜欢简单有趣的童话故事，喜欢超脱现实的虚拟人物，如白雪公主、青蛙王子、灰姑娘、美人鱼等，以及小猫、小狗等小动物，甚至桌子、凳子、瓶子等都可以有生命、会说话。因此，针对这个年龄段的小学生，教师要选择那些内容相对浅显、篇幅短小、主题简单明了的童话故事讲给他们听，要模仿他们的口气说话，这样才能让他们听得津津有味，乐于接受。9~10的孩子喜欢情节较丰富的童话故事，以及一些简单的生活故事，在故事内容深度、篇幅和情节构造方面都要比6~8岁的孩子高一个层次。11~12岁的孩子喜欢情节更加丰富曲折的故事，教师要选择有些悬念、有一定深度和启发力的故事，那些一猜就中、听了开头就知道结尾的简单故事，他们往往不感兴趣。而对中学生则要提供有一定生活内涵的故事。

此外，故事要依据学科特点和教学内容而选，为教学目标服务。脱离教学目标、天马行空、漫无目的的故事教学违背了课堂教学活动的宗旨，只会浪费宝贵的课堂时间，达不到教学目标。

第三，教师要认真分析故事，根据教学内容和教学目标对故事进行再加工。

选择好故事后，教师要以教学为导向，对故事进行科学分析、加工和取舍，以准确地把握故事的娱乐价值和教育价值。对于一些内容好，但表达不够准确、情节不够生动、语言不够精彩的故事，教师要进行适当的润饰和改编，必要时要删掉一些次要的情节，把较晦涩的词句改为学生能够接受的浅显的儿童化的语言，或者在不改变故事原意的基础上扩充故事细节，使故事的语言更加优美、情节更加丰满、人物更加鲜明，以符合学生的审美情趣。最后，教师还要把故事与教学内容有机融合起来，共同为教学目标服务；要做好故事与教学内容和教学目标的巧妙对接，故事最终还是要回到教学内容上来，为教学内容服务，深入浅出地释疑解惑、说明道理，帮助教师达成教学目标。

第四，教师要在课堂教学中掌握好讲故事的技巧。

掌握讲故事的技巧可以帮助教师更形象生动地讲故事，达到更好的教学效果。讲故事不是把故事念出来就可以了，而是有很多学问和技巧。教师一定要重视讲故事的技巧，平时注意多揣摩、多练习。下面列举几个我平时教学中讲故事的小技巧，供大家参考。

技巧一：要全身心地投入。教师讲故事要切忌平淡无味，如果你能全身心地投入故事教学中，带着充沛的感情去讲述，声音清晰洪亮，表情自然丰富，眼神灵活，注意随时与学生眼神交流，同时配合必要的肢体语言，就会有很大的感染力。

技巧二：要充分发挥语言的魅力。给学生讲故事，语言要准确生动、清晰流畅，避免地方口音或语音含混不清、结巴和语病。语速不能太快，该慢的时候必须慢下来；声音的高低要控制好，保持在一个合理的区间。语言要富有节奏感，掌握好快慢轻重和抑扬顿挫，使学生充分感受到故事内容的生动和魅力。另外，讲故事时还要根据角色差异去调整语言，要带有强烈的感情色彩，象声词要尽量接近原声，这样才能把故事讲得绘声绘色、惟妙惟肖。

技巧三：要有丰富的眼神和肢体动作。教师讲故事时眼神要灵活而富于变化，"眼睛是心灵的窗户"，讲故事时眼里要放光，要能与学生做真诚的交流。切忌眼睛向下看，盯着一个地方不动，那样会给人目光呆滞、没精神的感觉。再附以动作表演可以让故事显得丰富有趣，如讲到小鸟就做飞的动作，讲到小猫就学喵喵叫，讲到难过时就哭两声，讲到生气时就嘬嘬嘴、跺跺脚。动作表演要自然到位，和内容要有效配合，协调一致。

技巧四：要有恰当的重复、强调和停顿。给学生讲故事切忌一气呵成，讲故事就像交谈一样，是一个互相交流及分享的过程。就一个故事而言，讲到关键处，要有意重复、强调，或者故意改变语言腔调，引起学生注意。还要学会在恰当的时候设置停顿，如有时遇到长句子或者几个句子，中间要有适当的停顿；有时是为了突出某个词或某种感情，需要作一个停顿（如《白雪公主》中有这么一段：王后听说白雪公主还活着，气得直咬牙齿："哼，哼，谁比我美丽，我就得害死谁！"读王后的话，应该在第二个"我"后面作强调停顿，并插入急吸气、吐粗气动作，以表现王后气急败坏、毒辣凶狠的形象）；有时是为了设置悬念和卖关子而停顿，以启发学生思考问题。

技巧五：可以与学生进行适当的互动。讲故事并不是单线式的教师讲学生听，必要的时候要围绕故事内容进行交流互动。比如，教师可以在讲述中穿插几个小问题让学生回答，启发学生思考和深入理解故事；有的故事还可以表演出来，师生分别扮演不同的角色，把故事活灵活现地演出来，这是学生非常乐意参与的事情，而且会十分投入。故事中的交流互动可以充分调动学生参与故事的积极性，启发学生思维，锻炼学生的协作配合能力，使故事教学法收到更好的效果。

总之，会讲故事并有效进行故事教学是教师的职业需求，是教师的一项基本技能。一分汗水，一分收获，只要多练习讲故事，用心揣摩，相信我们的教师都能熟练掌握和运用故事教学法，都会成为学生喜欢的"故事大王"。

故事教育法效果好

许多人不愿意当班主任，因为班主任更多的工作是"管"学生，承担着繁重的育人工作。有班主任抱怨："学生越来越不像话，越来越难管，越来越不听话……"真的是学生不像话了？还是我们的教育方式不适合今天的学生了？在当今社会，是否有更好更科学的教育方式？俗话说，方法大于气力，"劈柴不照纹，累死劈柴人"。做什么事都讲求技巧，许多故事给了我们这样的启示：原来班主任的苦恼不是来自学生，而是来自自己，是因为自己的育人方式不得法。

学生是充满活力和非理性的一个群体，班主任对这样一个群体讲道理、定规则、画框框，不但收效甚微，甚至会适得其反，扼杀了他们生动活泼的天性，即便学生在强压之下勉强接受了班主任的"教育"，那也只是停留在表面的机械接受，而不能深入内心。久而久之，大多数学生成了温顺的小绵羊，什么事都听老师的；有的学生走向了反面，变成了大家眼中的"问题学生"。此时班主任若能搜集一些富有启发性的小故事，将一些为学、做人的道理寓于故事之中，采用讲故事的方式教育学生，那么和学生沟通起来不但方便得多，而且比起干巴巴地讲道理或"威逼利诱"的教育方式，更容易让学生接受。

故事不仅可以用来教学，还可以用来育人，从某种程度上说，故事的育人功能比教学功能成效更加显著，用途更加广泛。与故事教学法相对应，我将用故事教育学生称为故事教育法，两者只有一字之差，但是意思相差甚远：前者强调用故事教学的作用，注重知识和方法的传授；后者强调用故事教育学生的作用，注重的是影响学生的思想和行为。

故事的语言特点是通俗化、口语化，以流畅的语言推动情节的发展。故事主要讲事，一般不会有过多的心理描写，对话也不是很长，想象很丰富，道理很清楚。故事的语言深入浅出，叙述手法夸张，在对事情的描述中体现出道理，表达出情感，是情和理的有机结合。用故事教育学生，正是从感性的事例出发，通过具体生动的故事材料与学生的生活和思想发生关联，使学生在不知不觉中接受教师的教育意图，受到感染，引发共鸣，最终达到理性教育的目的。

教育传播学研究发现，越是具体、细致的讲述与描写，其所含的信息量就越大越丰富，对人越有吸引力、影响力。小小的故事中，蕴含着深刻的道理，蕴藏着丰富感人的人生智慧。每一个故事都演绎着一个不变的生命真理，使学生在淡淡的哲思中获得感悟和真知。故事教育法充满人情味和人性化，体现了以人为本的教育理念。

那么，我是怎样用好故事教育法的呢？

第一，抓住教育时机讲故事。学生在学习和生活中不时会犯一些错误或出现一些问题，有时直接批评和简单地说教会给他们造成心理压力，或产生逆反心理，强化错误行为。这时，如果借助具有教育功能的故事，就能有效地避免负面影响，让学生在轻松的氛围中不知不觉地接受教育。故事教育法并不是任何时候都可以用，教师一定要把握讲故事教育学生的时机。比如，当一群稚气未脱的小学生无意中犯了错误，甚至他们自己都不知道错了，讲道理不起作用，或者不适合用道理批评教育时，就可以用讲故事的方法来教导他们。

第二，讲故事前要做些准备，如回忆故事内容，进一步熟悉故事情节，以免讲述时结结巴巴，冲淡学生对故事的总体印象，引不起兴趣。故事还要尽可能地简短。讲故事时要注意发音正确，吐字清楚，语速适中，语调抑扬顿挫，有一定的节奏。只有让学生愿意听并且听明白了故事，才能使故事教育法收到一定的成效。

第三，讲故事要有明确的目的，要带着问题导向，为解决学生的某个问题有针对性地去讲故事。讲故事之前，教师要观察、了解学生身上有哪些问题需要解决，了解学生需要什么、渴望什么，使故事教育法具有针对性。掌握学生的具体情况是开展好故事教育的前提，只有这样，讲故事才能做到有的放矢，故事教育才能达到目的。

第四，在讲完故事后，不要急于告诉学生故事中的道理，而是启发学生思考，也可采用小组讨论的形式，让学生自己得出结论，从中受到深刻的教育。通过讲故事教育学生，气氛轻松，而且学生容易接受，记忆深刻，事半功倍。

总之，故事教育法是教育者影响和吸引被教育者的有效方法，是一个教师提升专业化能力、形成名师教学风格和教学个性的重要路途，也是实现"高效教育"境界的重要方法。

故事教学效果好

教师根据课堂中所要讲授的内容，插入一些短小精悍、意境深远的生动故事，来引起学生注意，启发学生深入思考，促进学生内化理解，是一种深入浅出、为学生喜闻乐见的教学方法。作为一种相对成熟的教学方法，故事教学法在中小学语文、思想品德、英语等学科教学中已得到较为广泛的应用。

故事教学法特别适合中小学的课堂教学。故事是孩子认识世界的门户，它对孩子的魅力是无穷的。故事有很多种，如童话故事、寓言故事、英雄人物故事、科学家故事、益智故事等，很多都含有丰富的教育教学价值，喜欢听故事几乎是中小学生的普遍心理特征。

故事教学法在课堂教学中可以激发学生的学习兴趣，提高学生参与课堂教学的积极性。它可以将教学内容转化为故事的形式传递，使教学内容变得生动有趣。在课堂教学中，用好故事教学法，可以收到以下三个方面的效果。

第一，用故事教学，有助于学生识记、理解和运用知识。

各年龄段的学生都对故事非常感兴趣，故事中有生动的情节、丰富的情感，也蕴含着一定的学科知识。在教学中，恰当运用故事教学法，不仅可以激发学生的兴趣，还可以让学生在故事中受到启发，加深对教学内容的理解，从而提高教学质量。这样，在轻松愉快的气氛中，学生由于故事的吸引而记住了教学的内容，原本枯燥的知识也变得生动了，取得了很好的教学效果。

第二，用故事教学，有助于学生充分感知和体验学习过程，并掌握学习知识的思路和方法。通过讲故事教学，不仅可以让学生了解学科知识形成的过程、"亲历"探究知识的过程，还可以让学生学会发现问题、思考问题、解决问题的思路和方法，由"学会"变为"会学"，形成创新精神和实践能力。

第三，用故事教学，可以丰富学生的情感，让学生端正态度，树立正确的价值观。好的故事可以让学生在学习中受到各种文化的熏陶，形成高尚的道德情操和健康的审美情趣，形成积极向上的人生态度和正确的价值观，最终成长为一个具有社会责任感和历史使命感的社会公民。

爱因斯坦认为，教育应当使所有提供的东西被学生作为一种宝贵的礼物来领受，而不是作为一种艰苦的任务去负担。这里所说的"礼物"就是学生乐于接受和需求的知识。孔子也说过："知之者不如好之者，好之者不如乐之者。"那么，在课堂上怎样让学生快乐地去学习呢？有些内容学习起来确实有些难度，如果单凭教师直接讲解，学生不仅听得枯燥无味，还难以理解，这样就会挫伤他们的积极性，使他们丧失学习的信心，如果在课堂上适当地利用背景故事进行教学，效果就不同了。

故事教学法不仅可以化繁为简，化难为易，还能激发学生的学习兴趣，创建和谐活跃的课堂气氛，最终解决问题。因此，教师在教学中合理利用故事，可以提高教学效率，优化教学过程。

课堂讲故事，教学有活力

课堂是教师与学生、教材与学生、学生与学生"思维碰撞"的场所，在课堂上最大限度地调动学生的积极性，激发学生的学习热情，是提高学生学习效率的有效手段之一。教师在课堂教学中采用故事教学法，主要目的是提高学生参与课堂教学的积极性，激发学生的学习兴趣和主动性，使他们快快乐乐地学习。

课堂上我通过以下途径激发学生的学习兴趣和主动性。

第一，用故事营造愉快氛围，增添课堂情趣。

无数的事例证明，在学习知识或者技能的过程中，浓厚的学习兴趣往往能达到事半功倍的效果，而轻松愉悦的学习氛围则像一股清泉潺潺流过学生的心田。故事化的课堂能快速调节教学气氛，激发学习兴趣，让学生对这样的课堂无限向往。心理学研究也表明，在学习过程中，意志与兴趣是相辅相成的，一个人对某种事物的兴趣一旦形成，就会产生一种乐此不疲、不达目的不罢休的勇气和信心。可以这么说，激发兴趣是培养学习动机的起点，是促进学习动机转化为学习行为的"催化剂"，是营造良好学习氛围的前提。合理运用故事教学法能让课堂焕发出生命活力。

第二，用故事导入课堂，激发学生的学习动机。

学习动机在教学中起着十分重要的作用，有的学生学得不好，根本原因是没有强烈的学习动机，也就是缺乏学习热情。因此，对教师来说，找出激发学生学习动机的方法是极其重要的。

实践证明，学生对故事百听不厌，即使同一个故事讲上多遍，他们也不会厌烦。同样，在课堂上讲故事，学生的注意力就会更集中，这样教学内容也就自然而然听进去了。因此，从教育心理学的角度看，故事教学法是一种激发学生学习动机的积极方法。

第三，用幽默故事应对课堂突变，化腐朽为神奇。

课堂教学中往往充满着变数，这就需要教师聪明机智地去应对。教师在处理教学紧急情况时，可以采用故事教学法，以恰当的幽默故事来应对课堂突变，从而达到化腐朽为神奇的功效。

爱听故事是学生的天性，活用故事辅助课堂教学，不仅可以激发学生的学习兴趣，陶冶学生的情操，还可以开发学生的智力，培养学生的创新思维。在教学中努力把故事引入课堂，或活跃课堂气氛，或吸引学生注意力，或化解教学难点，或渗透思想教育……故事教学法可以使课堂充满活力，让学生在课堂上"学习并快乐着"。

讲故事有技巧

在教学过程中，适时地运用合适的故事，有助于达成教学目标。但是，故事应根据具体情况巧妙地运用，切忌为讲故事而讲故事，若一味地追求故事化，追求课堂气氛的热闹，则会导致故事教学的庸俗化、程式化，从而变成形式主义的故事教学。因此，故事教学法必须围绕教学目标，为教学服务。

故事教学法并非完全的课堂教学故事化，教学也不可能完全故事化。

作为一种方法，故事教学法只是起到某些方面的作用，它不排斥其他方法，也取代不了其他方法，只能与其他方法共用来完成教学任务。这就要求故事教学法必须用对时机，适时恰当地使用，才能达到好的教学效果。

第一，用故事引入教学，可引人入胜。

用故事引入教学，可以把学生带入一个充满神奇、充满幻想、充满期待的境界，增强学生的求知欲望。例如，我在教学《太阳》一文时，利用课文开头的故事做引子，把学生带入遥远而神奇的神话世界：

有这么一个传说，古时候，天上有十个太阳，晒得地面寸草不生。人们热得受不了，就找了一个箭法很好的人射掉九个太阳，只留下一个太阳，地面上才不那么热了。

师：你听了这个故事想说些什么？

生：有十个太阳？不会吧！哪有这么好的箭法？能射到太阳吗？会有那样的人吗？

师：好了，那就让我们带着种种猜想来学习课文《太阳》吧！

这样设下悬念，学生会带着一种欲望去探究新知。

再如，教学杜甫的诗《望岳》时，正式学习之前，我给学生讲了一个杜甫与李白相会的故事：

744年，李白来到洛阳，洛阳名流为李白举行招待宴会。当时尚寂寞无名的杜甫也出席了宴会。由于宾客很多，主人忽略了杜甫，未将杜甫介绍给李白。几杯酒下肚后，李白环顾一周，将目光落在杜甫身上，杜甫有些慌张。李白向邻座打听到这个青年是杜甫时，便站起来，大声说道："让我向'会当凌绝顶，一览众山小'的作者杜子美敬一杯酒！"这一下不仅出乎大家的意料，也大大出乎杜甫的意料。他激动得把杯中酒弄洒了一半，一时竟不知说什么好。

这个故事不仅表现了李白善于奖掖后生的美德，也表明了《望岳》一诗有很强的艺术魅力，连大诗人李白也大加赞赏。因此，我用这个故事引入课堂教学，很容易地把学生带入了快乐学习的氛围，起到了引人入胜的效果。

第二，抽象难懂的知识，用简单形象的故事来说明。

用故事可以将抽象的内容具体形象化，便于学生理解。例如，一位生物老师在上课的过程中，遇到了一道关于豌豆种子种皮颜色和子叶颜色的遗传题目，由于课时有限，没有按常规思路解析，而是用一个小故事轻松化解："自然界中生命的轨迹总有着惊人的相似，你们看看种子的结构图，它像是正在母体中孕育的胎儿，种皮就相当于母亲的肚皮，它的颜色取决于母本，而子叶就相当于胎儿，它的颜色当然就由双亲共同决定了。"这样一来，原本抽象难懂的知识就迎刃而解了。

第三，重点、难点知识，不妨用故事强化，增强学生记忆。

课堂教学中，教学难点和重点的突破是提高课堂教学效率的关键。一方面，它可能成为学生学习上的分化点；另一方面，又是学生智慧的开窍点。突破重点、难点，一般需要花费很大的力气，但是若能巧妙地引入故事来教学，这一难题就可以迎刃而解。

教师把教学重点、难点融入到故事中去，让学生在分享故事情节的同时，细细品味和咀嚼其中的内涵或寓意，从而建立知识的表象，这样所取得的效果，是教师用最精妙的语言组织教学也难以达到的。

第四，当课堂气氛沉闷时，需要及时用故事活跃气氛。

学生显出疲态、精力不集中，需要调节一下气氛时，可以切入一个小故事。例如，一位数学老师在课堂上讲解分数时，由于是下午第三节课，很多学生都很累，大家的学习兴致不高，整个课堂上气氛有点沉闷，老师在讲台上讲，下面的学生互动性也不强。怎么办呢？任由这种气氛延续到下课吗？这位老师灵机一动，决定给学生讲一个与分数有关的抗日战争故事。一听是抗日战争故事，还跟分数知识相关，同学们都来了精神，洗耳倾听：

抗日战争时期，一个儿童团员要送一封急信给河对岸的八路军。河上有一座桥，这座桥是过河的必经之地，但是桥的中间有一个日本兵把守。好在儿童团员发现这个日本鬼子经常在桥上打瞌睡，但他每隔一分钟就会醒来一次，一旦发现有人过桥，他会立即拿枪命令他返回。过这座桥至少需要三分钟，时间紧急，儿童团员是如何把信成功送到对岸的呢？

大家对这个问题很感兴趣，纷纷议论：鬼子在桥中间的位置，以最快的速度一分钟也只能走到桥的三分之一的位置，没到鬼子身边就被发现了，这怎么能过得去？

老师让大家想想，要跳出常规思维去思考问题。过了一会儿，班上一个很调皮的男生想到了答案：当鬼子开始打瞌睡时，以最快的速度朝鬼子跑去，等到鬼子快要醒来时，立即转身朝着原路返回。鬼子误以为他是从对岸过来的，就会命令他转身"返回"对岸，这样鬼子就帮他过了桥。老师大大表扬了这个男生，说这就是正确答案，同学们也纷纷称赞。等故事讲完了，课堂气氛也完全活跃了，老师顺利地完成了下面的教学。

第五，用故事进行课堂教学收尾，有利于深化主旨和拓展延伸，使课堂余味无穷。

教师在课堂教学的尾声时采用故事收尾，可以让学生带着一种快乐感和幸福感结束课堂学习，也有助于学生带着期望去迎接新的知识。课堂上恰当地运用故事，能够突出或升华主题，学生觉得新鲜，教学更有效果，再用一个故事做结尾，让学生在想象和思考中结束这节课，言犹尽而意无穷。

例如，我在教学王安石的诗《泊船瓜洲》时，在课将要结束的最后几分钟补述了一个故事：

王安石写这首诗时，原本第三句为"春风又到江南岸"，但写完后觉得"到"字太死，看不出春风一到江南是什么景象，缺乏诗意，想了一会儿，就提笔把"到"字圈去，改为"过"字。后来细想一下，又觉得"过"字不妥。"过"字虽比"到"字生动一些，写出了春风一掠而过的动态，但要用来表达自己想回金陵的急切心情，仍嫌不足。于是又圈去"过"字，改为"入"字、"满"字。这样改了十多次,王安石仍未找到自己最满意的字。他觉得有些头疼,就走出船舱,观赏风景,让脑子休息一下。王安石走到船头上,眺望江南,春风拂过,青草摇舞,麦浪起伏,显得生机勃勃,景色如画。他觉得精神一振,忽然发现春草碧绿,这个"绿"字,不正是自己要找的那个字吗?一个"绿"字把整个江南生机勃勃、春意盎然的动人景象表达出来了。想到这里,王安石好不高兴,连忙奔进船舱,另外取出一张纸,把原诗中"春风又到江南岸"一句改为"春风又绿江南岸"。

这个故事并不是画蛇添足,而是有着不可替代的作用。其一,围绕诗中的一个"绿"字,享受作者推敲"绿"字来之不易的可喜成果;其二,诗人用字的认真严谨,给学生留有很多启示和思考;其三,用故事结尾不仅让学生带着快乐和幸福离开课堂,还让学生更加期待下节课的到来。

任何一节课都有明确的教学任务,讲故事只是教学的一种重要手段,而不是目的,不能纯粹为了讲故事而讲故事,那就实现不了教学目标。因此,故事一定要在需要的时候讲,在适当的时候讲,抓住最佳时机讲,才能为课堂教学增光添彩。一个个故事犹如一颗颗晶莹的珍珠,点缀教学之间,让课堂变得更有趣、有效。让我们用故事去滋养学生美丽的心灵,用故事去触动学生的心灵,在"润物细无声"的教育下引领学生爱上课堂,爱上学习。

情境故事,让课堂更生动

学生学习的过程是一个身心发展的过程,在教学过程中,我始终把激发学生的学习兴趣、培养学生学习的主动性放在第一位。在教学时,根据学生的实际情况,采用学生乐于接受的教育教学形式来激发学生的学习兴趣,并满足他们积极学习的心理需要。在课堂中适时讲故事,创设出一个美好的故事情境,把教学内容植入故事情境中,激发学生的学习热情,使整个课堂"活"起来、"动"起来。

所谓故事情境教学,就是把学习的内容变成学生喜欢的一个或若干个故事，以故事的形式创设一种有情、有景的教学环境，使学生在良好的氛围中边"玩"边学、边"玩"边练，在"玩"中受到教育。

教育要适应学生身心发展的规律和全面发展的需要，要处理好教师的主导作用和学生的主体作用的关系。故事情境教学法，正是在充分肯定学生主体作用的基础上，引导学生在"学"的过程中生动活泼地获取知识、技能，使身心得到发展的教育手段之一。

不愿学习的学生哪里都有，但不愿意听故事的学生却几乎没有。学生普遍喜欢听故事，他们对外部世界具有强烈的探索欲望，而故事所提供的虚拟世界正好迎合了学生的需求。在故事情境中，学生不再受现实世界的局限，可以自由地发挥自己的想象，尽情地展现自己的创造力。合理地创设故事情境，让学生融入故事中，学生就不会再感到上课的紧张和压力，其学习主动性自然就会大大提高，甚至不愿意学习的学生也会主动地参与进来，这样一来，学生的学习潜能就能得到较好地挖掘与发挥，教学效果必然会大幅度地提升。如果我们在教学中设置恰当的故事情境，再辅以绘声绘色的表演，学生的注意力就会变得更加集中，学习热情也必定高涨，这一点在很多教学实践中都得到了验证。

有些学科知识学生学习起来确实有些难度，如果单凭教师直接讲解，学生不但听得枯燥无味，而且难以理解，这样就会挫伤他们的积极性，使他们丧失学习的信心。如果在课堂上适当地利用情境故事进行教学就不同了，不仅能将枯燥的知识趣味化、抽象的知识具体化、深奥的知识通俗化，还能激发学生的学习兴趣，创建和谐活跃的课堂气氛，最终解决问题。

下面就列举几种情境故事在课堂教学中的具体运用。

第一，创设故事情境，导入新课。

著名教育家于漪说过："课堂的第一锤要敲在学生的心坎上，或像磁石一样把学生牢牢吸引住。"在教学中，教师巧妙地编制或利用已有的故事来导入新课，可以在第一时间抓住学生的注意力，激发学生的好奇心和求知欲，为整个课堂教学定下良好的基调。

例如，在讲解"循环小数"时，为了引起学生兴趣，教师创设了以下故事情境：

师：我们这节课来探索一些有趣的规律。先听老师讲一个故事，看看你能从这个故事中发现什么规律？

（教师讲故事：从前有座山，山上有个洞，洞里住着老猴子和小猴子。一天，老猴子对小猴子说：从前有座山，山上有个洞，洞里住着老猴子和小猴子。一天，老猴子对小猴子说：从前有座山，山上有个洞，洞里住着老猴子和小猴子。一天，老猴子对小猴子说：从前有座山……）

生：这个故事总是在重复同一个内容。

师：不错！大家已经发现这个故事的一个特点了。

（教师板书：不断重复。）

师：谁能根据这个特点接着老师的故事继续往下讲？

让几个学生继续讲这个重复的故事。

师：照这样讲下去，你发现这个故事还有一个什么特点？

引导学生讨论后回答：像这样重复下去，这个故事永远也讲不完。

（随着学生的回答教师板书：讲不完。）

师：这种不断重复的现象不仅故事中有，在有的计算中我们也会遇到。我们来看这样一个问题。（多媒体课件出示学生赛跑的情景图。引导学生观察图意后，列出算式400÷75。）

师：请同学们用竖式计算这个算式，看计算过程中你能发现什么？

学生计算。在计算过程中教师引导学生发现400÷75这个算式的两个特点：其一，余数重复出现"25"；其二，商的小数部分连续地重复出现"3"。

师：像这样继续除下去，能除完吗？

生：可能永远也除不完。

师：怎样表示这种永远也除不完的商？这种商有些什么特点，就是这节课我们要研究的问题，也是我们要认识的新朋友——循环小数。

（教师板书课题：循环小数。）

通过以上故事情境的引入，学生兴趣很高。在学习数学循环节、纯循环小数、混循环小数时，学生还能找到知识与故事之间的契合点，很快掌握了知识。

教育家苏霍姆林斯基说：教师如果不想方设法使学生产生情绪高昂和智力振奋的内心状态，而只是不动感情地脑力劳动，就会带来疲倦。引人入胜的故事开头，能够把学生的注意力"引"到课堂上。在学生"入戏"后，要继续把学生的探究兴趣和注意力保持下去。

第二，创设故事情境，促进学习。

同样，可以这样创设故事情境，给学生形象讲解"最小公倍数"的概念：

在教学"最小公倍数"的公开课中，教师运用了一个阿凡提的小故事，既激发了学生的兴趣，又把知识引入了生活当中，易于学生理解。故事如下：

同学们，你们看过阿凡提的动画片吗？今天老师也给你们讲个阿凡提的故事：从前有个长工，在巴依老爷家干了一年也没有拿到一个铜板。长工们于是自发地组织了起来，并邀请阿凡提帮他们去向巴依老爷讨工资。巴依老爷含着烟斗冷笑着说："工资我可以给你，不过我的钱都在我的账房先生那里。从8月1日起，我要连续出去收账3天才休息一天，我的账房先生要连续收账5天才可以休息一天，你们就在我们两人同时休息的时候来吧。我肯定给钱。"

阿凡提动了动脑筋，便带长工们离开了。到了某天，他真的从巴依老爷家帮长工拿到了工钱。请大家想一想，阿凡提是哪天去巴依老爷家的？他用什么办法找到这个日期的？你准备如何解决这个问题？

问题一提出，同学们纷纷举手，把刚学到的最小公倍数的知识应用到其中，要想找巴依老爷要账，就要等到他们都休息的一天，这样学生通过列表、数数等不同方法，找到了3和5的最小公倍数，很快解决了问题。在这个过程中，学生没有觉得自己在学习数学知识，而是把自己置身故事中，积极想办法帮助长工们解决问题。由此，同学们还想到了很多生活中的问题，例如分组植树问题、分书问题等。这样，一下子就开阔了学生的思维，使学生把所学知识和生活联系在了一起。

"知之者不知好之者，好之者不如乐之者。"教学中面对枯燥抽象的知识、公式、概念，教师要创造性地将其编成生动形象、富有情趣的故事，创设轻松愉悦、富有趣味性的故事情境，从而有效地调动学生学习的积极性。

第三，创设故事情境，传知解惑，巩固升华。

如何帮助学生理解教学的重难点一直是困扰教师的难题。如果教师借助故事的引入，建立教学重难点的学习梯度，化难为易，激发学生与老师互动，就能够让课堂变得更加生动、流畅、高效，从而达到帮助学生轻松解决难题的目的。

例如，在进行"洋流教学"时，教师利用第二次世界大战时德国潜艇部队"偷渡"到直布罗陀海峡的故事导入新课，瞬间引起了学生的兴趣，使整个课堂气氛活跃起来。最后在作业布置环节用"鸭子舰队"结尾，极大地激发了学生自主探索的积极性，又巩固了本节知识。

故事引入：

这一次"偷渡"的成功，得益于大西洋和地中海地区的一股洋流。这是怎么回事呢？1941年9月的一个傍晚，德国潜艇部队隐秘地来到了直布罗陀海峡附近，潜艇在海峡入口处下潜到水下70～80米的位置，然后发动机全部关闭。让所有人都感到惊奇的是，发动机关闭后潜艇仍然在平稳地行进，驾驶员仅凭声呐掌握前行的方向就可以了。第二天凌晨潜艇上升到水面，水手们打开舱门，惊奇地发现已经来到了地中海的水域了。他们惊叹："这真是上帝的杰作！"其实这只不过是德国人巧妙地利用了洋流的结果。地中海海水的含盐量远远高于大西洋海水的含盐量，在两股海水交汇的直布罗陀海域，水底120米以上，盐度低的大西洋海水就会自西向东注入地中海，形成一股洋流。这股洋流力量很强，足以把潜艇送过海峡。发动机没有打开，英国人的声呐系统也就无用武之地了。而在距水面120米以下，地中海海水就会对大西洋进行补偿，自东向西进入大西洋。所以为了保证潜艇能够顺利通过，潜艇必须保持在水下120米以上的位置，70～80米正好是最为适中的深度。德国人就这样利用了"上帝的杰作"，"偷渡"到地中海。

布置作业：

1992年1月，一艘从中国出发的货船在前往美国的途中在太平洋东部遭遇强烈风暴，船上一个装满2.9万只黄色塑料玩具鸭的集装箱坠入大海。令人难以置信的是，其中一万多只玩具鸭组成的"鸭子舰队"在海洋上漂流了14年之后，于2007年抵达英国海岸。试想它们是怎么到达英国海岸的？还有一些玩具鸭的命运又可能怎么样？

生动、有趣的故事最能唤起学生的学习兴趣，这时的学生已经融入故事中，在听故事中生成质疑解疑的动力，也会想方设法解决问题，教学的重难点也就轻松解决了。

故事情境教学法以故事情节为教学载体，以兴趣为支点，以学生为中心，以交际为目的，把教学目标渗透其中，把教学内容融合其中。故事的形象生动，非常符合学生的心理和思维发展规律，也最能激发学生的学习兴趣和热情。教学中教师巧妙地将故事情境引入课堂，既可以激发学生的学习兴趣，又能调动学生的注意力和积极性，从而使课堂教学更加丰富多彩。

讲好正能量故事

讲故事，在我的整个教育教学工作中都能发挥重要作用，用故事教学不仅可以取得很好的教学效果，还有助于调动学生学习的积极性和主动性。同样，用故事教育学生，也可以收到很好的效果。故事犹如一个精灵，扇动着翅膀，引领着孩子们在故事中漫步，在故事中懂得做人的道理，在故事中知道养成良好习惯的重要性，在故事中增加人生的智慧。

用故事教育学生，触及的是学生的精神层面，所以相对于教学，讲教育学生的故事应该慎之又慎。教育学生的目的是为了改正学生的不良习惯和行为，培养学生优良的品行，帮助学生树立正确的世界观、人生观和价值观，所以，用来教育学生的故事必须要向学生传递正能量，这样才能达到以故事育人的作用。那些有着求真、向善、尚美的寓意，能够给人以正面影响和正面引导的故事，都属于正能量故事。

用故事育人，重在向学生讲好正能量故事，具体要做到以下几个方面。

第一，讲好正能量故事，帮助学生养成良好习惯。

习惯养成是教育学生的一个重要方面，好的习惯能够给人带来更多成功的机会，坏的习惯往往使人在不知不觉中走向失败。一位哲人曾经说过："播下一个行为，你将收获一种习惯；播下一种习惯，你将收获一种性格；播下一种性格，你将收获一种命运。"这充分说明了养成好习惯的重要性。因此，教师用故事教育学生，首先要培养学生的良好习惯，为其今后的发展打好基础。

比如，我在说明养成好习惯的重要性时，讲了苏联宇航员加加林的故事：

苏联宇航员加加林乘坐"东方"号宇宙飞船进入太空遨游了108分钟，成为世界上第一位进入太空的宇航员。当时有几十个宇航员在培训，为什么加加林能脱颖而出？起决定作用的是一个偶然事件。在确定人选前一个星期，主设计师罗廖夫发现，在进入飞船前，只有加加林一个人把鞋子脱下来，只穿袜子进入座舱。就是这个细节，一下子赢得了罗廖夫的好感。罗廖夫说："我只有把飞船交给一个如此爱惜它的人才会放心。"所以，加加林的成功，得益于他良好的习惯。有人开玩笑说：成功从脱鞋开始。好习惯给加加林带来好运气，也可以说好习惯帮助了加加林。他其实并没有刻意考虑去脱鞋，是他的文明行为已经"习惯成自然"了。

第二，讲好正能量故事，帮助学生培养高尚的道德品质。

讲故事是培养学生道德品质、影响学生品行的重要教育方式，很多故事中蕴含着满满的道德正能量，启发学生崇德向善、坚持正义。尤其是一些德育故事中埋下了诸如诚实、公正、勇敢、孝顺、知错就改等道德的种子，能够引起学生的道德认知、情感体验和价值判断，故事情节转化为学生的道德需要，进而促使学生产生良好的道德思维和道德行为，塑造了良好的道德品质。所以，教师要利用好故事的道德教育作用，挖掘故事的德育价值。

为培养学生之间团结互助的品质，我给学生讲了《天堂和地狱》的寓言故事。

有人问上帝，天堂里的人个个红光满面，神采奕奕，而地狱里的人瘦骨嶙峋、愁眉苦脸，天堂和地狱有什么区别？上帝把这个人带到一间屋子里，屋里一张圆桌旁围坐着一群饥饿的人，他们手里都拿着一把带着长柄的汤勺，圆桌上放着一盆热气腾腾的肉汤，可是汤勺的柄太长，他们无法把汤送到自己的嘴里，每个人的脸上都痛苦无比。上帝又把这个人带到另一间屋子，这里的摆设和刚才的一模一样，不同的是，这里的每一个人都吃得很香、很快乐，原来，他们在互相喂着吃。天堂和地狱的区别究竟在哪儿？就在于人们有没有互助互爱之心。

这个故事让学生明白了团结互助的快乐。

第三，讲好正能量故事，激励学生勤奋读书、努力学习。

正能量故事可以激励学生成长，故事的励志作用是故事最重要的功能之一。古今中外无数人物成功成才的故事，是激励学生勤学奋进、积极努力的好素材，在这些故事的教育和影响下，学生可以获得自信、勇气和智慧，树立远大理想和志向，激发出自身潜在的能量，在成才成功的道路上越走越远。

例如，为激励学生努力学习，我就给他们讲了《凿壁借光的故事》。

古时候，有个叫匡衡的人，非常喜欢读书。但是家里贫穷，买不起蜡烛，夜间无法读书。匡衡邻居家日子过得挺好，每天晚上都点起蜡烛，屋里很亮。他想到邻居家去读书，可是遭到拒绝。后来，匡衡想出一个好办法，他在墙上凿了一个小洞，邻居家里的光就透过来了，这样他就可以对着光读书了。匡衡读的书越来越多，可是他没钱买书怎么办呢？有一天，他发现一个财主家里堆了很多书，他就去帮财主家干活，不要钱，财主很奇怪，问他："小伙子，你为什么白白干活呀？"匡衡也不隐瞒，就说："我帮你干活，不想得到工钱，只想借你家的书看看，这样可以吗？"财主非常高兴，就把家里的书借给他看。后来，匡衡成了一个有学问的人。

这个故事说明刻苦好学能使人取得成功。后来我又讲了《悬梁刺股》《囊萤夜读》《张海迪的故事》等来激励学生刻苦学习。学生听得津津有味，班级整体的学习氛围有了很大的提升。

第四，讲好正能量故事，帮助学生树立社会主义核心价值观。

社会主义核心价值观承载着一个民族、一个国家的精神追求，体现出一个社会评判是非曲直的价值标准。故事是孕育、承载、传播社会主义核心价值观的重要载体，利用故事独特的传播优势、情感优势和行动优势来培育学生的社会主义核心价值观，可以突破思维限制，拓展社会主义核心价值观的培育空间。

例如，我在讲"友善"时，告诉学生"友善"是人类的普遍道德要求，是中华民族的传统美德，并解释"友善"就是友好、和善的意思。"友善"不仅是做人准则，也是社会主义核心价值观的重要组成部分。最后给学生讲了有关"友善"的小故事。

舜的母亲去世以后，他的父亲又娶了一个妻子。舜的父亲、继母、继母生的弟弟，三人都不喜欢舜，时不时地挑刺、找碴，总想置他于死地。可是，每一次舜都是先躲起来，然后再出现，并且对待家人更加友善、谦恭、有礼。面对家人的百般刁难，舜可以如此大度，不计小怨，更没有得理不饶人，而是化干戈为玉帛。正是因为他的友善，加上才能，才让尧下定决心让他做自己的接班人。

这个故事可以很直观地让我们体会"友善"的力量和重要作用。同学们，也许你不能成为伟人，但你可以成为一个友善的人；也许你不能成为富商巨贾，但你可以成为一个友善的人；也许你是生活中极为普通的人，但你依然可以是一个友善的人。当同学之间发生不开心的事情或者产生矛盾时，让我们少一点漫骂，多一点宽容；少一点冲动，多一点理智。让我们用友善来化解矛盾，使我们的人际关系更加融洽亲近吧！

学生都爱听故事，因为故事本身是生动活泼的，并具有很大的娱乐性。故事中蕴含哲理，能给人以心灵的启迪，用故事中的人或事来教育引导学生，比枯燥的说教、板着面孔的训斥效果要好得多。用正能量故事教育学生是明智之举，它可以激励学生努力学习、健康成长，起到其他教育手段难以达到的效果。

正能量故事让我的育人工作如虎添翼！

用故事启发学生

通过讲故事启发和引导学生，促使学生内省，自觉领悟到某个道理，是故事教育法的一个独特功能。启发诱导是按照人们思想变化的规律，针对人们的思想症结而采取的启蒙思想、启发智慧、逐步提高思想认识的一种教育法。启发诱导式教育，实际上体现了学生的教育主体地位，也反映了师生民主平等的关系，能够激发学生的好奇心和求知欲，从而调动学生学习的积极性，达到自我学习、自我醒悟、自我教育的效果。

启发诱导是孔子最为成功的教育方法之一。孔子说过："不愤不启，不悱不发，举一隅不以三隅反，则不复也。"意思是说，一个人不到他努力想弄明白而不得的程度不要去开导他；不到他心里明白却不能完善表达出来的程度不要去启发他；教给他某个知识，如果他不能举一反三，就不要再反复地给他举例了。孔子还说过："吾有知乎哉？无知也！有鄙夫问于我，空空如也，我叩其两端而竭焉。"意思是说，我是无所不知吗？我其实没有多少知识。有一个粗人来问我问题，我一无所知，我只是就他所提的问题，从正反两方来问他，一步一步地诱导到源头之处就把问题搞清楚了。可见启发诱导是以学生为主体，以教师为辅助，开启学生智慧的行之有效的教学方法。

教师要做的事不是按自己的意图或设想去塑造学生，教师"一言堂"地给学生灌输知识，不是好的教育方法，关键在于怎样启发学生自己去思考和琢磨。要做到这一点，就必须坚持一个原则：不要轻易地把答案告诉学生，也不要过多地替学生思考，更不要给学生灌输标准答案。

故事教育法具有重讲述、轻说教、循循善诱的特点，重在启发和引导，潜移默化地影响学生，所以，用讲故事的方法启发、诱导学生掌握某项技能、明白某个道理，可以很容易地达到效果。

例如，我在向学生讲述赞美的力量和自信的力量时，讲了下面这个小故事。

一百多年以前，英国有一个瘦小丑陋的女孩，两岁那年，她的左脸上突然长出一颗指甲大的黑痣，看上去更加丑了。在人们的嘲笑和歧视下，女孩很自卑，性格抑郁，经常发呆。父母只让她上了四年学，就把她送到农场当了一名女工。

到了13岁那年，一个绅士对别人说："这个女孩双目有神，一定非常聪明，她将来肯定是这个镇上最有出息的人。你们看她脸上的那颗黑痣，其实是上帝赐予她的一颗幸运星。"这个绅士是牛津大学的一位很有名气的哲学家。

哲学家的话很快在小镇上传开了，人们都开始对这个女孩另眼相看，交口称赞这个女孩，说她受到了上帝的青睐和眷顾。后来，镇上最好的学校邀请她免费上学，富有的农场主也帮助她家走出了贫困。人们都说她是"神童女孩"，在周围人的羡慕、赞扬和鼓励中，女孩一天天地自信、开朗起来，笑容像阳光一样灿烂，加上她努力刻苦，聪明好学，她的成绩是学校里最好的。她在学校里非常活跃、快乐，虽然她脸上的那颗黑痣每年都会扩大一点，但是这并不妨碍很多英俊的小伙子向她示好，她由一只丑小鸭变成了美丽的白天鹅。

后来，这个女孩取得了剑桥大学博士学位，成了著名的爱丁堡大学当时最年轻的女教授。时间一天天过去，几乎没有人记得女孩卑微的出身和她凄惨的童年，人们把更多的敬慕和赞赏投给了一步步迈向更大成功的她。然而不幸的是，女孩在35岁那年突然病逝了，原因是她脸上的那颗黑痣发生了癌变，癌细胞扩散夺走了她的生命。但是，人们仍然到处传颂女孩脸上的那颗黑痣，说这是上帝赐予的象征智慧和才干的幸运星。这个女孩的名字叫作圣安·玛利亚。

这个故事说明一句赞扬的话有多么大的力量，而自信也是决定成功的重要因素。

苏霍姆林斯基曾说过："任何一种教育现象，孩子在其中越是感受不到教育者的意图，它的教育效果也就越大。成功的教育应让学生在不知不觉中获取真知。"教育不是直截了当的说教，也不是简单生硬的管理，它需要教师别具匠心，给学生创设体验和顿悟的情境，以和谐快乐的教育形式，到达学生心灵的深处，而故事就可以把施教者的思想与要求，迂回地、不留痕迹地传输给学生，让学生心甘情愿地接受。教育学生是一项细致的工作，教师要多了解学生的性格和心理特点，随时掌握学生的学习生活情况。教师要善于发现故事中所蕴含的教育价值和教育启示，挖掘教育内涵，把握教育契机，在聊天中向学生娓娓道来，自然而然地影响和启发学生，进而达到教育目的。

巧用故事改正错误

教师在教育过程中是否想过这样的问题：学生犯了错误，用什么样的方式处理最有效？粗暴的训斥、严厉的指责、上千字的检查……这些都不是正确的方式，反而会使情况更加糟糕。

中小学生天性活泼、好动，有时甚至有些调皮，正处于心理、生理发展时期，自控能力较差，有时做事很冲动，不计后果，在日常学习和生活中会犯些错误，这都是正常的，也是难免的。古人云："人非圣贤，孰能无过？"人一生中会犯很多错，可以不断改正，不断进步。对于学生，我们更应该允许他们犯错，并给其改正错误的机会。作为教师要及时发现学生身上的错误，帮助他们认识错误、改正错误是教师的重要职责。

面对学生存在的问题，教师首先要考虑的是怎样才能让学生认识到问题所在，怎样促使学生自我反省，怎样帮助学生改正错误，用什么样的话语最能打动学生的心。学生的成长离不开故事，故事对学生具有一种普遍的吸引力，用讲故事来帮助学生改正错误，可以收到事半功倍的效果。

教师通过讲故事帮助学生改正错误，要注意以下几点。

第一，教师对待犯错的学生要有爱和宽容之心，诚心帮助学生改正错误。

无论采取什么方法，都是手段而不是目的，不要站在学生的对立面，不要夸大问题和激化矛盾。"海纳百川，有容乃大。"宽容是一种修养和一种品质，宽容对于教师来说，彰显了教师的人格魅力。教师一定要有一颗宽容之心，学会疏导，反之，就会危害学生。一旦学生犯错，教师要最大限度地宽容、信任学生。对待犯错的学生，要经过充分调查，弄清事情真相，"没有调查就没有发言权"，绝不可戴有色眼镜，不分青红皂白地大声斥责，要保持一颗教育平常心，用一颗宽容的爱心走近他们、理解他们、关爱他们、帮助他们。

第二，为学生创造机会，帮助其把"负关注"转化为"正关注"。

教师要与学生站在同一个水平线上来共同看待问题，思考学生的错误做法，分析其原因，并且有的放矢地采取解决措施。"金无足赤，人无完人"，学生犯错是很正常的行为，犯错的过程其实就是不断成熟的过程，教师教育学生不是单纯地说教与呵斥，而是走进他们敏感的内心，感受他们的心灵，消除他们内心的不良想法，帮助他们改正错误，让他们在体验与反思中不断成长。

第三，对犯错的学生进行故事教育，要把握最佳时机，选取最佳故事，争取最佳效果。

讲故事之前要做好铺垫。当学生犯错时，我总是先给学生申诉权，让他们从容地讲明错误是怎样发生的。然后，帮助学生认清错误的危害。由于教师的点拨，学生不仅心灵净化了，整个认识水平也会有很大的提高。面对学生所犯的错误，教师应当坚持正面教育，选取带有鲜明倾向性和导向性的正能量故事，使学生认识到自己的错误，并进行自我反省，最终很好地改正错误。

第四，以"小优点"激发"大潜能"，善于从学生身上挖掘细微闪光点。

教师在及时帮助学生改正错误、批评教育学生的同时，也不要忘了赞美和夸奖，一旦发现学生哪怕是有一点细微的进步，都要及时表扬和给予肯定，而不是一味地把目光放在他们所犯的错误上。这是大多数教师常犯的错误。如果能肯定多一些，表扬多一些，鼓励多一些，欣赏多一些，学生就会从中得到不断向上的动力，享受到由此带来的欢乐，这样就能达到很好的教育效果。作为教师，应该想方设法让学生认识到他们身上的闪光点和存在价值，让他们对周围的一切美好心存感激，让他们以感恩的心态来对待生活和人生。只有这样，教师才能从中得到教育的乐趣，学生也会以正确的态度认识和改正错误，不断进步。

用故事培养良好习惯

作为教师，要帮助学生养成一些良好习惯。多一种好习惯，学生心中就会多一份自信；多一种好习惯，人生就会多一份成功的机会和机遇；多一种好习惯，生命里就多一份享受美好生活的能力。现代教育家叶圣陶先生说："教育是什么？往简单方面说，就是培养良好的习惯。"由此可见，习惯养成教育是每一位教师教育教学工作中重要的职责之一。

习惯养成教育有着广泛的内涵和外延，在实践工作中，我摸索到以下八个方面的习惯是学生急需养成和必须具备的：文明礼仪习惯（包括问好、行礼、公共场所言行等），认真学习习惯（包括整理学习用品、正确读写、认真预习、专心听讲、仔细审题、独立思考等），良好的阅读习惯（包括每日读书、写日记等），良好的健体习惯（包括上课间操、体育课、活动课等），良好的卫生习惯（包括个人卫生、班级卫生和公共卫生等），热爱劳动的习惯（包括班级值日、做家务、自己的事情自己做等），良好的生活习惯（包括孝敬长辈、感恩、节俭等），良好的安全习惯（包括注意交通安全、防火等）。

小学阶段是形成终身习惯的最佳时期，尤其是刚刚入学的学生，如一张张未曾写过字的白纸，具有非常大的可塑性，因此，每一位教师都应充分认识到这一时期的重要性，牢牢抓住这一时期教育的契机，对学生实施行之有效的习惯养成教育，为学生的终身幸福奠定坚实的基础。

故事是孩子最好的老师，故事可以教育学生明白好习惯的力量和重要性，引导学生养成良好的习惯。教师要精心选择一些有助于学生养成良好习惯的故事，讲给学生听，帮助他们改正坏习惯，逐渐养成好习惯。

例如，我用《送东阳马生序》中宋濂刻苦学习的故事，教育学生养成变"苦学"为"乐学"的好习惯。

习惯具有连续一贯性，它在不知不觉中经年累月地影响着我们的行为，影响着我们的观念，左右着我们的人生。教师有责任帮助学生养成一些良好习惯，而在诸多习惯培养方式中，好故事将会是学生最好的老师，用故事教育、引导学生将会收到事半功倍的效果。例如《没有牙齿的大老虎》告诉学生要少吃糖，坚持早晚刷牙；《小乌龟守承诺》告诉学生应该做一个遵守诺言的人；《勇敢的小裁缝》告诉学生遇到困难不要害怕，要学会动脑筋，学会用智慧打败敌人……

"积千累万，不如养个好习惯。"孔子也说："少若成天性，习惯如自然。"美国心理学家威廉·詹姆士说："播下一个行动，收获一种习惯；播下一种习惯，收获一种性格；播下一种性格，收获一种命运。"小学阶段是培养良好习惯的关键期，是人成长的起步阶段，也是人的基础素质形成的开始阶段，只要我们遵循学生的身心发展规律，高度重视，尽量避免用枯燥的理论说教，而是用生动的故事来启发他们，引导他们，学生良好的学习和生活习惯就一定能养成。

用故事提升学生情商

情商教育以其对学生心理的有效调节作用，越来越受到人们的重视。作为新时期的教师，必须适应现代教育的发展要求，重视情商教育的作用，并将其寓于日常的教育工作中，加强对学生的情商教育。

所谓"情商"，是"情绪智商"的简称，是一个人感受、理解、控制、运用和表达自己及他人情绪的能力。情商通常表现为工作热情程度、责任心、主动性、协作能力、组织管理能力、人际交往能力、解决问题的能力以及面对困难承受挫折的能力等。美国哈佛大学情商教育理论认为，个人一生的成就20%归诸智商，80%归诸情商；在任何领域，情商的重要性都是智商的两倍。这表明一个人知识的积累、能力的形成、事业的发展，不仅取决于智力要素，还受到健康情绪的激励，高尚人格的引导，意志力量的支配，世界观、人生观、价值观的驱动。可以说，情商是一个人学习、事业成功的重要因素。因此，在教育工作中，重视学生情商的培养，就是要使学生拥有充实的精神世界，健康饱满的人格，正确的世界观、人生观、价值观，合适的情趣动机，完善的情感生活和健全的心理环境。

既然情商教育如此重要，那么，我们可以通过什么手段来进行情商教育呢？实践证明，故事在青少年学生的情商教育中具有不可忽视的重要作用。当然，这里说的故事手段，包括让学生听故事和学生自己读故事。具体到故事教育法，教师讲故事对于提高学生的情商，可以起到以下作用。

第一，运用故事解决学生情感荒漠化的问题。

在物质日渐丰裕的当今社会，很多学生面临的最大问题不是物质的缺乏，而是情感上的缺失。日本道德教育专家金井肇说："如今的青少年普遍感染了一种叫'无力感动'的疾病，他们对感人的故事持有一种怀疑的态度。他们拒绝感动，更排斥流泪。"当今部分学生的情感荒漠化问题比较严重：有的学生对待别人多的是冷漠、冷酷，少的是亲情、温情、同情、友情；有的学生心中缺乏爱，缺乏美，缺乏善良，更缺乏生活的激情，他们的心灵中没有争鸣的百鸟，没有斗艳的鲜花，没有潺潺流动的小溪，没有清澈碧透的清泉……甚至没有一丝绿色，是一片寸草难生的荒漠。所以，学生的情感荒漠化问题亟待教育去解决。

解决青少年情感荒漠化问题，与其长篇大论地说教，不如引用故事。比如，在教育学生要感恩父母时，很多教师竭尽全力，声嘶力竭，最后却依旧难以触动他们的心灵，反而使学生产生厌烦情绪和逆反心理。而如果使用讲故事的手段，就易于收到预期的效果。例如，我用《子路背米》等二十四孝故事来培养学生感恩父母、孝顺长辈的情感，取得了很好的效果。

第二，运用故事解决部分学生性格脆弱、心理承受能力差的问题。

当今的学生大多是独生子女，受家庭教育环境的影响，这种"温室"里长大的学生，在现实社会中很容易受到伤害，也容易感到挫折。有的学生承受挫折的能力相对较弱，甚至遇到不大的事情，也会有很大的情绪反应，采取过激的行为。为此，我们要培养学生应对挫折的能力，要多用讲故事的手段给学生开展抗挫折教育，并善于运用故事来构筑学生坚忍不拔的性格。

教师要通过故事向学生多传递这样的理念：生活不完全是春风与微笑，人生道路上布满荆棘，人生天空中时常有电闪雷鸣，学习征程中有困难，人与人之间难免产生矛盾；我们要正视压力，正视失败，正视挫折，要有笑对困难、笑对人生的气魄，要有迎难而上百折不挠的意志力，只有这样才能使学生正确认识生活，能够处理矛盾，排除困难，经得起挫折，经得起失败，经得起批评，经得起委屈，甚至是误会或中伤。

第三，运用故事消除学生的心理障碍，教会学生科学管控自己的情绪。

据有关资料统计，我国目前有许多学生存在心理障碍，初中生约为13.7%，高中生约为18.8%，且有逐年上升的趋势。中学生的情绪和感情不够稳定，正处于一个过渡时期，一些学生不善于控制、调节自己的情绪。比如，有时为一点小事而伤心或大发脾气，有时为某次考试不理想而沮丧。有的学生时常被悲观、忧郁、孤独、紧张等不良情绪所困扰，导致学习没兴趣，精力不集中，缺乏主动性和自觉性，甚至轻率地结束自己美好的生命。由此可见，教育学生如何消除心理障碍，学会管控自己的情绪，对于学生的健康成长是非常重要的。教育方法有很多种，其中讲故事可以避免说教，通过生动形象的事例来诠释深刻的道理，深入浅出，直达人心，更受学生青睐，也容易见效。

例如，我用发脾气时在墙上钉钉子的故事，引导学生明白伤害他人总会留下阴影的道理，让学生学会控制情绪，效果很好。

总之，情商教育是学生教育的一个重要领域，也是如今基础教育相对薄弱的领域，我们不仅要关心学生的智力、身体发育，还要关心学生的心灵健康。从这个意义上说，用好故事教育法，加强对学生的情商教育，是每一个教师义不容辞的责任。

描述事实，引导学生悟道

世间的事情可以简单分为事实和道理两大类，人类认识世界就是要弄清和解决"是什么"和"为什么"的问题，其中"是什么"指的就是事实，而"为什么"就是道理。事实是道理的支撑和论据，道理是事实的升华和总结。

教育学生，最重要的是以理服人，摆事实，讲道理，事实真实可信，道理令人信服，教师态度诚恳、真诚有爱，学生才能听得进去，才容易达到教育效果。

在教育工作中，教师说服学生要以理服人，善于用平实、商量的语气来引发学生的思考，使学生感觉不是被迫接受教师的意见，同时还要采取巧妙的方法，以平和的心态、共同探讨的方式去沟通，这样学生才会心悦诚服地接受教师的看法。用故事教育学生，还要善于把事实和道理隐藏在故事中，说白了就是用故事包装好你想要告诉学生的事实和道理。

在新闻传播学中，用真实故事诉说事实是一种重要的新闻采写手法。比如一篇新闻要报道某位优秀人物，如果只说这个人物有什么功绩和特点，那样写出来的东西没有多少吸引力。但是如果能声情并茂地讲述这个人物身上的几个突出的感人事件，人物形象就很容易塑造出来了，这样的新闻可读性就很高。教育同样如此，尤其是中小学生，他们都是未成年的孩子，一些抽象难懂的知识和道理他们不容易理解，如果能巧妙地用故事来包装，寓知识和道理于生动的故事之中，就比较符合他们的思维特点和认知规律，也易于被他们接受。

例如，教师在跟学生讲"气旋"的知识时，一开始并没有抽象地去讲什么是气旋、气旋是怎样形成的、气旋有什么特点等科学事实，而是先给学生讲了一个《三国演义》上的故事。

三国后期，诸葛亮北伐中原、六出祁山。有一次诸葛亮将司马懿父子及其所率魏军困在葫芦峪，遍山燃起大火，欲将敌方全部烧死。司马氏父子自知难逃一死，抱头痛哭等死。不料突然一场大雨浇灭了山火，司马氏父子得以死里逃生。这场雨其实不是什么"天意"，恰恰是诸葛亮自己制造的。熊熊的大火使山区的近地面空气受热上升，气压降低。低气压区形成气旋，其中心因空气上升冷却凝结而降雨。也就是说，葫芦峪里下了一场气旋雨。诸葛亮虽然通晓天文地理，但毕竟缺乏现代科学知识，不识"气旋"是怎么回事，否则，他可能会用另外的战术来歼灭魏军。

通过这个小故事，气旋的特点和形成过程这些知识点很容易就被学生掌握了，而且还记得牢，这就是用故事包装事实（学科知识）收到的效果。

俗话说，事实胜于雄辩，一百句解释的话不如一个事实管用，由此可见事实的力量。事实就是真实的事，它不以人的意志为转移，所以人们都会相信，都认可事实。但是，有时候漂亮的数据和铁一般的事实并不能博得对方的认同，而一个倾注了情感的故事却能令人沉浸其中。经过情感故事包装过的事实，会以洪流般的势头迅速打开人们的心门，进而极大地影响人们的心理走势。

讲故事的好处在于它不会敲着我们的头把事实干巴巴地倒给我们，而是将事实融入具体的故事中娓娓道来。一个优秀的教师要懂得把肚子里的干货巧妙地传授给学生。美国前总统约翰·亚当斯说过，如果你的故事激发了更多人的想象，让他们学到更多的知识，并取得更多的进步，那么你就是当之无愧的王者。

用故事包装事实是一种强大的力量，能够为学生打开心灵之门，传递真相。我一直在努力讲这样的故事，教育教学效果很突出。

讲故事突出一个"新"

学会给学生讲故事，用故事影响和教育学生，只是故事教育法的第一步，怎样才能讲好故事，使学生不厌烦，听了还想听，还需要很多技巧。

怎样把故事讲得不落俗套，讲得有新意、有创意，让人眼前一亮，精神焕发，听得津津有味，这是教师需要重点研究的课题。

很多教师学会了讲故事，但是讲得多了就形成一个固定的模式，把故事变成了另一种说教，用故事讲道理比较牵强，故事作为教育手段的痕迹太过明显，教师讲得唾沫飞溅，却没什么新意，学生听得昏昏欲睡，非常反感，这实在不是高明的讲故事方法。那么，教师讲故事如何才能讲出新意、不落俗套，让学生喜欢听呢？下面就介绍几种方法，和大家一起探讨"讲故事有新意"的技巧。

第一，为达到同样的目的，尽可能用新故事来讲。

教师讲故事，都有具体的用意和目的，有的是为了激励学生努力学习，有的是为了帮助学生改正错误，有的是为了帮助学生树立正确的观念……为了达到某一教育目的，很多教师反复讲一个或几个故事，重复率很高，虽然故事的"知名度"很高，但是学生的耳朵都快听出茧子了，这样讲故事又有多大意义呢？不如讲述一些新鲜的故事，或者发生在现在、发生在自己身上的精彩故事，让学生眼前一亮，这样就成功了一半。我所讲的例子和故事，从来都是选取新近发生的，让学生有新鲜感，效果更好。

第二，旧瓶装新酒，老故事用新的形式或新的立意讲述。

现在的电视娱乐节目，很流行用新的唱法唱老歌，给人眼前一亮的感觉。讲故事同样如此，一个经典的老故事，如果你能用一种新的形式去讲述，或者精心改编故事内容，就能出乎大家意料，给人带来惊喜。比如，一个老师给学生讲《狼来了》的故事，而这个故事被他巧妙地进行了改编，突出大人只相信亲眼见到的，不会站在孩子的角度思考问题，忽视了天真和真诚的道理。与原来的故事相比，人物和情节都一样，但是立意完全不同，给人带来耳目一新的感觉。

第三，起好头和创造不同的结局，适度对故事情节进行加工、润饰。

这是一个追求个性的年代，像"从前……""今天，我给大家讲一个关于……的故事"等故事开头，已经很难吸引学生了。教师要自己研究新鲜有创意的开头，吸引学生的注意力，比如用提问式开头、猜谜式开头，一首诙谐儿歌也是讲故事的好的开头。和开头相对，一些老掉牙的结局，学生也不会喜欢听，如"从此，王子和公主幸福地生活在一起……""妖怪终于被打败了……"

要想成为讲故事高手，故事书只是个基础，可在此基础上进行创造，大胆地发挥自己的想象力。

总之，教师要讲好故事，就要避免讲老套、重复的故事，避免千篇一律的讲述方式，多讲内容和形式新颖独到的故事，多尝试新的讲述方式，哪怕是大家熟知的道理，用全新的故事形式讲述出来，就会有不一样的效果。

第三章　精心修炼语言

教师主要是靠语言来完成自己的工作。如何提高教师的语言修养，我曾在《中国教育报》上谈过自己的看法，那一期的总话题是"校长的语言是怎样炼成的"，我的子标题是"根之茂者其实遂　膏之沃者其光晔"。现节录如下：

一个人的口才，表现的是外在形式，依托的却是其内涵——深邃的思想修养、扎实的专业基本功和敏锐的思维能力。

我是从大山里走出来的，我的根在农村。农村人的特点是淳朴、实在、嘴拙。不要说读书时，就是刚从学校毕业参加工作的时候，我见到生人脸都红，遇到领导和同事听课就紧张，当时我很自卑。老校长左远杰鼓励我说："小周，我看你如此热爱教育事业，不应该消极，否则太可惜了。现在你学养不够深厚，对年轻人来说这很正常。只要你持之以恒加强学习，提升素养，修炼基本功，定能出成果。"

左校长的话给了我很大鼓励，在以后的教育教学生涯中，我始终坚持不懈，自我加压，主动磨炼自己。我从中师毕业到修完研究生课程，从没入级的教师成长为中学语文特级教师和一所近3000人的学校校长，从见人胆怯到讲学、开会不用稿子也能侃侃而谈，30多年一步一个脚印地走过来。我的经验和感受是：

第一，要学习理论知识，把握教育教学原理。根深才能叶茂，厚积才能薄发。同时，关注时事和流行语，让自己走在时代的前列，思想和语言都要与时俱进。

第二，要修炼自己的语言基本功，无论是课堂语言、开会语言、交谈语言、生活语言，都力求生动形象。要善用短语短句，巧用比喻，深入浅出，还要注重语言的逻辑性。说话要入情入理，譬如，我与老师谈话，经常问的两个问题是：你现在生活得怎样？最近专业发展做了些什么？

第三，学习心理学知识和法律知识。心理学知识能让我更好地理解别人，说话做到有的放矢，深入人心；法律知识能使我说话的逻辑性增强。我曾经作了三年司法考试准备，对经济法、刑法、民法、行政法都进行了深入学习。虽然因种种原因未参加考试，但法律知识使我受益匪浅。

第四，精通自己的专业课。校长首先应该是优秀的教师，通过对自己专业课的扎实把握，能举一反三地掌握教育教学原理，在指导教师、制定管理方案等方面才能科学对待。底气足，当然也就利于提高说话的艺术性。

第五，积极主动并能动地参加学习培训，得名师真传，取百家之长。为研究唐诗的博大精深，我从毛坦厂镇骑自行车，到芜湖安徽师范大学向唐诗研究学术权威余恕诚教授当面请教。每年我观看名师名家课堂实录和讲座在300学时以上。

第六，让自己成为"教育的专家"，同时成为"生活的杂家"。我爱读苏霍姆林斯基的著作、马卡连柯的著作，也爱看《中外名人经典演讲辞》《影响中国的演讲》等。我还是《百家讲坛》的忠实观众，是易中天、鲍鹏山、金正昆的铁杆"粉丝"。鲍鹏山教授还赠我一本《孔子是怎样炼成的》，上面有他亲笔题写的"畏天命，畏大人，畏圣人之言"的名言。这些名家的精彩演讲，让我受益匪浅，思想和语言都得到了修炼。

学生说喜欢听我的课，觉得是种美的享受；同事说乐于和我谈话，并评价我在学校没有处理不了的事，没有化解不了的矛盾。这也许是溢美之词，但在一定程度上也反映了语言修炼给我工作带来的帮助，这也是我们当老师、当校长者的一种幸福。那么，我是如何具体修炼的呢？下面具体说说我的方法。

把话说到心坎上

几十年的教育生涯中我始终坚信：教师能否走进学生的心中，是教育成败的关键。为此，我从以下几个方面做起。

第一，对学生要以心换心。

苏霍姆林斯基说："真诚的关切，这是和谐发展的一般基础，在这个基础上的各个品质都会获得真正的意义。"他强调的是教师与学生交往，教师说话要真诚，要以心换心，这样才能达到成功教育的目的。其实，说话的魅力并不在于你说得多么流畅，而在于你是否真诚。最能推销产品的人并不一定是口若悬河的人，而是真诚的人。当你用得体的话语表达真诚时，你就赢得了对方的信任。教师日常说话也是同样的道理。只有与学生交心，教育才能真正产生好效果。

第二，以理服人才是大能耐。

俗话说：有理走遍天下，无理寸步难行。由此可见"理"的重要性。在师生的交流过程中，教师要充分发挥理的作用，把话说到理上，以理服人。我的做法是：首先，与学生交流时讲究技巧，发挥自身优势，说话入情入理。其次，与学生交流时从不摆"师长"架子，而是营造一种宽松、民主、平等、和谐的气氛，因势利导，循循善诱。最后，在批评学生缺点时，还要肯定学生的优点，并就此引导他们向更高目标发展。另外，指出错误不能"一箭穿心"，而是提出问题引发学生思考，在此基础上再举具体事实，以事实说话，以理服人。

第三，用循循善诱的良方。

特级教师于漪是党中央表彰的100名改革开放杰出贡献对象中从事基础教育的唯一代表，她长期的教学实践和刻苦钻研，积累了丰富的教学经验，取得了惊人的教学效果。于漪老师教学的一个最大特点就是善于诱导，正是有赖于这一点，她才最有效地激起了学生的兴趣，激发了学生的求知欲望，使课堂自始至终充满了神奇的魅力。有人说，听于漪老师的课，知识就像涓涓的溪水，伴随着美妙的音律，流入心田，潜入记忆。面对学生千奇百怪的问题，只有认真思索，随机应变，因势利导，才能达到理想的境界。

第四，"忠言"也可以不"逆耳"。

没有一个人会愿意别人赤裸裸地批评自己，人都有这样的心理，学生也是如此。毫无疑问，批评是令人不愉快的。可是如果先说一些令人高兴的肯定话语，再批评他，对方就比较容易接受。有效的批评应从赞扬开始。学生不遵守纪律，老师予以批评教育是其职责，但理直气壮却收不到好效果，为什么？关键是没有掌握学生心理，措辞过于激烈，引起学生的对立情绪。所以，我的批评总是要走进学生的心灵。我有两个诀窍：一是给批评加点"糖"，用幽默的方式，让学生易于接受，也是别具一格。二是学会用"缓释胶囊"的批评，让时间起作用。当然，用这些方法，也要用到点子上，如果用得不恰当，反而会降低老师的威信，让学生不信任老师。有几种表扬我是从来不用的：一是"随意"性表扬，不着边际张口就来，给学生廉价的赞美，学生会不把表扬当回事。二是"横向比较"。对教育来说，没有两个完全相同的学生。俗话说"人比人，气死人"，什么事都让学生互相比较，是一种很拙劣的教育手段。我的做法是多做学生纵向比较，把学生的昨天与今天相比，表扬其进步。三是"人格化"表扬。恰当的表扬是指向学生良好的言行本身，而不是与其人格联系。倘若表扬经常涉及其人格，就会使学生认为自身的价值必须依附于老师给予的赞同等评价，影响其独立人格的形成。四是"为了表扬而表扬"。我总是积极引导学生从良好的表现中获得满足感，从获得的成就中体验快乐，而不是仅仅为了博取老师的赏识。另外，我的表扬和批评总是充分考虑学生的性格、思想动向和发展的可能性，找准时机，恰如其分。

第五，巧用模糊语言的策略。

古人云："书不尽言，言不尽意。"也就是说，大千世界纷纭万象，而人类的语言能力则是捉襟见肘的，以语言的有限自然无法穷尽宇宙的无穷，这样无法尽意的模糊语言就有了客观存在的理由和用途。模糊语言构成了一种具有弹性的结构，它语义易变，显示出明显的伸缩性和变通性，有时能获得特别的效果。比如，我有时批评学生，不指名道姓，而是说"某同学""个别同学""少数同学""极少数同学"，说到事实时，用"不良习气""不文明行为""令人不愉快的事"等来表述，这样给学生留了面子，不至于造成对立情绪。在教学中，我也经常用"一些""某些""某方面""从某种意义上说""从某一个角度理解"等词语，既避免了绝对化，又留给学生思索的余地。如此，模糊语言的不确定性所带来的表达上的灵活性、多样性、暗示性，不仅给教师提供了施展语言策略的天地，也给学生留下了领略会意的空间。

语言修炼：没有最好，只有更好

教师修炼语言的功力是一辈子的事。记得2010年参加安徽省教育厅组织的省学科带头人培训，来自上海的朱震国老师纯正的普通话、优美的音色对学生产生了极强的吸引力，他上课充分发挥自己的专长和优势，教学效果非常明显。因此，我也注重加强语言修炼，主要从以下几个方面来做。

第一，用语有启发性。

思维规律告诉我们，思维的启动往往从惊奇和疑问开始。课堂教学中，我总是用设问句，而少用陈述句，目的在于激发学生的主体意识，增强学生学习的内动力，引导学生质疑问题，多为学生制造悬念和创设意境，使他们融会贯通地掌握知识并发展智力。课堂上，我总是注意做到循循善诱，因势利导，深入浅出，多用质疑，让学生多听疑问性的提问、疏导性的提问、铺垫性的提问，使学生在老师的引导下受到启发，探求新知识，掌握新内容。下面是我的教学实例。

在教学《曹刿论战》一文时，我就针对学生的学情，提出问题："《曹刿论战》中，同学们都认为是曹刿的才能让鲁国在这次战事中最终获得胜利，那么，如果我们换一个角度想一想，只有曹刿的计谋，这场战事鲁国能赢吗？"一石激起千层浪，学生通过讨论，自然就会想到另外一位人物——鲁庄公的作用了。从这里可以看出，老师的提问不在多少，重要的是通过提问唤起学生对忽略的地方进行质疑，让他们从多种不同的角度去了解，去思考，这样教师的语言效果就明显了。

第二，用语要有美感。

美感是美学名词，是在审美活动中对于美的主观反映、感受、欣赏和评价。人都有审美的能力，这种能力不是天生的，而是在实践中不断发展的。在语文教学中，我认为最能够体现出美感的就是教师的朗读了。对于每一篇文章，因为存在文体、作者感情等多方面的不同，每个人都会有不同的感受，但作为教师如果能够在正确理解的基础上，很好地予以示范朗读，那么学生对于作品的理解就会事半功倍了。

在朗读辛弃疾的《破阵子》时，鉴于辛弃疾在作品中所表现的壮志难酬的感情，整首词我都是以高亢激昂的语调来朗读，略有顿挫，但读到最后一句"可怜白发生"时，我把辛弃疾壮志难酬的感情充分表达出来，带着悲怆、带着义愤。词作戛然而止，学生也自然被感染了。

其实，在初中语文教材中有许多作品都蕴含着美，我总是努力引导学生去鉴赏、体验，学生就能领会教材中的美感。

例如，朱自清的《春》是一篇借景抒情的散文，作者抓住春季的特点，通过准确、生动的描绘，把一幅幅栩栩如生的春之图再现到了我们眼前，令人不由有一种神清气爽的感觉。文中有优美的辞藻，有多种修辞手法，处处透露出作品的语言美、情感美和意境美。我适时利用多种朗读方法，让学生反复朗读，充分唤起学生的美感体验，让他们不仅能感受到春天的诗情画意，还能体会到作者对春天的赞美之情。

第三，用语要生动形象。

语文教师的教学语言唯有生动形象，才有可能吸引住学生的注意力，把学生带入教学情境中去，让学生和作者以及作品里的人物进行近距离的接触。所有文字作品都是作者情感的外化和抒发，他们或哀伤，或欢快；或凄凉，或愉悦；或惆怅，或闲适；或低迷，或激扬……我们绘声绘色地朗读作品，无疑是对学生理解作品内涵和作者思想感情的一个正确引领。比如在讲《雷电颂》这一课时，我就把自己想象成备受屈辱和折磨的不屈不挠的屈原。我站在大殿上，我对着风，对着雷，对着电，呐喊着。我的手会不由自主地举起来，我的身体也随之颤动，愤怒的火焰在我的心里燃烧，在我的眼睛里喷射出来，在我的呐喊声里迸溅出来。那节课，我动情的朗读赢得了学生的阵阵喝彩，让他们对语文课产生了浓厚的兴趣，也让他们感受到了朗读也是一种享受。

特级教师于漪说："教师的语言要深于传情。语言不是无情物，情是教育的根。教师的语言更应该饱含深情。带着感情教，满怀深情说，所教的课，所讲的道理就能在学生中引起共鸣，从而师生心心相印。"而我要说，老师的语言更是传神的，那是师生、作者灵魂的碰撞。

第四，用语要亲切。

苏霍姆林斯基说："学校里的学习不是毫无热情地把知识从一个头脑装进另一个头脑里，而是师生之间每时每刻都在进行心灵的交流。"教育是爱的事业，爱需要语言的表达，而语文教育更是承载着塑造学生良好品格、陶冶学生高尚情操的任务，所以教师语言无论什么时候都应该是充满爱的。教学中能否引起学生的学习兴趣，使学生乐意学，与教师的教学语言是否亲切有着密切的关系。凡是受学生欢迎的教师，他们的教学语言必定是亲切自然的，教态总是让学生感到和蔼可亲，他们十分善于启发引导学生，总是为学生创造一种和谐融洽的学习氛围，使学生在这样的学习氛围中学习知识、掌握技能。一个懂得用语言去鼓励学生的教师，一定是一个有爱心和责任感的好教师。有爱融入的语言才会更加掷地有声，才会更加令人怦然心动。

我的学生都说："周老师从来不打骂我们，对我们说的话充满了爱！"

教师的语言要掌握分寸

教师的语言一定是慎重的。

第一，面对学生，我从不口不择言。

唐朝诗人贾岛曾为一句诗"僧推月下门"还是"僧敲月下门"苦苦推敲了三年，终有"两句三年得，一吟双泪流"的感慨。我们当然用不着为一个词语去推敲三年，但作为教师，必须要注意在日常口语表达中对词语的选择，绝不能口不择言，随意而说。

教师在口语表达的过程中，必须善于把握词语的个性，根据表达的需要从自己的词汇库中选择出合适的词语并把它用到最恰当的位置上去。

词语的选择，首先必须考虑与特定的题旨相适应，即以特定的词语准确地表达特定的思想内容，做到就意遣词，词到意到。

第二，不妨新语旧用。

语言是发展变化的。随着时代的发展、社会的进步，新名词、新概念、新句式不断涌现，它们身上必然浓缩着某个时代的特征，也积淀着特定时期人类文明的成果，因而是教师不可忽视的知识宝库。这就要求教师在注重自身语言科学性、逻辑性和条理性的同时，还要讲求语言的鲜活性和新颖性，使自己的语言生动活泼而富有时代感，从而不断激发学生的学习兴趣，收到良好的教学效果。

我在教学苏轼的《水调歌头·中秋》时，对"但愿人长久，千里共婵娟"一句作了如下解释："同学们，苏东坡先生远离家乡，在中秋佳节特别地思念亲人，他的情和爱都熔铸在这如水的月光里。他对月抒情，借月怀人，这最后两句表达的意思是：'我的爱也真，我的情也深，月亮代表我的心。'只是他的爱是对亲人的爱，他的情是手足之情，他托月亮捎去的是对亲人的深深祝福。"

这段话情感真挚、流畅自然，我巧借流行歌曲的歌词打通了古今情感表达的通道，生动展现了课文的意境。由于学生对这段歌词十分熟悉，我的讲解便深深拨动了学生的心弦，大大拓宽了学生的思维空间，使学生在新鲜而充满活力的语言诱导中深刻地理解了课文。

丰富多彩的生活是教师语言取之不尽的源泉，只要教师是一个有心人，常在周围的语言世界中"取清风、揽明月"，他的教学语言就会日新月异、多彩多姿。有了这种基础，即使是最传统的知识在他的口中也能花样翻新，魅力无穷。

第三，句式可常变常新。

一般来说，汉语句式有其规范性，不能随意改变，但不是绝对不可改变的。

在特定的言语环境中，有时为了表达需要，也可突破常规，进行创造性的变异运用。

汉语句式变异的情况多种多样，有的侧重语义，有的侧重形式。这里从句法结构的角度，对教师口语中常见的几种变异句式作些分析。

（1）断续句，也就是俗称的半截子话，是指形式上不完整的、断而待续的话，老师只说了上半句，便断了，下半句由学生补说，这样才合成一句完整的话。例如，霍懋征老师教学《冬晚》：

师："我"把钱拿出来，把手伸过去，表示对小车夫的——

生：怜悯。

老师的话只说了一半，另一半由学生接着说完，师生共同把语义表达完整。

断续句的主要作用是引发思考，它的功能相当于一个询问句。一般情况下，老师的半截子话后面往往可以补出一个疑问代词"谁""什么"或"怎么样"等。学生只有通过思考，动一番脑筋，才能准确地续上老师的话。如上面的例子，老师的半截子话旨在询问学生，"我"不坐小车夫的车却给小车夫钱这一举动表现了一种什么样的心理。学生若不经过思考分析，就不一定能准确地续上老师的话。例如，我教学《岳阳楼记》：

师：人说"诗有诗眼，文有文眼"，同学们说说看，《岳阳楼记》的点睛之笔是什么？

生："先天下之忧而忧，后天下之乐而乐。"

师：对！这是古人的思想境界，更是范仲淹高尚灵魂的体现，要达到这个境界，就必须——

生："不以物喜，不以己悲。"

这里我的半截子话，实际上是问学生，要达到这个境界，必须怎么样。学生的后半句是根据课文进行一番思考以后才续上的。

运用断续句还能起到集中学生注意力的作用，老师的话说到一半停下来，让学生参与表达，这样能促使学生全神贯注地听课，牢牢把握老师的思路，强化师生之间的联系和交流，同时也可以使课堂气氛更加活跃。例如，我教学《石钟山记》：

师：科学和探险是一对孪生兄弟。探险首先需要勇气，只有不怕艰苦，深入险境去调查，才能获得最真实的东西。苏东坡这样做了，他获得了对石钟山命名的较科学的认识。由此，我们可以看出他写这篇文章的意图是——

生：告诫世人，追求真理要去掉一个"怕"字，要勇敢地去探险，去求证，千万不要像李渤那样浅尝辄止。

我以一个断续句提示学生，让学生集中注意力，在作了一番思考的基础上说出结论。这样既强化了理解，又活跃了气氛。

在小学中低年级的教学中，断续句的使用频率更高。

（2）插说句，是指在叙述过程中由于表意的特定需要，在一个完整的句子中间插进一个句子。

口语表达往往受意识流的支配，有时话说到一半，忽然觉得需要补充、解释、说明、引例、强调或提示等，就常用插说句来表达。教师口语中，插说句的运用是比较常见的。例如，我教学《一只木屐》：

学生把第一段段意概括为："我看见在离船不远的水面上，漂着一只木屐。"老师说："如果还要更加完整一些呢，就应该把从什么地方看，——我伏在船栏上，看见离船不远的水面上，漂着一只木屐。——也写出来，对吗？"

"……把从什么地方看也写出来"是一个完整的句子，我在讲到"从什么地方看"时，觉得这里应该补充说明一下，于是就插进去一个句进行补充说明，以帮助学生理解。再如，我教学《我的叔叔于勒》：

家里明明很穷，买的衣服都是底货，——底货就是陈货，就是留在底下的那些货，可以便宜点。——但是还要摆阔气，好像呢，家庭很富裕，要面子。对吧？

我在讲到"底货"时，觉得这个词不易理解，应该解释一下，于是中途插进"底货就是……"一句进行补释，再接着讲完原来的句子。又如，我教学《看云识天气》：

这个云的出现，往往——也是用了一个"往往"，注意这个副词的运用！"往往在几个钟头内便要下雨或者下雪"。

这里"往往"之后的插说句，旨在强调和提醒，以引起学生的注意。

（3）倒装句，是指为了达到特定的修辞目的而故意颠倒句子成分或分句次序的句子。汉语没有严格意义上的形式变化，语序是重要的语法手段。汉语的语序，一般情况下，是较为固定的，如：主语在前，谓语在后；定语、状语在前，中心语在后；述语在前，宾语在后；偏句在前，正句在后；等等。但有时为了表达上的需要，也可改变寻常语序，作变异的运用。

倒装的形式，一般有主谓倒置、宾语前置、定语后置、偏正倒置等几种。

主谓倒置，就是把谓语置于主语之前。如《荷花淀》中的句子：

水生笑了一下。女人看出他笑得很不像平常。

"怎么了，你？"

这里谓语"怎么了"出现在主语"你"之前。水生晚归的行动和异常的表情引起了水生嫂的不安，谓语前置，表现她急于想了解水生的迫切心情。主谓倒置的主要作用在于强调，谓语往往是句子的核心，谓语前置可以突出句子的核心信息。教师口语表达中，这种用法很常见。比如说："回去吧，你们！""快来呀，同学们！""很容易，这道题。"……

宾语前置，就是把宾语置于动词之前。如我教学《一只木屐》时，告诉学生木屐就是木头做的鞋子，并引用"应怜屐齿印苍苔"的诗句说明木屐是有齿的：

师：这样一只木屐，她看到了。但她感兴趣的是不是就是木屐？

生：不是的。

师：写木屐是为了写谁呢？

生：人。

这篇课文写冰心离开日本时在船上看到水中漂浮着的一只木屐所引起的联想。这里把"看到"的宾语"这样一只木屐"提到了句首。因为前面是向学生解释木屐为何物，顺势先说出"这样一只木屐"，再补说"她看到了"，这样表达是自然的，客观上也有强调宾语的作用。

定语后置，就是把定语置于中心语之后。定语后置的主要作用是突出定语，同时也可使句子的主要部分更加简洁紧凑。例如《春》中的句子：

春天像小姑娘，花枝招展的，笑着，走着。

这一句也可说成"春天像花枝招展的小姑娘，笑着，走着"，这是正常的表达，语句显得平淡。把"花枝招展的"这一定语后置，作变异的表达，起了强化作用，更加突出了春姑娘的活泼形象，而且读来语气舒缓，变化有致。

偏正倒置，就是把偏句置于正句之后，其作用主要也是强调。例如，我教学《草船借箭》时说：

诸葛亮直到第三天四更才去借箭，因为这个时候，大雾弥漫，曹军看不清江面上的情况就要放箭，这样就可以借到箭了。他为什么能知道这个时候有雾呢？这不是因为他能掐会算，而是因为他懂得天文知识。

这段话中我用了两个因果倒装句，强化突出了原因。再如，语言学家吕叔湘先生说的一段有关口语的话：

口语至少跟文字同样重要，如果不是更重要的话；许多语言学家认为口语更重要，因为口语是文字的根本。

这里既有假设倒装，又有因果倒装，分别突出了假设条件和原因。句式的变异，使表达显得更加活泼。

第四，比喻让语言平添亮色。

各种修辞手法是"语不惊人死不休"的重要推进剂，其中又以比喻最为常用。在日常交际中，比喻可以使很复杂的问题变得简单，抽象的问题变得具体，枯燥乏味的问题变得生动有趣。我们不妨认真读读下面这则故事，看看能够品味出什么妙处。

中国法学家王宠惠在伦敦的时候，有一次参加外交界的宴会。席间有位英国贵妇人问王宠惠："听说贵国的男女都是凭媒妁之言，双方没经过恋爱就结成夫妻，那多不对劲啊！而我们，都是经过长期的恋爱，彼此有深刻的了解后才结婚，这样多么美满！"

王宠惠笑着回答："这好比两壶水，我们的一壶是冷水，放在炉子上逐渐热起来，到后来沸腾了，所以中国夫妻间的感情，起初很冷淡，而后慢慢就好起来，因此很少有离婚事件。而你们就像一壶沸腾的水，结婚后就逐渐冷却下来，听说英国的离婚案件比较多，莫非就是这个原因吗？"

还有一则故事是发生在纽约国际笔会第48届年会上的。

当时有人问中国著名作家陆文夫对性文学是怎么看的。

陆文夫不失幽默地答道："西方朋友接受一盒礼品时，往往当着别人的面就打开来看。而中国人恰恰相反，一般都要等客人离开以后才打开盒子。"与会者发出会心的笑声，接着是雷鸣般的掌声。

运用这种似乎与本体事物风马牛不相及的类比物形成的奇妙比喻能使听众有新奇的感觉，也常常使我们的说话增色不少。

不仅生活中如此，在教学中使用比喻，也常常会收到意想不到的良好效果。有经验的教师总是多用、善用比喻，以使自己的语言锦上添花，并由此而创造了许多成功的实例。

比喻，是我课堂语言的常客。

用魅力语言去驾驭课堂

驾驭课堂的魅力语言有多种修炼方法。

（一）让魅力语言贯穿整个课堂

苏霍姆林斯基说过："教师的语言要如一泓泓甘泉、一首首名曲磁石般吸引着学生，使学生在快乐学习中得到充实和满足。"教学内容往往是枯燥的，要让学生既能了解新知识，又能迅速掌握并应用，教师应该更好地锤炼自己的语言，提升课堂语言艺术。

一堂课到底好不好，教师的语言起着至关重要的作用。一名优秀的教师，应该有驾驭课堂教学语言的高超技能，能让魅力语言贯穿整个课堂。教师的教学语言极富表现力，不仅能清晰明白地传授知识，而且流畅准确，饱含真情，生动形象；教师的答问语长于巧设机关，一问一答间有柳暗花明之巧；教师的解说语能一语中的，一言一语恰如春风化雨，润泽学生心田；教师的朗读声情并茂，一叹一吟都能扣动学生心弦。

那么，如何运用魅力语言去驾驭课堂呢？不同的教师有自己独到的妙法，下面我陈述一下自己的一些体会。

其一，提升文学修养，提高驾驭课堂的能力。学生语文素养的提高，很大程度上取决于教师的文学修养。作为一名语文教师，周身应弥漫着浓郁的书卷气息，所谓"轻拢慢捻皆成妙曲，信笔涂抹皆成妙文"。试想，如果语文老师满腹经纶、才华横溢，授课时滔滔不绝、妙语连珠，学生也必定会是如沐春风、如饮甘醇。而要达到这种效果，就需要教师有较高的学识素养及宽阔的视野，在课堂上能结合课文内容旁征博引，这样既拓展了学习内容，又能够启发学生思路，增强课文学习的知识性和文学性，从而激发学生的好奇心和求知欲。"腹有诗书气自华"，要想提高语文课堂教学的品位，语文教师尤其是青年语文教师必须勤奋学习，储备知识，增强语言的亲和力、凝聚力、向师力，丰富自己的语言积累，再现语言趣味性、灵活性、厚重性。只有这样，才能遇变不惊，沉着自如，轻松驾驭课堂。

其二，加强情感渗透，活跃课堂气氛。语文教师有着得天独厚的话语优势，用的是语言，教的也是语言，在课堂上若能以声传情，以情动人，学生能不"亲其师，信其道"？语调平淡的课，会使学生觉得寡淡如水，甚至昏昏欲睡，更不用说提起学生学习语文的兴趣了。即使学生有那么一点点兴趣，也会在这种气氛中消失殆尽。情感之水未浇，智慧之花怎开？富有激情的语言不仅能吸引学生的注意力，还能给学生留下深刻的印象，记忆也就能巩固而持久，更重要的是，它能在潜移默化的熏陶中培养学生良好的听力和感悟力。因此，语文教师应尽量使自己的语言绘声绘色，讲人如见其人，讲事如临其境，讲物栩栩如生，讲景历历在目，从而使学生精神饱满，兴趣盎然，达到提高课堂教学效果的目的。于永正老师说："教学要充满激情，闪烁着火花，产生着能量，使学生在思想上发生共鸣。"不管怎么样，要利于传达自己的感情，并且要善于调动学生的感情。

当然，课堂教学中的语言传情，不是"为赋新词强说愁"的无病呻吟，而是要从不同的方面陶冶学生情操，培养学生感情，作感情储备工作。也就是说，教师在课堂上所运用的传情语言，归根结底还是来源于教师对课堂内容全方位的驾驭，对作品内涵的深刻领会，对作者感情脉搏的准确把握。

其三，改进表达方法，创设教学情境。例如，教师在朗读课文时，要字正腔圆、绘声绘色、声情并茂，力求读出感情，读出境界，言已尽而意无穷。如语句的停顿、语句中重音的变化，力求每句话抑扬顿挫，呈现"大珠小珠落玉盘"的高低错落之美。同时还应借助身体语言与有声语言的有机结合，做到举手投足皆有意，眉开眼笑皆含情。这种"美读"可以激发学生的极大兴趣，也可以使教师陶醉其中，从而促进师生之间思想感情的沟通和共鸣。

（二）运用好提问法

学问，关键在一"问"，宋代朱熹说："读书无疑者，须教有疑。有疑者却要无疑，到这里方是长进。"爱因斯坦说："提出一个问题往往比解决一个问题更重要。"巴尔扎克也说："打开一切科学的钥匙都毫无疑义是问号。"实践证明：提问语是教师语言的重要组成部分，是沟通教师和学生思想感情的纽带，是连接未知和已知的桥梁，既是体现教师意图的指针，又是激发学生思维涟漪的石子。

教师提问的方法多种多样，有设问和反问，有引入课题问和得出结论问，有泛问和专问，等等。不论用什么方法提问，关键是：一看提问是否准确，即是否直指问题实质要害；二看是否有启发性，让学生充分动脑后能够回答得出来。否则，要么问得太平直、太浅易，要么问得太深奥、太艰涩，要么问得太笼统、太宽泛，这都达不到提问的目的，当然也就谈不上提问的语言艺术了。

提问的形式多种多样，作用也各有不同，下面举几种常见类型。

其一，诱导式提问。通过所提问题诱导学生按问题的方向去思考，最后得出正确的结论，可以是一个问题，也可以是一连串问题。

其二，激发式提问。通过提问激发学生思考问题、回答问题的兴趣，进而获得问题的答案。如我教学《夜走灵官峡》时，为了让学生认识神态描写在人物形象塑造中的作用，就运用了这一形式。

其三，比较式提问。用比较的手段来提问，使学生在比较中获得问题的答案。比如，我教学《荔枝蜜》时提问：蜜蜂和黄蜂你喜欢哪一种，为什么？教学《孔乙己》时提问：写孔乙己掏钱买酒的动作，前一次用"排"，后一次用"摸"，里面有不同的含义吗？教学《中国石拱桥》时提问：作者已经举了赵州桥为例，为什么还要举卢沟桥为例？

其四，追问式提问。通过层层追问，学生在老师的追问下积极思考，最后接触到问题的本质。

当然，教师对学生学习结果的评价应该有一个明确的态度。对的就加以肯定，错的就给予否定并予以纠正。教师若对学生的回答或看法不置可否，态度暧昧，就会造成学生认识上的模糊和混乱。

（三）运用好释疑解惑法

释疑解惑是教师最基本、最本质的工作之一。

在教学中，学生会提出各种各样的疑问，这是好事，反映了学生可贵的探索精神。古人云："学贵知疑。""疑者，觉悟之机也，一番觉悟，一番长进。"而在教学过程中，学生由"疑"到"觉悟"从而获得"长进"，主要是通过教师释疑解惑的途径来实现的。

直释法是一种传统的，也是最基本的释疑方法。《论语》中大量的篇幅是孔子为弟子释疑，而孔子用得最多的便是直释法。兹举一例："子贡问曰：'孔文子何以谓之文也？'子曰：'敏而好学，不耻下问，是以谓之文也。'"运用直释法，学生能直接迅速地把握问题的答案，其不足是学生缺乏思考的余地。

（四）运用好点拨法

点拨法即教师不直接说出问题的答案，而是在关键处稍作指点，开启一条解决问题的思路，让学生自己悟出问题的答案。例如，钱梦龙老师教学《故乡》时，有个学生问："课文中杨二嫂说：'你现在有三房姨太太。'……鲁迅先生不是只有一个叫许广平的夫人吗？"

钱老师对这一问题没有予以直接回答，只点出：文艺作品中的"我"是不是作者自己，只要看作品的体裁是不是小说就行了。

据此，学生用推理证明：《呐喊》是小说集，《故乡》是从《呐喊》中选出来的，当然是小说，从而悟出《故乡》中的"我"不是"鲁迅"，而是作品中的一个形象。"开而弗达"是点拨法的主要特点。

又如，我教学《白杨礼赞》时，一位学生提出一个问题：文章第三段写作者看到高原上极普通的白杨树会"惊奇地叫了一声"，我看有点大惊小怪，写得不真实。

另一位学生答道：作者惊叫一声是合乎情理的。长途汽车上人恹恹欲睡，眼前景色又单调乏味，这时"刹那间""猛然抬眼"看见"傲然耸立"的白杨树，精神为之一振，所以才惊叫的。

那位学生并不服输：精神一振也犯不着惊叫嘛。

同学们七嘴八舌争论起来。这时我点拨说：思考问题一要联系课文思想内容，二要捕捉关键词语。作者为什么惊叫，有关键词语吗？找找看。

一位学生说：课文第三段"像哨兵似的树木"中的"哨兵"是关键词语，暗示作者看到的是人格化了的白杨树，是保卫家乡、保卫黄土高原的哨兵，因而油然而生敬意，情不自禁地惊叫起来。

我予以肯定后，继续点拨：其实，作者"惊叫"的理由不止一个，从不同的角度可以悟出不同的道理来。还能不能从写作背景、构思创作等方面来想想看？

教师引而不发，有意让学生的思维迸出更多的火花。

一位学生说：作品写于抗日战争相持阶段。作者目睹了国民党消极抗战的种种事实，在踏上黄土高原后，深深感受到解放区军民的了不起，真正看到了我们民族的前途和希望，对白杨树的一声惊叫，实则是对延安抗日儿女的叫好，对民族革命精神的喝彩。

又一位学生说：本文是运用象征手法写的抒情散文。"惊奇地叫了一声"正是作者触景生情，涌动礼赞之情的瞬间写真。

这堂课，在我的点拨下，学生圆满地解决了问题。

（五）运用恰当的诱导法

诱导法指教师不直接说出答案，而是一步步引导学生寻求问题的答案。例如，我教学鲁迅的《祝福》时，有个学生就鲁四老爷骂人的话提出疑问。下面是我的释疑：

生："不早不迟，偏偏要在这个时候——就可见是一个'谬种'。"鲁四老爷为什么不把话说完整？这样写有什么用意吗？

师：这个问题提得很好。大家先想一下，鲁四老爷这句话略去的部分可能会怎样说？

生：死了。

生：老了。

师：他为什么不说"死了"呢？

生：因为鲁四老爷讲究迷信，忌讳很多，在祝福时不愿意提及死亡一类的事。

师：那又为什么不说"老了"呢？

生：说"老了"含有尊敬死者的意思。在他看来，祥林嫂是个"谬种"，他是不愿意这样说的。

师：讲得很好。可见这句不完整的话正显示出鲁四老爷的形象特点，是性格化的语言。

通过诱导，学生很快找到了问题的答案。

冰心的《小桔灯》中有这样一段话：

我赶紧从机旁的电话本子里找到医院的号码，就又问她："找到了大夫，我请他到谁家去呢？"她说："你只要说王春林家里病了，她就会来的。"

一位学生就人称代词的使用提出了疑问，下面是我上课时的释疑：

生：这段话中的"他"和"她"都指胡大夫，胡大夫是女的，为什么"我"的问话中写成"他"，是不是错了？

师：这个问题提得很好，说明这位同学读书很认真。是不是冰心写错了字？这得仔细分析一下。"我"在问话时是否知道胡大夫是女的？

生：不知道。上文没有交代过。

师：那如果写成"她"可以吗？

生：若写成"她"，读者会怀疑："我"是怎样知道胡大夫是女的。

生：写成"她"，前面就应该交代胡大夫是女的这一情况。

师：那前面为什么不交代呢？

生：胡大夫在课文中是次要人物，在她身上花许多笔墨，文章就不精练了。

师：答话中为什么又用了"她"呢？

生：因为小姑娘知道胡大夫是女的。

师：可见冰心并不是随意使用"他""她"二字的，而是经过一番推敲才这样写的。

在我的一步步诱导下，学生终于领会了冰心用词的匠意。

总之，语言的魅力很大，教师不妨在教学实践中大胆探索。

提升语言魅力的技巧

微笑、眼神、手势、表情、沉默和倾听等都是教师提升语言魅力的技巧。

（一）时刻保持微笑

微笑待人首先是一种健康心态和良好心理素质的反映，它体现了我们的乐观、自信，体现了我们的平和与从容。这样的微笑，就像灿烂的阳光，会给我们塑造出光彩熠熠的形象，会得到与我们相遇的每一个人的认可，并从中进一步获得乐观、自信、平和、从容。即使是那些与我们素不相识的人，也会从我们的微笑中受到感染，我们会在带给别人好心情的时候也保持一份好心情。

在师生交往中，教师保持微笑，表明教师心境良好，表明教师充满自信，表明教师真诚友善，表明教师乐业敬业。

（二）用眼神来表达

眼神，首先在于表现教师自身的精神状态、自我意识、自我情怀；其次，教师凭借敏锐的眼神，观察学生的行为，观察学生的表情，获取从学生行为、表情中反馈过来的信息，一方面及时地调整教学内容、教学手段，另一方面又通过眼神调控学生的行为和情绪。譬如，当少数学生交头接耳、窃窃私语时，教师丢去一个眼神，制止这种行为的继续发生；在回答问题时，有的学生嘴巴嗫嚅，却又没有勇气站起来，教师投去一个眼神，这是一种鼓励；当学生出现了偶尔的失误，暂时的失败，教师亲切的眼神中又包含了无以言表的鞭策与信任。

一个眼神，替代了教师的千言万语，一个眼神，包含了教师多少教化！

（三）让手学会说话

人的手是很能说话的，据学者研究，手势与表情结合，可传导信息的40%。教师的手势作为讲课的辅助手段，是在讲出某句话，而这句话又需要增强表现力的一瞬间做出来的，是与言语同步进行的。

在教育教学中，手势的表达功能从总体上看，可大致分为四类：

一是象形性手势，用以摹形状物。陈望道先生在《修辞学发凡》中说："在视觉所不及的范围中的事物，便要应用描画的态势来表示。"手势是最适宜于描画的。如用手比画某人有多高、某树有多粗、某西瓜有多大、某书有多厚，用手势比画几何中的"同位角""内错角""同旁内角"等等。这类手势可以把不在视觉范围内的事物表现得形象可见。

二是情意性手势，用以表现特定的情意。读过都德《最后一课》的人，谁都记得韩麦尔先生最后结课的情景：

他待在那儿，头靠着墙壁，话也不说，只向我们做一个手势："散学了，你们走吧。"

这一手势既表示了明确的语义，又传达出沉重的感情。

又如，一位学生用锅灰抹在脸上走进教室，引得全班哄堂大笑。老师在帮他洗干净后，摸摸他的头说："你呀，真顽皮。"

这里的"摸头"配合有声语言表现了十分丰富的情意，使这位学生觉得"一股暖流涌上了心头"，以至几十年后还清晰地记得这一情景。

三是象征性手势，用以表示抽象意念。例如，列宁演讲时，常常左手插在背心前部或腰间，右手果断有力地向前推出，显示出必胜的信念。

再如，我在教学《长江三峡》时，为了帮助学生体会"战斗——航进——穿过黑暗，走向黎明"这样一个抽象的主题，用手势向前冲击出去，做出昂然奋进的态势。这一象征性的手势，表现出一种浩大的气魄，有效地强化了学生对课文的理解。

四是指示性手势，用以指示具体对象，引起听者的直接感知和注意，如讲课时手指挂图或实物、模型的有关部分进行说明。

教师在课堂上运用手势必须准确得体，一定要有助于表情达意，增强表达效果。切忌手势过多过杂，更不要用过分夸张或含义模糊的手势去分散学生的注意力或使学生摸不着头脑。要注意克服不良手势，如挖耳屎、抠鼻子等等，这是我从来不做的。

（四）让表情"表情达意"

在教育教学的过程中，教师的面部表情是向学生传递思想感情、施加心理影响的重要手段之一。教师必须善于通过丰富生动的表情来传达自己的喜怒哀乐、褒贬爱憎。随着教学进程、讲授内容和客观情境的变化，教师会自然地显露各种不同的表情，如高兴时眉飞色舞、笑逐颜开，伤心时蹙额锁眉、愁思满面，借助不同的表情，渲染言语气氛，强化师生之间的情感交流。一些教师表情呆板，缺乏变化，无论何时何地，何种情境，也无论是喜是悲，是忧是乐，总是绷着一副冷冷的面孔，这不仅有碍于情感的表达，还让学生望而生畏，不敢亲近，对教学显然是不利的。所以，教师一定要学会让自己的表情"表情达意"。

（五）沉默是金，倾听为玉

哲学家说，沉默是一种成熟；思想家说，沉默是一种美德；教育家说，沉默是一种智慧；艺术家说，沉默是一种魅力；科学家说，沉默是一种发明。我们知道，在人际交往当中，沉默是一种难得的心理素质和可贵的处世之道。

作为教师，在课堂教学中恰当使用沉默，还有其特定的作用。

其一，沉默具有控场作用。例如，上课铃响了，教师也进入教室了，但学生仍然喧嚷不止，教师默不作声数十秒，肃立讲台，伴之以严肃的目光直视或环视学生，很快，课堂便会安静下来。再如，教师正津津有味地讲课，下面有两个学生却在聊天，教师突然沉默，走向那两个学生，这行为引起全班同学的注意，在众目睽睽之下，这两个学生立刻停止了谈话。

其二，沉默具有强调作用。教师讲课时，若要强调或突出某些内容，便可在此之前突然有意停顿一会儿。然后，再以适当的语速讲解后面的内容。这样能引起学生的注意力，学生急切地想知道教师下面将要讲什么。

沉默的作用还有很多，需要教师在实践中去慢慢体会。

除了沉默，我们还要学会掌握另一种技巧，那就是倾听。

倾听与讲话一样都是思想交流的方式，有时倾听比言说对于说话者来说更有意义，倾听不仅是对他人的尊重、善待和理解，也是对自己的一种尊重。

作为"人类灵魂工程师"的教师，更应发挥倾听的作用。

对于学生而言，给不给其机会表达自己并且能被倾听，是学生能否敞开胸怀的关键。学生不被倾听的后果可能是，他们不是以捣乱方式表现自己，就是以自闭方式"虐待"自己。教师只有耐心倾听学生，才能使学生打开心灵的窗户，才能看到学生内心深处的情感和灵光，才能与学生建立沟通的桥梁，由此教育教学也才能收到事半功倍的效果。

教师通过做学生忠实的听众，可以让学生敞开思想的大门，无拘无束地诉说自己的感悟。

教师要想通过倾听打开和进入学生的心扉，就需要倾听出学生话语中的多种不同含义以及言外之意。教师由于倾听而感动，感动于学生的真诚和对生活的热情；由于倾听而呵护，呵护学生细腻而敏感的心灵，呵护学生的童心和童真；由于倾听而理解，理解学生作为学生的一切……只有这样，教师才能真正走进学生丰富多彩的内在世界。

幽默是魅力语言的源泉

学生喜欢有幽默感的教师。

（一）教师的幽默技巧

幽默的语言总让人觉得轻松，如果教师在课堂上偶尔来点幽默，那么原本枯燥的课堂就会变得丰富多彩，学生就有好的心态，学生的思维就会更敏捷，思路更开阔，知识掌握得更牢固。教师的幽默能很好地活跃课堂气氛，并且能促使学生认真思考，比教师单调地讲解要有效得多。实践表明，在一个概念的教学之后，教师讲一个小趣事，再巩固一下，学生掌握得更牢固。对于幽默我有以下做法。

第一，自我解嘲。教师通过极度夸张的手法来嘲讽自己的某种缺点，在学生面前主动贬低自己以体现教师心灵的豁达与纯净，并缩短与学生的心理距离。

第二，故意装傻。就是教师故作蠢言，故作大言，以激起学生反驳或跃跃欲试的激情，运用的关键就是要让学生对荒谬之处一目了然，而教师要不动声色地装傻。

第三，偷换概念。概念被偷换得越是隐蔽，产生的幽默效果越是强烈。

第四，运用反语。反语即说反话，要求是声东击西，"睁着眼睛说瞎话"，把真话往反里说，把反话说绝，说得明显不符合实际情形。

第五，巧言归谬。就是把学生的话加以推理，引到一个显而易见的错误上去，从而指出其错误，让师生在笑声中消除对抗情绪。

第六，体态夸张。有时候教师用夸张的体态，也能形成幽默。

总之，作为教师要有一些幽默感。幽默不但能活跃课堂气氛，引人入胜，还能培养学生的学习兴趣。事实证明，教师的幽默是赢得学生喜爱、信赖和敬佩的重要条件，也是提高教育教学效率的神奇要素。

（二）幽默的教师更受学生欢迎

教师的幽默能表达出教师对学生的亲切友好的情感，从而有助于培育和谐愉快的师生关系。

作为一个教师，如果一味在师道尊严中找感觉，就会给学生一种高高在上、冷若冰霜之感，师生关系怎么可能和谐，学生怎么能够"亲其师，信其道"？所以，教学过程中适当引入幽默能够缩短师生之间的心理距离，融洽师生关系，为课堂教学营造良好的气氛。

比如，我在讲莫泊桑的短篇小说《我的叔叔于勒》时，考虑到其主题是反映资本主义社会人与人之间赤裸裸的金钱关系，如果说教过多，会使学生兴味索然，有贴标签之嫌，使学生产生逆反心理，因而采用了一些幽默技巧。在讲到菲利普夫妇每到星期天都衣冠楚楚地来到海滨盼望于勒归来时，启发学生找到"盼"的细节，尤其是菲利普都产生了幻觉。我适时点拨，金钱的魅力真是大呀，简直要使人神经错乱了，真是"盼你盼到梦里头"。学生会心地笑了。此处我把一句歌词"想你想到梦里头"改了两个字便意趣大增，学生在笑声中欣然而见菲利普唯利是图的嘴脸。当分析到文章高潮部分时，菲利普夫妇由原来急切地盼望一下子转入惊恐地躲避时，我又把一句俗话"有缘千里来相会，无缘对面不相识"化为"有钱千里盼相会，无钱对面不认亲"。这样一改，一针见血地点出了文章主题，而且学生也在活泼轻松的气氛中领悟了这个主题。小小的幽默可谓起到了事半功倍的教学效果。

在教学中，教师富有哲理和情趣的幽默，能深深地感染和吸引学生，使自己教得轻松，学生学得愉快。正如教育家斯维特洛夫所说："教育家最主要的，也是第一位的助手是幽默。"

幽默是教师教学与创新能力的展示。风趣幽默的教学语言充满了"磁性"和魅力，学生在开怀大笑中接受的知识，往往能够铭记终生，永难忘怀。

做善于倾听的教师

教育家卡耐基说："做一个听众往往比做一个演讲者更重要。专心听他人讲话，是我们给予他人的最大尊重、呵护和赞美。"现实中每个人都希望得到别人的接纳和尊重，都希望找到能够倾诉的人，在这种情况下，友善的倾听者自然成为最受欢迎的人。

中国有句古话："风流不在谈锋健，袖手无言味正长。"倾听本身就是一种爱心和尊重的体现，即使你没有给对方什么指点或帮助，但有了倾听，你便在心灵上给予了他十分丰厚的精神馈赠。每个学生都有一种渴望得到老师尊重的愿望。学会倾听学生的声音，应该成为每个教师的一种责任、一种追求和一种职业自觉，善于倾听应该是优秀教师必不可缺的素质之一。

作为教师，在倾听时要满怀爱心、满怀信心和期待去迎接那些稚嫩的生命之音，要善于倾听学生的心声，与之产生共鸣。倾听可以使师生关系更加和谐，教育也会更有成效。

很多教师都不乏这样的经历：认为自己孩子受到不公平待遇的家长愤愤不平地找你评理时，你不需要跟家长讲理，你只需认真地听家长倾诉，让家长把情绪宣泄出来，当家长倾诉完时，心情就会平静许多，然后，问题很可能自己就解决了，甚至根本不需你作出什么决定来解决此事。下面我的这个经历就很能说明问题。

当时我担任毕业班的班主任，一天下班到家，正准备放松一下绷得紧紧的身心，手机突然响了起来，是一个陌生的号码，接听后里面立刻传来了一阵刺耳的喧嚣："你是××老师吗？我是××的家长，你们当教师的是怎么对待我们家孩子的？她现在既不想吃饭，也不想写作业，对学习失去了兴趣，你这个做老师的应该负责任的，你说怎么办？"这个家长说了好多，大意是我们做老师的不够尽责，对她的孩子不够公平，以致现在她的孩子出现了问题，最后还特意申明之所以没有打电话直接找校长，那是因为想给我这个做老师的留个面子，如果我处理不好的话，结果就会如何如何，云云。

我耐心地倾听了好久，直到最后我总算明白了事情的大意，其实与这个孩子发生冲突的是我的一位同事，家长误以为是我这个班主任。当电话那头终于停止了牢骚后，我在电话里耐心地与她的孩子核实了相关情况并对这位家长做了必要的解释，此时这位家长也感觉到了自己的唐突，她连连地向我说着"对不起"，说是因为下班后看到孩子的状况心里着急，也没有认真地了解情况，所以产生了误会。我首先对家长疼爱孩子的心情表示理解，但站在老师的角度，对孩子的一些出格表现提出批评和改进的建议也是老师的职责，并诚恳地希望家长能理解和支持老师的工作，也表示会把家长的意见带给同事，并指出只有通过有效的沟通才能对孩子产生良好的教育效果。事情最后算是得到了圆满的解决。自那以后，这位原本被认为"难缠"的家长竟变得通情达理了，对班级工作还提出过良好的建议。我想这也许就是倾听产生的效果吧。

随着教育观念的转变，社会对教师的要求越来越高，作为教师承受的压力也越来越大，因此容易产生急躁的心理，这就需要我们更有耐心地学会倾听。这里的倾听是指认真地听取对方的意见甚是宣泄。倾听还是接纳、尊重、理解学生的具体体现。教师学会了倾听，就等于告诉学生或家长你的态度，无形之中会提高对方的自尊心、自信心，加深彼此之间的情感交流，也更容易取得对方的理解和支持。

当然，倾听不是被动地接受，而是一种主动行为。我们在与学生的交流过程中要注意倾听的技巧，当你感觉到对方正在不着边际地说话时，可以用机智的提问来把话题引回到主题上来。倾听者不是机械地"竖起耳朵"，在听的过程中脑子要转，不但要跟上倾诉者的故事、思想内涵，还要跟上倾诉者的情感深度，在适当的时机提问、解释，使谈话能够步步深入下去。

作为教师，除了用耳倾听外，还应学会用心倾听，要主动去观察学生的成长倾向和情绪变化，主动了解学生的喜怒哀乐。对于有进步的学生，要及时给予鼓励；对于有困难的学生，要及时给予帮助；对于有些小问题的学生，要及时查找原因，耐心开导和教育他们。

作为教师，要想使学生在你倾听的同时感受到你的情感，可通过一些面部表情、手势等来传达。例如，一个及时的眼神，一个灿烂的微笑，一个放松的动作，一句真心的话语，等等，都可以把承认、接纳和关心的信息传达给学生。当学生因胆怯而回答不清时，教师一个真诚、鼓励的微笑就是在告诉他："我相信，支持你。"当学生的回答很出色时，教师竖起的大拇指就是在告诉他："你真棒！"当学生在课堂上走神时，教师投去的眼神就是在告诉他："我注意到你了，要认真听讲啊！"要知道，当你在关注学生的同时，学生也在关注着你。因此，在与学生的交往、互动中，教师从内心流露出来的理解和欣赏，是对学生莫大的鼓舞。

第四章　打造卓越班级

如果说学科教师重在教学，那么班主任就重在教育。班主任，是班级工作的领导者、组织者和实施者。班主任每天面对的是几十双渴求知识的眼睛，每天接触的是几十颗等待滋润的心灵。班主任还要协调各科授课教师，形成教育合力，努力构建优秀的班集体。如何让一个班的各科老师形成一个优秀的团队？如何让这几十双眼睛充满智慧之光？怎样使这一颗颗心灵健康成长？这是我教师生涯的永远追求。

为什么要当班主任

班主任是一个重要的岗位。从学校工作安排的角度来看，新学期定职定位，最先考虑的是班主任；从学生与家长的期待来看，分班的欣喜与失落就在听到班主任之名的一刹那。因为在学校工作中，学生的一切活动都是以班集体为单位来进行的；在班级管理中，班主任是一个班级的核心，班主任对全班学生负有教育管理的责任，班主任的管理理念直接影响整个班级教师团队的作风，影响着整个团队的合力的发挥；班主任在班级管理中与学生直接接触，关注学生的情感体验，引领学生的精神成长，促进学生的全面发展。班主任的作用是全方位的。

班主任能更好地走进学生的心灵。在中小学，班主任是与学生最近最亲的人，是学生心目中既有权威，又感到亲切的人。"亲其师，信其道"，我的很多学生，将不愿意和自己父母说的话说给我这个班主任听，这就给我的教育教学工作带来非常便利的条件。

班主任能整合教育资源。马卡连柯说，最主要的教育手段是良好的教师集体和组织完善的统一的学生集体。而班主任正是这个集体的引领者。我做了二十多年的班主任，这一经历让我真正懂得了班主任在教育生涯中的价值和作用。在我看来，所有的存在，都是教育资源，都可能作为教育手段。我可以把家长组织起来，发挥家长的作用；我可以把社区的资源借用过来，发挥社会力量的价值；我可以把活动开展起来，在活动中影响和教育学生……一次游学、一次走进社区敬老院，都是锻炼学生能力、促进学生成长的良机。而这一切，班主任有得天独厚的优势，做起来更是得心应手。

班主任工作能促进学科教学。作为班主任的教师，其教学效果往往要优于普通教师，这在作文教学中表现得尤其突出。长期以来，我的作文教学总是建立在活动这个载体上，让学生有内容可写，有话可说。记得我曾带领全班学生参观将军山渡槽，同学们深切地感受到了革命老区人民的坚强意志和吃苦耐劳的精神，感受到了"人间天河"——淠史杭工程的伟大。在活动的基础上全班同学都能写出情真意切的好文章，有的同学甚至写了2000多字的内容充实的作品。多年的班主任工作，很好地促进了我的语文教学，使我的语文教学有了取之不尽、用之不竭的课程资源。

班主任是学生的人生导师。班主任相对于普通授课教师来说，对学生人生走向的影响最大。作为班主任，我注重对学生成长的积极引领，我的学生毕业后，无论从事哪一项工作，都有一颗善良的心，他们上进心强，事业有成，家庭幸福。

从培养优秀班集体切入

著名的教育家马卡连柯说："教育了集体，团结了集体，加强了集体，以后，集体自身就能成为很大的教育力量。"又说："最主要的教育手段是良好的教师集体和组织完善的统一的学生集体。"实践告诉我们，学生良好思想品德的形成，只靠教师的教育是不够的，还必须重视培养优秀的班集体。一个目标明确、奋发向上、坚强团结的班集体，能形成一股巨大的教育力量。它能给人智慧和力量，给人温暖和信心，能制约集体中每个成员的行为，推动着每个成员的进步。反之，纪律松松垮垮、学风不正的班集体必然会影响学生的学习、进步，不利于每个成员的健康成长。所以，班主任要十分重视培养优秀班集体的工作，把它当作一项主要任务来完成。

怎样组织和培养优秀班集体呢？我主要采取了如下措施。

第一，认真选聘和培养班干部，形成班级的核心力量，具体指导班队委组织活动。选择那些品学表现良好，乐意为集体服务的学生担任班干部，对他们严格要求，大胆放手，重在培养，激发他们的集体荣誉感和责任感。教育他们在工作中充分发挥主动性、积极性和创造性，在学生群体中起带头、骨干和桥梁作用。这样，依靠他们形成个个关心集体、人人为集体出力的好风气。在起始年级形成良好的班风，培养好的学习、生活、纪律习惯尤其重要。

第二，向同学们提出共同的奋斗目标，引导他们不断前进。优秀班集体最重要的特征，在于它有一个共同奋斗目标，全体成员都为实现这个目标而真正团结在一起。因此，我们应从班级实际出发，根据学校的要求，提出每个学期的奋斗目标。这样，一步一步地培养起团结奋斗的班集体。

第三，榜样的力量是无穷的。要树立榜样，激励班集体不断前进。根据班上的具体情况，有计划、有针对性地通过组织学生阅读、举行班队主题会等形式的学习，在学生心中树立榜样，使每个学生都有自己的榜样。运用榜样进行教育，不仅要用英雄人物的事迹作为生动的教材，还要用学生中的先进事例来进行教育。因为这种先进事例是同学们看得见、摸得着的，他们感到亲切，学起来也容易，而且最有说服力。

第四，培养正确的集体舆论。具有正确的集体舆论，是优秀班集体的一个重要标志，是对集体成员进行教育的一种有力的手段。一个班级，如果没有正确的集体舆论，就会是非混淆，美丑不分；如果有了正确的集体舆论，就会出现"好人好事人人夸、不良倾向人人抓"的局面。怎样形成正确的集体舆论呢？①学生年龄小，知识和生活经验都比较缺乏，难免会出现这样或那样的问题，因此，班主任要对学生加强学生守则教育，使他们的思想和行为有明确的标准，帮助他们逐步形成正确的是非观念。②根据本班的特点和学校工作要求，有计划、有目的地通过晨会课，使学生明白班上提倡什么，反对什么，注意什么。③通过表扬和批评，树立正气。凡是学生的言行值得赞扬的，就及时加以肯定和表扬，激发学生的自信心和上进心；对集体中的不良现象，要善于抓苗头，及时教育。④充分利用舆论阵地，介绍先进事迹，批判不良现象，讨论班级中存在问题，由学生自己来评判是非，达到自己教育自己的目的。⑤结合学生的年龄特点，开展生动活泼、富有教育意义的活动。

第五，在抓好集体教育的同时，抓好个别教育。在进行个别教育时，班主任要有耐心和实事求是的精神，要用发展的观点看问题，要以表扬为主。通过个别教育，使集体中先进的更先进，后进的化消极因素为积极因素。

第六，培养优良传统和作风。优良传统和作风，对巩固集体和教育成员有着重要的意义。它既能支配集体成员的思想和行动，又能培养集体的自豪感、荣誉感以及集体参与意识。因此，班主任要注意发现集体生活中出现的好人好事，并加以提倡，使之逐步成为集体的优良传统和作风。抓住典型事例教育全班学生，让他们感受到生活在这个集体中的温暖，热爱这个集体。

班主任的工作艺术往往是班主任做得好不好的关键。一个班级就是一个团队，如何把班级建设成优秀团队，需要班主任多思考，多努力。

用我的"五心"换学生的真心

大家都说我是"五心"班主任。

一是爱心。冰心说："有了爱，就有了一切。"爱，是永恒的。人的一生，其实是一个寻找爱和学习爱的过程。一个拥有真爱心灵的人，他整个生命里程中的一切行为，都是对爱的诠释和表现。同样，一位具有爱心的班主任，他与学生的朝朝夕夕，也充满了爱。

教育不能没有爱，就像池塘不能没有水一样，没有爱就没有教育。苏联教育家苏霍姆林斯基把教师热爱学生作为"教育的奥秘"，他的座右铭是"把整个心灵献给孩子们"。作为班主任，首先应对学生有真挚的爱，因为教师只有将一颗火热的充满爱的心真诚地给予学生，才能感化、引导学生。而爱的前提则是充分地尊重学生的人格、情感、思想等方面的独特性，其中，尊重学生的人格尤为重要。热爱学生，向学生倾注真情，对学生具有亲近感、信任感，这样学生才会对老师产生信任、敬佩之情。假如师生之间缺乏真心的交往，没有情与情的对流，学生就会从心理上丧失兴趣，提高学生素质也就成了一句空话。在班级中，班主任既是学生的"家长"又是学生的知心朋友，用爱感化学生，教育学生，才能赢得学生的信任和尊重，才能把班主任工作做好。

二是细心。班主任必须是一名善于观察、分析和指导的细心人。

班主任工作要做"细"，首先是细选班干部。班干部是班主任的助手，培养好班干部，班主任就不会脱离学生。因此，一开学，我就选思想表现好、群众基础好、乐于为学生服务且有一定工作能力的学生担任班干部，对他们进行具体的分工，让他们明确自己的职责，并教给他们工作的方法，指导并帮助他们开展工作。其次，班主任要善于培养班干部，作为管理班集体的中坚力量。班干部做出成绩时，我就及时地给予肯定和表扬，他们工作有失误时，我就更细心地引导他们开展工作，及时纠正他们的错误，帮助他们克服缺点，树立他们的威信和信心。以表扬为主，尽量少批评他们，有些事情放心大胆地让他们去做，信任他们，支持他们，逐步培养他们的工作能力。平时多和他们谈心，严格要求他们，让他们认识到：自己应该带好头，给同学们作榜样。最后，班主任的细心还体现在日常生活中要处处留心，做个有心人。班主任对全班同学要进行细心观察和详细了解。特别是寄宿制学校，学生学习和生活都在学校里进行，这就要求班主任的工作要更"细"。课间进行锻炼时，班主任和他们在一起；一天三餐，班主任和他们在一起；晚上他们就寝前，班主任也和他们在一起。班主任的关怀无时不在，无处不在，使同学们在学校也能感受到家的温暖。所以，班主任只有细心才能更多地了解学生，才能帮助他们，从而正确引导他们。

三是耐心。班主任既要关心学生的学习，又要关心学生的生活，还要关注学生的身体健康、品行和思想等等。

班主任工作要有耐心，即要有持之以恒的决心。不能抓一段时间，放一段时间，而是要坚持不懈，不放松每一个细节。我们常说"习惯成自然"，好习惯的养成需要耐心。我校九年级三班有几个男同学比较懒惰，课桌上的书、本、文具每天都很乱。为了让他们改掉这个坏习惯，我天天到教室里督促他们整理课桌。刚开始他们以为我是三分钟热度，结果，我天天坚持下来了。他们说："老师，我们服了你，我们一定会改掉这个坏习惯。"可见，持之以恒，水滴石穿，就是顽石般的学生也有被感化的那一天。

四是真心。有一句话说得好："精诚所至，金石为开。"班主任在教育学生方面，应把这句话作为座右铭。学生来自不同的家庭，有不同的社会背景，可以说，他们的遗传素质千差万别，性格也是迥然不同。对于他们，班主任要用自己的真诚去理解他们、尊重他们、信任他们，用自己的真心去感化他们、体谅他们、珍爱他们。

五是诚心。在学生中间，班主任应以朋友的身份出现，尊重学生的人格，与学生坦诚相待，让学生感到与班主任之间没有距离，从而敞开心扉，接纳并相信班主任。班主任应放弃"师道尊严"的传统观念，万不可断了学生表达思想的权力，而应谦虚地听取学生的意见，或与学生在平等位置上进行讨论。

班主任的诚心是建立在正确的职业价值观和真正过硬的工作素质基础之上的。唯有这样，班主任才会对自己的工作有信心，才会对自己的学生有信心，始终给学生以信心和希望。当你看到学生在你的教育下有了很大的改变，当学生围着你快乐地谈笑，当学生把你当成最好的朋友，当家长打电话告诉你孩子变得懂事听话了……快乐不断从内心涌出，这就说明你的诚心感动了家长、打动了学生。

班主任的工作虽然包罗万象，但无论如何，具有高度的责任心是做好班主任工作的前提，爱心是班主任工作的法宝，要对班主任工作充满信心，运用科学的班级管理方法把班主任工作落实到细处，并持之以恒。有人说："要给人以阳光，你心中必须拥有太阳。"班主任是教育者，是领路人，只要心中拥有太阳，对学生教育动之以情，晓之以理，持之以恒，定然能将工作做得更好。

让"五心"永驻你我之心！

全面家访

我当了二十几年的班主任，这二十几年来，我有一个雷打不动的传统，那就是每接一个班，总要对全班学生进行全面家访。家访是沟通学校教育和家庭教育的手段，是教师与家长最好的也是最重要的沟通方式，能形成有力的家校教育的合力。

一般来说，我接一个新班级，会在开学后的一个月之内，走遍所有的学生家庭。每学期的常规家访每家不少于一次，如果遇到特殊的情况，我还会对某个学生多次家访。

记得那是1990年，我接了一个初一班级，全班66人，我是班主任兼语文教师。为了之后三年内我所有的教育教学都能有的放矢，我从九月一日开始，每天利用放学之后的时间，让学生带路，与学生一道，开始了我的全面家访旅程。

当所有的学生家庭都走访了一遍后，我对全班学生的成长环境有了初步的了解，之后便绘制全班学生的家庭住址地图，给学生组建路队，成立课外活动小组，落实家长委员会，构建全方位的家校联动桥梁，整合教育力量。

当时，我班有一位杨同学，是女生，因为父母有重男轻女的思想，初一下学期就准备辍学了。但文文静静的杨同学很向往当老师，于是我就多次进行家访，与她的父母交心，晓之以理，动之以情，并且承诺：学习费用上，向学校申请减免一部分，老师帮她承担一部分。精诚所至，金石为开，杨同学终于完成了中学学业，后来考取了师范学校，现在如愿以偿地成了一名光荣的人民教师！

20世纪90年代初，我班有一位张同学，是单亲家庭的孩子，因为不健全的家庭教育环境，中间休学了一年，又复读一年。"穷人的孩子早当家"，苦难磨炼了张同学的意志，苦难也成了他的财富。张同学比同龄的孩子表现得更加懂事，更加刻苦，后来终于以优异的成绩考上了六安师范学校。

但又面临新的困难——无钱上学，他即将失去难得的学习机会。通常，给学生送录取通知书的时候（那时录取通知书先寄到学校）也是一次家访机会，了解了张同学的不幸遭遇，我暗暗下定决心：一定不让张同学失去难得的学习机会。于是，我自己借了300元给他，又向学校为他申请了500元的补助（学生工作后再还）。很多人担心：学校从来没有这样的先例，为一个毕业的学生提供补助。我力排众议，个人担保，如果张同学走上工作岗位后还不上钱，就从我的工资中扣除，而我借给他的300元钱，我明确说明，不用他还了。经过多方努力，张同学终于解决了困难，现在他早已成了一名光荣的人民教师，并且还是我的同事。

杨同学，父亲是一名教师，不幸的是她父亲还在工作岗位上就因病去世了。杨同学刚刚大学毕业，工作无着落，家里还有年迈的祖母，多病的母亲，精神不正常的叔叔。虽然她从我们学校毕业多年了，但我还是关心着她。我经常给她指导，传授她做教师的经验和方法，借给她相关的学习资料，功夫不负有心人，经过不懈努力，她终于考上了特岗教师，现在也有了幸福的家庭。

甄同学，是父母上了年纪后生的儿子，在家里娇生惯养。他上初一后，就经常逃学误课，为了帮助他完成义务教育，我在一学期内对他家访了十二次，还给他组织了互助学习和活动小组，既帮助他学习，又让他有发挥特长的空间。虽然他初中毕业后就没有继续读书了，但有了最基本的文化底子，加之为人实在，终于成了小有成就的自主创业者。

对学生进行全面家访，成了我当班主任的固定工作。

用自己的乐观培养学生的幸福感

我的夫人经常笑我："我们的周老师，就是自我感觉良好！"我回答："是的，那是因为我自信，幸福指数高。"的确如此，如果一个人上班总是心情沉重，是不可能搞好工作的，更谈不上工作出色。

作为一名班主任，一定要阳光，一定要乐观。班主任要用知识丰富学生的知识，用智慧启迪学生的智慧，用思想熏陶学生的思想，用品德感染学生的品德；要以自己的青春谱写辉煌的教育诗篇，以自己的忠诚和执着维系绵长的文化繁衍，以自己的希冀和神往描绘斑斓的成长手记，以自己的理念和憧憬铸造坚强的未来人杰……

这里要强调的是，班主任需要培育幸福感，要感受教育的幸福，要自觉地为学生创造幸福，不能一味地夸大教育的艰辛和困难，更不能身在福中不知福，忽视或抹杀了"创造幸福"这一教育本质。有人说："教育不是牺牲，而是享受；教育不是重复，而是创造；教育不是谋生的手段，而是生活的本身。教师的一生不一定要干成什么惊天动地的伟业，但它应当如百合，展开是一朵花，凝聚是一枚果；它应当如星辰，远望像一盏灯，近看似一团火。我们应该庆幸可以在教育中享受生命，和学生一起成长，采摘一路的幸福。"班主任和生机勃勃的孩子们朝夕相处，应该是幸福的、快乐的。班主任关注的是一个个鲜活的生命，一个个美好的心灵。培养学生拥有求真、向善、趋美的心灵，引导学生健康、茁壮地成长，既是班主任的责任，又是班主任的幸福所在。

班主任是直接面对学生的组织者、领导者和教育者，是各种教育力量的组织者和协调者，是学生、家长与学校沟通的桥梁。班主任要扮演多重角色——良师、益友、伯乐、保健员、指导员、文艺家、演讲家……班主任工作的内容繁多：了解、研究学生，帮助学生搞好学习，组织、建设班集体，协调各方面的教育力量，评定学生的操行，拟订工作计划，撰写工作总结，对学生的德、智、体、美、劳等全面负责，等等。由此看来，班主任工作确实艰辛，任重道远，这就需要班主任全身心地投入工作。人的心灵是一个极其宽广、复杂、多变的世界，班主任面对几十个性格迥异、不断变化发展的孩子，怎样走进他们的心灵世界，找到属于他们的那片沃土，播下适宜他们成长的种子，是至关重要的。

我的学生和家长说我，周老师总是那样笑嘻嘻的，总是那样乐观，跟他在一起，心情都是舒畅的。

我班的孙同学，是养父母抱养的。上小学时，她总是心事重重的——因为她知道自己的身世。上初中后，我把她引入班级这个温暖的大家庭中，让她感受到人间的真情，同时经常把她的养父母请到学校来，参加学校的活动，在活动中孙同学体会到了养父母的爱，不是亲生，胜似亲生。再加之我是乐观向上的人，我的班级也是个欢乐谷，孙同学很快也快乐起来了。

班主任的胸襟

班主任被称为天下"最大的主任"，此话虽然有调侃的味道，但不可否认它是有道理的。因为班主任是学生成长的引路人，影响力非常大。

班主任不仅要德才兼备，还要经得起各种考验。因为班主任工作做得再好，也可能会受到来自领导、同事的不公正评价。在各种舆论中，对班主任心灵伤害最大的，可能莫过于自己学生的"背叛"——公开与自己"唱对台戏"，或借学校进行教学调查的时候向校领导"告状"……想想自己每天早出晚归忙工作，辛辛苦苦为学生，换来的竟然是学生的不满意！叫人怎能想得通、睡得着呢？

其实，只要我们意识到学生毕竟还是孩子，而自己是长他们十几岁乃至几十岁的成年人，便什么都想得通了。他们是学生，还不成熟，说话直率，思想偏激，认识片面……他们对老师提意见有时不太实事求是，但他们没有什么恶意。学生觉得不满意，就要说出来——这就是学生的率真之处，也是他们的可爱之处。学生的意见有时与实际情况有些出入，这往往并非他们有意乱说，而是他们儿童式的思维导致他们判断失误。比如，课堂上学生答不出问题，老师叫他站着想一下，他可能会认为老师在"体罚"他；在一次轻松活泼的教学中，老师亲昵地称学生为"小傻瓜"，虽然大多数学生都不会觉得难堪而只会感到亲切，但可能有个别学生会认定"老师是在侮辱我"……凡此种种，我们能与学生斤斤计较吗？当然，也可能会有因常挨班主任的批评而借"反映教学情况"来"报复"班主任的个别学生，但作为思想境界远在学生之上的教育者不应该与学生计较这些。

对待学生的意见要豁达，这不仅关系到班主任的人格修养，还体现出民主的教育思想。不论学生的意见是否有助于自己的工作，班主任都要主动地把自己置身于学生的监督、制约之下，这是每一位有事业心的教育者理应具备的现代意识，更何况我们培养出来的学生应该是具有独立人格、平等观念、民主素质的人。如果我们的学生连向老师说"不"的勇气都没有，这不仅仅是教育的悲哀，更是未来中国的悲哀！

当然，使班主任感到"心累"的因素还有很多，如教育过程中的种种难题、升学率的压力以及来自社会对班主任过高的期望值，等等。我认为，班主任需要尽可能地解除心理重负，正确对待领导的评价、同事的议论、家长的批评和学生的意见。我们常说要注重学生良好心理品质的培养，这是完全正确的。班主任心理素质的自我优化，也应该引起所有教育者的高度重视。乐观向上、情绪饱满、胸怀坦荡、豁达宽容，这些正是优良心理品质的体现。唯有在精神上真正站起来的班主任，才能获得彻底的自我解放。法国作家雨果曾用诗一般的语言说："世界上最宽阔的是海洋，比海洋更宽阔的是天空，比天空更宽阔的是人的心灵！"愿我们每一位班主任朋友都拥有如此宽阔无垠的胸襟与自由舒展的心灵！

班主任的秘籍："方"与"圆"的协调

黄炎培在教育子女做人做事的座右铭中这样写道："事繁勿慌，事闲勿荒；有言必信，无欲则刚。和若春风，肃若秋霜；取象于钱，外圆内方。"其中最后一句"取象于钱，外圆内方"，是指中国旧时的铜钱，边缘是圆的，中间有方孔。也就是说，如果是必须坚持的原则和立场，就应该像铜钱中的方孔那样方正，而对人的态度，则应和若春风，也就是要"圆"。这里的"圆"并不是指圆滑，而是指圆通、圆润。

"外圆内方"是古人教诲我们为人处世的道理。有的教师，对学生动辄教训、呵斥，学生虽然表面顺从，但是内心充满怨恨。客观地说，教师的批评大多数时候是正确的，他们信奉"严师出高徒"的道理，但过于方正，不照顾学生的自尊心，不考虑学生的心理感受，这就是不懂"外圆"的道理。也有的教师过于软弱，对学生的错误言行只当作没有看见，甚至对一些事关原则的问题也是"高高挂起"，这就是缺乏"内方"的表现。

"方"与"圆"是一种平衡，"方"是刚，"圆"是柔。对于一名教师来说，刚与柔是必须同时具备的。

人不可无刚，无刚则不能自立，不能自立则不能自强，不能自强也就不能成功；人也不可无柔，无柔则不亲和，不亲和就会陷入孤立，自我封闭。然而，刚柔也要有分寸，刚太过了，会产生暴虐，便会折断；柔太过了，会显得卑弱。

在我的成长过程中，有一位老校长对我的影响很大。他曾经对我说，要做一个好的班主任，必须做到八个字：菩萨心肠，霹雳手段。而他自己也的确是这么做的。他在学校主持工作期间，对所有的老师都很关心，对像我这样的年轻教师尤其爱护。然而，他也让人很畏惧，对于那些不认真工作，或者能力无法达到岗位要求的教职工，他处罚起来也会毫不手软。由于他处事公正，行事果断，在学校里威信很高，学校在他的领导下发展很快。

外柔内刚是一种很好的平衡，但在我们身边，外刚内柔的人也不鲜见。

我们时常会发现这样的教师，对学生动辄言辞呵斥，发起火来如同狂风骤雨一般，然而他的内心却很柔软，对学生关怀入微。这样的教师，我们称之为"刀子嘴豆腐心"。时间长了，学生就会了解他的为人，也会被他的真心真情所感动，尽管他有时很严厉，但是学生依旧很喜欢他。

一名成功的班主任必须做好"方"与"圆"之间的平衡。要做到这一点，首先得认真细致地分析自己的性格，属于刚硬还是软弱。如果本性比较软弱，那就必须在外表上让自己变得强硬一些；如果本性比较刚硬，那就必须让自己的外表更有亲和力，否则内刚外也刚，那就不只是学生遭殃，自己也要吃苦头了。

而我就是一个外柔内刚的班主任——亲和力强，但坚持原则。

从国学经典中悟道

有人说，当老师的要适当"懒"一些。我认同这一说法。作为老师和班主任，要放手让学生做，鼓励学生做，而自己可以退居二线，学生能做的，决不包办代替，只在关键问题上点拨一下。

我的班级组织，由学生自主成立；我的班级规章，由学生自主制定；我的班级卫生，由学生自己负责；我的班级一切活动都由学生自主安排——这样，很好地锻炼了学生的能力，激发了他们的主人翁意识。

在班级管理中，老子的管理思想值得学习。《道德经》有云："太上，下知有之。其次，亲而誉之。其次，畏之。其次，侮之。"意思是说：最好的统治者，人民群众只知道他的存在；次之，人民群众亲近他，赞美他；再次之，人民群众畏惧他；最次，人民群众轻侮他。老子在这里讲述了统治者优劣的四种境界。老子推崇第一个境界，用他在同一章里的话来说，就是"犹兮，其贵言。功成事遂，百姓皆谓我自然"。这就是说，统治者不轻易发号施令，事情办成功了，老百姓都说："我们原来就是这样做的。"

班主任应该用这个标准来对照一下，看看自己属于哪一个境界。有一些班主任，不能让学生服气，学生不但不尊重他反而轻侮他，这是最低层次的。还有一些班主任，很凶，确实让学生畏惧，但也就是畏惧而已，属于倒数第二个层次。能够做到让学生亲近与赞美的班主任已经很了不起了，学生尊重这样的班主任，而我们身边也能找到这样的例子，这属于第二层次。还有一个最高的境界，那就是让学生真正地自主、自治，教师无为而治，却发挥了很大作用，这是一种班级管理的有为与无为、入世与出世的完美平衡。

实践与反思

如果有人问我取得专业成功的因素是什么，我可以总结为：其一，阅读了400多部名著；其二，5项省市级课题研究；其三，近400篇论文写作；其四，坚持写了20年的课后教学反思；其五，持之以恒的专业期刊阅读……

这里所说的实践包括教育教学的所有客观行为，特别是指带有明显目标和任务的专业学习、课题研究等。我们在分析优秀班主任的成长过程时，会发现他们有一个共同的特点，即他们都特别注重读书学习、进行教育反思或执着地参与课题研究。他们和一般班主任的明显区别在于工作过程有鲜明的研究性和方向性，他们总是带着明确的目标投入教育教学实践中。

　　许多优秀的班主任都善于根据文化、自然等资源优势和本班学生的特点，开展创新性的班级活动，走科研校本化之路。这里的实践，不是随意的、短时的、无序的活动，而是有目标导向性、计划性的高质量的班级教育教学活动，这对班主任的成长有着极大的促进作用。这样的实践可以丰富和深化教育管理内容，开阔班主任的视野；可以锻炼和提高班主任的理论综合应用能力，增强班级管理和创新的科学性；还可以促使班主任主动地吸收他人先进的研究成果，优化教育教学和班级管理的方法与措施。曾有专家指出，"让教师成为研究者"。今天，我们还是要倡导：让班主任成为优秀的研究者，让班主任在研究实践中不断成长。

　　通过对优秀班主任职业成长的个案调研，我发现其成长的途径有以下几种。

　　（1）在书香中成长。阅读是积累、根基、底气，博览群书方成大家。张万祥先生说：每个班主任心中要装有100个故事，100句格言，逢境育人，逢情开导。因此，没有广泛阅读，脑袋空空，语言艰涩，工作起来必将不能左右逢源，得心应手。

　　（2）在案例中成长。撰写教育案例是班主任走向成熟与睿智的捷径。在写作中重现情景，在写作中苦思良策，在写作中提升自我。朱永新教授讲过：每天坚持写教育随笔，不出三年，必有大成。

　　（3）在反思中成长。一个案例是一个点，在点上反思；积点成线，在线上反思；连线成面，在面上反思。班级建设的过程是动态的，班主任应适时作出相应的调整，而这一切都建立在反思的基础上。

从好习惯中受益

多年的班主任工作经历让我养成了以下受益匪浅的好习惯。

第一，把学生的特色留下来。

我的学生中每届都有一些特长生：他们或擅长学习，有独特的学习方法；或擅长文艺，在文艺方面有独特的天分；或擅长科技小制作，心灵手巧……我总是把这些特长生的作品保存下来，以展示给下一届的学生观赏，引导他们向学长学习。他山之石，可以攻玉，学长的特长展示会给学生以震撼、感染和启迪，学长都是他们的哥哥、姐姐，有亲切感，说服力强。这样，新一届的学生就会在一定的高度上得到进一步提高，班级前进的步伐就会加快，这是省时省力的好方法，何乐而不为？

班主任要做有心人，保存的特长生的作品，将成为班主任教育一届届学生提高素质、全面发展的最好教材。

第二，每周写两千字的班主任工作随笔。

同事们总是说我的班主任工作做得实，家长总是想把孩子放在我的班里，我的成功经验之一就是坚持写班主任工作随笔。许多在班主任工作上有所建树的教育专家，其成功的诀窍之一也是坚持笔耕不辍。写作是班主任专业成长的必经之路。有人深刻地指出：当今教师的生存状况是艰难的，但不管多么艰难，都要认识到，避免色泽黯淡的人生，最可行的办法就是关注自己的内心世界，谋求自我灵魂的充实和成长，因此，要读书、反思和写作。

初始阶段，我们先不写会让许多青年班主任畏惧的论文，可以先记述自己的教育故事，记述班级成长的故事，记述自己学生的发展变化……因为这些都是自己亲历的、熟悉的事情，写起来就会得心应手。初始阶段最好制定一个目标，例如，每周写不少于两千字的教育随笔。坚持一段时间以后，你或许就会感到写作其实也不是"难于上青天"的，每周两千字的目标早就被打破了。

第三，每天到教师阅览室浏览报刊。

我不仅自己藏书上万册，还是学校阅览室的常客、熟客。

有报刊披露了这样一个让人痛心疾首的现象：许多学校设立的教师阅览室门可罗雀，有不少教师，一个学期也不会到教师阅览室一趟。

不少学校订购了几十种，甚至上百种教育报刊，这是提高教师素质的举措之一。教师应该成为阅览室的常客，只有不断学习、不断思考，才能不断提高。如果教师不到阅览室去，这是资源的巨大浪费，同时教师也失去了进修学习的好机会。

第四，一个月读一本书。

读书是我的生活习惯之一。我用阿根廷诗人博尔赫斯的名言"如果有天堂，天堂应该是图书馆的样子"作为我办公室的座右铭，用德国谚语"如果没有书，我也不想活了！"作为我书房的座右铭。

苏霍姆林斯基特别强调教师要善于学习，他说："为了在学生眼前点燃一个知识的火把，教师本身就要吸取一个光的海洋，一刻也不能脱离那永远发光的知识和人类智慧的太阳。"书籍就是"人类智慧的太阳"。读书是青年班主任快速成长的捷径，要想走上这条捷径，必须解决一个误区——没有时间读书。许多青年班主任知道读书的重要性，但是一次次地以没有时间为借口而心安理得地与书籍失之交臂。其实，这是惰性在作怪。

第五，每周记下一个德育故事。

我们要让青少年学会体验高尚与尊严，善良与真诚，仁慈与怜悯；学会体认奉献、感恩、宽容、自尊、自信等美好品质；学会感受人间的真情、亲情、友情等美好的感情。班主任要达到这样的目的，可以借助德育故事。苏霍姆林斯基反复教导教育者要善于运用德育故事，他明确指出："在关于人的美的观念中，占首要地位的是人的精神美——思想崇高、忠于信念、不屈的意志、同情心、对恶的毫不妥协的精神。我们通过鲜明生动、富有思想性的故事的形式，讲述精神美的人物，让人类在过去和我们今天所创造的一切道德财富进入学生的意识和心灵。这些故事使学生思想激动，迫使他们思考自己的行为。"他善于利用故事，故事是他从事教育工作的得力助手。

建议青年班主任每周记下一个德育故事，日后就可以实现这样的目标——做讲故事的高手，让故事做班主任的"助手"。

走出教育的误区

首先，我不认同"做教师就是做蜡烛，燃烧自己，照亮别人"的观点，我赞同弗洛姆所说的，教师应努力让自己和学生一同成长。

当我们抱怨班主任工作是多么琐碎、复杂、劳累、清贫的时候，弗洛姆的话简直如电光火石，在瞬间照亮了我们迷茫的心灵。就中国传统的思维方式而言，不惧艰辛、乐于奉献是美德，奉献自己、成就他人也是人生很高的道德目标。就是在这样的惯性思维的影响下，再加上班主任工作本身的复杂性，有些班主任极易沦落为一位自怨自艾者，在牢骚中渐渐磨蚀了自己对工作的激情，在"奉献"的自我安慰中迷失自我，迷失师爱原则。其实，职业倦怠是现代人的一个通病，聪明的人肯定是善于及时调整心态，重振职业激情。弗洛姆的这句话不仅对教师，对任何职业都有警示作用。

弗洛姆认为，最常见的误解就是把"给予"某种东西理解为"放弃"某种东西，理解为被剥夺或者是做出某种牺牲。有人将"给予"看作自我牺牲的美德，认为"给予"好于"得到"。然而，对生产型人格来说，"给予"是其能力的最高表现。通过"给予"，他们体会到自己的能力和财富，他们充满了快乐，他们之所以高兴是因为他们感受到自己是充沛、富有、有生命活力的。对于他们来说，"给予"比"得到"更令人欢欣，因为在"给予"中体现了自我的生命力。因此，我的努力目标是：成就学生，成功自己！

其次，班主任必须建立自己的威性，但又不仅仅是威性。

班主任在班级中的特殊地位以及面对学生群体的特殊性，要求班主任必须建立自己的权威，而且班主任使用自己的权力比其他很多职业相对要容易些。于是，树立权威、使用权力成了一些班主任管理班级工作的捷径。颐指气使、唯我独尊、班主任"一言堂"等现象时有发生，甚至有些班主任还引以为荣，觉得自己一言九鼎，魄力非凡。殊不知，在这绝对权威的背后是班主任的自恋因素在作祟，它导致的必然后果是学生主体意识丧失，民主意识缺失。

教育的对立面是控制。控制就是对学生的潜力缺乏信任，并且相信只有当成年人将美好的东西灌输给学生并遏制不好的东西时，学生才能健康成长。前文我引用《道德经》中的论述时也谈到让他人畏惧的统治者，充其量不过是第三层次。我争做的是第一层次。我曾多次外出培训，我的学生自主管理，自觉学习，不仅班级纪律好，学习成绩也好。

再次，班主任要做一个幸福的人。

在我们习惯于把自己当作蜡烛尽情燃烧，并沾沾自喜地吟诵着"春蚕到死丝方尽，蜡炬成灰泪始干"的时候，我们自以为自己的崇高奉献会给学生打下很好的精神底色。殊不知，时代在改变，社会在发展，"长大后，我就成了你"，实际上已经成为班主任的一厢情愿。让他人感动，也只是第二层次。人们渐渐认识到，仅仅依靠教师的负责和奉献已经不足以改变学生，更不足以塑造学生的心灵。教师应该怎样定位，才能够给予学生更多的精神营养呢？弗洛姆的论述很精彩，他说只有当母亲自己成为一个幸福的人的时候，她才能够给予孩子以"蜂蜜"。

那么教师呢？班主任呢？

在你准备去管理学生之前，首先请给你自己注入生命的动力。因为很难想象，一个疲惫不堪、牢骚满腹甚至有厌世情绪的班主任，会领导出一个富有生命活力的集体。俗话说，榜样的力量是无穷的，但是班主任绝不能仅仅是一个辛辛苦苦工作的榜样。要想让学生热爱学习，你首先应该成为一个孜孜不倦的求学者；要想学生成为一个坚忍不拔的人，面对困难时你首先应该波澜不惊、百折不挠；要想让学生成为乐观向上的人，你自己首先应该朝气蓬勃，到老也要拥有年轻的心态。

只有如此，教育才可能真正开始，你的班主任工作才会进入一种幸福的境界，你和学生才会成为真正幸福的人。

最后，要平等对待每一位学生。

在新课程改革深入发展的今天，"发展学生个性"似乎已经成为一句时髦的口号。在学校的实际操作中，一些教师还是兢兢业业地要把学生培养成"优等生"。何谓"优等生"？成绩名列前茅的就是"优等生"，德、智、体、美、劳全面发展的就是"优等生"，听老师的话的就是"优等生"，循规蹈矩不违纪的就是"优等生"……虽然我们口口声声说要挖掘学生潜力，发展学生个性，但是当出现与传统优秀定义相悖的有个性的学生时，我们又是否有勇气、有能力去接受和培养他呢？做教师或班主任的我们，已经习惯于遵循高考和中考的轨道前行，又有多少人能够把真心的欣赏和赞美送给在这个轨道之外的"优等生"呢？所以，我总是平等对待每一位学生，发挥学生各自的专长，引导我的学生扬长避短，走向成功！

认真对待学生的问候

有时，班主任会遇到学生对授课教师不满的情形。

周一最后一节课是班会课。课上，我向学生强调了校园文明行为的养成问题，特别提到部分同学在看到老师时熟视无睹、缺乏礼貌的现象，希望大家能自觉树立"以文明有礼为荣，以目无师长为耻"的观念并落实到实际行动中去。课下一位学生对我说："老师，我向有的老师问好，他都不理不睬，这样还要'问好'吗？"

学生的问题，触发了我心中的"忧思"，学生谈到的这一现象确实存在。我们常常听到有的教师抱怨现在有些学生缺乏教养、没有礼貌，以前我也这样认为。但后来经过一段时间的观察，我有所觉悟，是不是教师的某些行为促发了学生的"无礼"呢？

教育界倡导民主、平等、和谐的新型师生关系，这种关系需要一种良性互动，我们在强调学生对教师主动问候的同时，却似乎忘了教师该做什么。如果学生一次向您问好，您不理不睬，两次、三次，长此以往，他还会主动问好吗？也许您忙于工作，也许您正在思考，也许您要务在身，也许……但这众多的"也许"，都不应该成为您疏于回应的理由。

我们在强调学生文明行为养成的同时，是否应该推想到他们的老师面对学生的问候是如何回应的？是否也像有些老师一样有时不冷不热？老师是否理应等着学生问好？

据说苏霍姆林斯基在帕夫雷什中学时天天早上主动向师生问好，然而我们的校长、教师能经常、主动向学生问好的又有多少？另据报载，近年沈阳某中学将"向学生回敬鞠躬问好"写进了修订的《教师守则》。师生见面时互表尊重，同时鞠躬问好，使整个校园气氛更为和谐，传递着师生平等的现代理念。

诚然，很多教师面对学生的问好能够作出回应，不过回应方式似乎还是有些单调呆板。比如，学生问好时不少教师总是轻描淡写地一点头或者

"嗯"一声，转而自顾走开。时间长了，恐怕有些学生也懒得向老师问好了。如果我们面带微笑地对学生说上几句话，效果岂不更好？譬如，午餐后学生向您问好时，您可以对他说"吃饱了吗""不要马上做运动""注意休息"之类的话，这样更显亲切。总之，教师最好能根据情景作出恰当的回应，让学生感觉到您对他的热情、礼貌和关注。

作了以上这些理性的思考，我对学生的回应成竹在胸了。

面对学生的质疑，我作出的回答是："大家要理解老师工作辛苦，这种现象只是偶然的，老师不是故意不作回应。有一点咱们必须明白：你向不向老师问好是一回事，而老师回应与否是另外一回事。老师有时忘了回应，咱们就不问好了吗？记住：好学生、好习惯是一如既往的！"

同时，我又通过学校例会，积极倡导教师认真地对待学生的问候，要以身作则，重视身教，不放过进行德育的有利契机。通过一段时间的努力，我们学校逐步形成了师生互敬互爱、相互尊重的良好局面。

第五章　重视教育科研

参加工作不久，左远杰校长就引导启发我：当教师要做一个研究者，优秀的教师没有一个不参与教学研究的。教而不研则浅，研而不教则空。所以，那时我就暗下决心：一定要做一个有思想的老师！我最初的教学研究是从备课、归纳教学的相关规律，甚至是研读《新华字典》做起的。每节课的教学设计后面都留有空白页，便于上课后写上教学反思，总结成功的经验以便继续发扬，吸取失败的教训以便引以为戒。因为我深知自己学识浅，要想成为名师，必须下苦功夫，持之以恒，还要拥有教育情怀。叶澜教授说："一个教师写十年的教案不一定是一位成功的教师，而一个教师坚持写三年的教学反思，则一定是一位优秀的教师。"所以做教育教学研究是一线教师走向优秀的不二法门。

因为不断有想法，又不断有做法，我把自己的想法和做法写成了论文，还承担了多项省市级课题。2013年，经六安市教育局批准成立了"六安市周宏名师工作室"；2016年，该工作室被安徽省教育厅确定为省名师工作室。我们有了一系列研究的平台。

曾经的"遗憾"变成进取的动力

出身于农村家庭的我，是20世纪的"中师生"。虽然当时我的成绩是全学区第一，可以选上省示范高中（那时叫"重点高中"），但对于我来说，能跳出农村，上师范学校，以后捧上"铁饭碗"，无疑具有更大的吸引力。当时我们这批学生，由于爱学习，功底好，综合素质是没得说的。如果上重点高中，以后大多能成为重点大学的高才生。那样，我们的人生道路又将是另一种景象。遗憾的是我们没上重点高中，所以我们这些20世纪八九十年代的"中师生"，人生的道路或许有一种悲情和苦情色彩。有一段时间，网络上有人说：这些"中师生"走上农村中小学教师岗位，是个人的不幸，却是我们民族的大幸！因为这批人，到现在还是农村教育的中坚力量，撑起了农村教育的大业。

虽然我如愿以偿地上了当时六安地区最好的中等师范学校——六安师范学校，但由于没有受到系统的大学教育，理论功底不足，走上初中语文教学岗位后就感到"书到用时方恨少"的紧迫和压力。但我不怨天尤人，而是把功夫用足。我的基本做法如下。

第一，吃透教材，深钻课本。我利用寒暑假，学习课程标准，系统学习，深入理解教材的体系。把每一篇课文放到单元中教学，放到整册课本中教学，放到整个初中语文体系中教学，甚至放到小学语文、高中语文的教学体系中去。着眼大语文教育观，充分利用各种课程资源。这样，我的语文教学就有了大的格局，避免了教学中"只见树木、不见森林"的局限性。

第二，加强阅读，充实自己。阅读是我工作和生活的习惯，多年来，我坚持每天的阅读量不少于两万字，就像我坚持跑步几十年一样，从没有间断过。我阅读的名著有400多部，包括多部教育经典名著。我还坚持每年订阅《中学语文教学参考》《中学语文教学》《语文教学通讯》等多种学科类专业杂志，及时了解并学习走在前沿的同行们的思想和做法。同时我坚信，语文教师应当是个专家中的杂家，因此，要了解历史学、教育学、心理学、医学、社会学等学科知识。

第三，重视工具书的价值。教师和学生，学习力的一个重要表现是熟练而科学地使用工具书。作为一名语文教师，为了真切地掌握字典和词典的内容，我把《新华字典》和《现代汉语词典》通读了两遍，用这样的狠劲，我把很难把握的前鼻音和后鼻音、鼻音"n"和边音"l"，硬是区分开了。由于我持续不断的影响，我的学生都是使用工具书的能手，都有随时使用工具书的习惯。

第四，让学生促进教师成长。我是一个上课走在学生中间的老师，学生的需要是我努力的方向和目标。因为深入学生，我懂得这样的道理，要使课堂教学有语文味，语文教师要具备三个方面的特点：一是语文教师要做一个有思想的人（不庸俗），二是语文教师应该是一个可爱的人（学生喜欢），三是语文教师应该是一个多面手（知识面广）。

第五，我成长的三条途径。

途径一：在上课中成长。大多数名师都是在课堂教学的实践中摸爬滚打出来的，我也是这样做的。我把每节课当成公开课来对待，一丝不苟，精益求精。正因为日复一日、年复一年的努力，量变引起质变，我的课堂得到学生的喜爱，得到同行的赞誉。

机遇总是青睐有准备的头脑。一旦赛课这样的机遇来临，那些有准备的人就会脱颖而出，让人刮目相看，捧得桂冠，赢得鲜花掌声也是顺理成章的事情。

途径二：在写作中成长。子曰："言之无文，行之不远。"写作是传播教育教学思想的有效途径。有一部分教师，课未必上得十分出彩，但他们勤于思考，善于写作，在教育媒体上不时能看到他们有深度的文章，久而久之，这些教师也成了知名度很高的名师。写作是记录自己的生活，写作是描绘自己的生命，写作是表达，是思考，是反省，是提炼，更是成长。多年来，我总是笔耕不辍，在写作中提升自己。

途径三：建构自己的课程。教师课程有广义和狭义之分。广义的教师课程，是指教师对国家课程、地方课程和校本课程的有效整合。狭义的教师课程，是指为了学生核心素养的发展，由教师独立开发的，具有个人独特文化色彩的特色课程。国家课程是专家组编写的教材，校本课程往往是学校团队编写的教材，而教师课程是教师个人编写的，所以它更带有教师独特的文化色彩。

教师构建课程为什么有利于教师的成长？因为在构建自己课程的过程中，能锻炼教师的自主创新能力，使之不迷信专家，教学更适合自己的学生，也就更实用、有效。再者，对文本深入解读后的感悟，既能鼓励引导学生的个性化解读，又能提升自身的专业素养，寓教于乐，还能提升教师的专业能力。所以，我和我的团队总是一直致力于构建属于自己的课程。

当然，不是所有教师都能上高层次的公开课。比赛课、公开课毕竟机会不多，能参加的人数有限。而我们大多数教师要学会把握时机，哪怕是学校内的公开课，也能不放弃锻炼的机会。

每个人的潜质不同，有的教师是表演型的，越到公开课越兴奋，越到公开课表现得越出彩；有的教师更喜欢默默耕耘，就在自己的一亩三分地里劳作，工作得非常好，把自己的班级教得很好。正如有的人有演员的潜质，有的人甘做幕后的英雄。也不是所有人都有写作的天赋，有的人擅长写作，文采飞扬；有的人擅长教学，课上得很好，写起文章来却有些困难。因此，不是要求所有教师都能从公开课中走出来，不是所有教师都能从写作中走出来，也不是所有教师都能构建自己的课程。通过这三条途径，我们尽力去做，通过这样的平台，锻炼自己。进步提高永远在路上，只要有付出，总有成功的时候。

用专业的标准提升自己

结合工作实践，我认为有成就感的老师，才能培养有成就感、自信满满的学生。多年来我的语文教学在以下几个方面有所突破。

第一，我营建这样一种教学风格：亲切自然，朴实无华，不矫饰，不卖弄，不刻意营造学生发言此起彼伏的热烈氛围，不刻意追求严谨到分秒不差的"教学设计"；教师或讲解，或提问，或答疑，娓娓而谈，细细道来，有时也不乏激情和幽默；学生时而沉思，时而各抒己见，时而若有所悟……在师生无拘无束的平等交流和对话中，智慧之水在潺潺流淌，滋润学生渴求真理的心田。

第二，师生的互动努力做到如此：就像听几位老朋友在随意交谈，亲切，友好。教师不再是凌驾于学生之上的权威，而是一个值得信赖的朋友，是交谈中平等的一员；教师的教学也不再是向学生"奉送"不容置疑的"真理"，不再是宣布唯一正确的答案，而是倾听、参与、鼓励、评价，以及适时的指点。我坚信：学生的主体意识不是生来就有的，学生的主体意识要靠教师去唤醒，而要做到这一点，首先就要营造一种平等、友好、宽松对话的教学氛围。这样学生学得愉快、轻松、自信、有效，教师也不断体验着既为人师、亦为生友的乐趣。我这样的教学方式，对师生双方来说，都是一种不可多得的学习体验和人生体验。

第三，语文课堂上教师的作用应当如此：就像一位高明的导游，带领一群旅游者，一步步深入景区，以自己丰富的知识一路指点，帮助每一位旅游者充分领略风光之美。教师其实就应该充当一个"导游"的角色，教师的任务只是引领、指点、启发和提供必要的背景知识，而不是"代替"，因为游览的主体不是"导游"。

第四，语文课堂的结构应当是这样的：教师依据学生的认知规律逐层搭建平台，尊重学生的情感体验，尊重学生的话语权，尊重学生的学习主体地位，从而促使学生的观点在不同层面撞击出新质。我认为，好课不在于圆圆满满，而在于平和真实，有静水深流之美。

第五，语文课堂的流程应当是这样的：教师带领学生从"仿佛若有光"的文字"小口"，"复前行，欲穷其林"，慢慢走进魅力语文之门，进入那个"豁然开朗，土地平旷，屋舍俨然"的语文桃花源。在这一理想的境界中，我用真挚饱满的情感来感染学生，用贴切典雅的语言来熏陶学生，在互动的对话中机敏灵活地点拨学生，以美唤美，以情动情，以心印心，以智启智；我尊重学生，欣赏学生，激活学生的情思，开启学生的心灵，使学生产生向学后动力；我引领学生在语文学习中感受语文学科自身所具有的诗情画意的语言美、启人深思的哲理美、承古融今的文化美……最终使学生获得审美体验，走进美不胜收的语文世界。

优秀的语文教师是磨砺出来的。在这种磨砺过程中，我深刻认识到，要想成为一名优秀的语文教师，必须努力具备以下七个条件，这也是我们努力的方向。

第一，优秀的语文教师应当有渊博的知识。要给学生一滴水，教师需要有自来水、长流水。教师拥有知识量的多少，决定着教师工作能力的强弱。

第二，优秀的语文教师应当具备健全的人格。人格的魅力往往让我们对学生的影响更有实效。

第三，优秀的语文教师应当怀有无私的奉献精神。所有有成就的教育名家，无一例外地选择了义务、责任和奉献。

第四，优秀的语文教师应当保持不断进取的精神。要成为优秀的语文教师，在思想、知识、授课能力方面就要与时俱进。

第五，优秀的语文教师应当有一颗年轻的童心。只有如此，学生才能亲近你，"亲其师，信其道"。

第六，优秀的语文教师应当要懂得风趣幽默。教学是一门艺术。教师的风趣幽默从哪来？那就需要教师用智慧来提升自己的授课艺术，用心灵去碰撞学生的心灵，用智慧去开启学生求知的智慧，这样才能点燃学生求知的火花。

第七，优秀的语文教师应当掌握教育教学原理。教师要具备较高的教育理论水平，以先进的理论武装自己，让自己有可持续发展的后劲。

古人云："行万里路，读万卷书。"这是我们读书人的追求。要想成为语文教师中的佼佼者，就要努力提升自己的理论素养，获得实践磨炼，感受名家的风采，在教中学，在学中教，教学相长，不断进步。总有一天，我们会取得连我们自己都感到骄傲的成就。这是我的理想，也是我这么多年来奋斗的目标。

鲜明特色与常教常新

教了几十年的书，我是常教常新。比如说，《背影》这一课，我就打破常规教法，在讲到第六段写父亲穿过月台、买橘子以后，即时问同学们："本段除了写父亲动作方面的词语以外，还有一个形容词，很有表现力，请你找出来。"当学生找出"蹒跚"这个词语以后，我接着问他们："蹒跚的意思是什么呢？"学生回答："形容腿脚不灵便，走路艰难的样子。"接着我又追问："请同学们联系上下文说说，父亲走路艰难的原因有哪几个方面呢？"如果作为阅读理解题，这道题目的答案应该有三个方面：一是身体肥胖，年龄大了；二是母亲去世，父亲失业，心情沉重，走路艰难；三是穿着大棉袍，行动不方便，走路艰难。这些学生通过阅读都能答上来。如此这般，就自然而然地引到背景和父亲外貌描写方面来了。我这样的教法，有巧妙的切入点，逻辑性强，学生很感兴趣。

再举一个例子，《湖心亭看雪》这一课，很多老师都上得很好，我也上过好多遍，而且我特级教师的考评课上的就是这一课。但后来我再上这一课时，就没有像其他老师一样（包括我自己过去的上法）只抓白描，而是把重点放在作者观察景物、描写景物的顺序上，然后调动学生从多角度去寻找线索。这样就有了新的教学切入点了，也就与时俱进了，学生也觉得新颖，有兴趣学。

因此，我觉得一篇课文找准角度、找准切入点很重要，要重点突出地上课，不能讲究面面俱到。一个小巧的切入点，确实能起到牵一发而动全身的作用。

我在教学《爱莲说》时，设计了这样一个问题："如果你是周敦颐，请你把自己和陶渊明比较，夸夸自己。"这让学生耳目一新。

欣赏《春江花月夜》这首诗时，我抓住诗中的很多个"月"字问学生分别都是什么时候的"月"？什么视角下的"月"？这种月下人的心情如何？……用一"月"字贯穿全诗，讲解细致入微，很有条理，学生也听得兴致勃勃。

我上《孔乙己》时以"手"字串联课堂，深入浅出。这就是"主问题"引领方式，这种教学方式需要教师有一定内功，靠的是平时一点一滴的积累。

要想选择巧妙的角度，迅速切入文章核心内容，又有足够的可深入的空间，教师就必须在深入理解文本的基础上，再有一个浅出的过程。

以下是我设计的阅读名著《西游记》的引导方法。

阅读名著的方法有许多，像《西游记》这样的长篇巨著，我相信许多同学以前没看过《西游记》原著的时候，肯定以为书上的内容和电视荧屏上的内容一样轻松易懂、活泼有趣。等我们七年级的同学真正走进原著、阅读原著，才恍然大悟——原来电视剧《西游记》只拍摄了原著中精彩内容的十分之一，还有许多精彩的内容和难懂的情节都没有涉及。

那么，如何化繁为易，如何引人入胜，让枯燥的书本变成灵动的人物，让冗长的文章变成风趣的故事，就需要我们挑选合适的阅读方法和阅读技巧。

我们可以根据阅读兴趣和阅读目的的不同，分别采用精读或跳读的方法来读类似《西游记》这样的长篇小说。

精读是指细致的体验、彻底的把握和广泛的联想，认真地阅读每一段文字、每一个语句，体验每一种作者想要表达的思想感情。

跳读则是主动地舍弃、有意地忽略和大胆地放弃，以把握重点，加快阅读速度，提升阅读效率，追求更快的阅读效果。

这两种方法在同一本书的阅读过程中是可以交替使用的，而且是很有必要的。《西游记》全书有一百回，人物繁多、情节繁复，很适合精读和跳读交替使用。

精读就是细读。对于诸如"大闹天宫""三打白骨精""三借芭蕉扇"这样的经典情节，里面人物的语言、动作、心理描写刻画得极为成功，值得学生细细揣摩分析。因此，必须一字一句地去读、去想、去悟，这个过程一定要摒除杂念，静心阅读，切勿囫囵吞枣，一知半解。

精读就是精思。"学而不思则罔，思而不学则殆。"阅读名著最大的误区就是追求阅读速度、阅读效果，从而忽略了培养学生的求索精神。阅读后面的内容要回忆前面的内容，思索这个情节要联想到那个画面，想想：是什么力量支撑着师徒四人取得真经？唐僧的信仰真的坚定吗？他真的和电视剧里的形象一样吗？……诸如此类，学生有了强烈的质疑精神，名著阅读的开展也就真有实效了！

精读就是鉴赏。鉴赏是高层次的阅读标准，先钻进名著阅读再跳出名著鉴赏，就达到了一个比较完满的境界。每一处文段，所写内容都是作者的心血，学生能从"仙怪兽语"看到"人情物欲"，也就不枉吴承恩先生写的这部奇书了。

跳读就是舍弃。跳读可以跳过与阅读目的无关或自己不感兴趣的内容，也可以跳过自己读不懂或者某些不精彩的章节。《西游记》有许多描写人物外貌、程式化的打斗场面和一些描写环境气氛的诗词，这些与文章中心有点距离，且语言生僻难懂，可大胆舍弃不读。

其实，精读和跳读作为两种适用面不同的阅读方法，在阅读一些长篇小说时可以适当地结合运用，它们二者都有一个共同的目的，就是抓住一部作品的重要内容、精彩片段加以阅读赏析，忽略那些无关紧要的内容，从而收获满意的阅读效果。

通过这样的引导，学生花了一个星期的时间，就完成了《西游记》的阅读，而且有效率、有深度、有厚度、有思想、有发现。

读书、藏书、抄书

从小在偏远农村生活的我，对文化的渴求异常强烈。所以我在识字后，就爱看连环画，稍大些就看纯文字图书。那时农村的图书很稀少，能遇到一本书，真是难得。记得，有一次我从姐夫朋友那里找到半本《水浒传》，而且只借给我三天时间。三天里，我除了上课，就是啃这半本《水浒传》，最后全部看完并按时归还了。我在上下学的路上，还把我看到的水浒故事，讲给小伙伴听。之后，我读了袁枚的《黄生借书说》，深切理解了"书非借不能读也"的道理和个中辛酸。读了宋濂的《送东阳马生序》，更能体会读书人的执着。

因为对书的珍视，我又对藏书产生了兴趣。我认为，好书不厌百回读，好书应当珍藏，随时翻看。在六安师范学校读书时，我经常钻进学校图书馆，三年下来看了200多部名著。记得张扬的《第二次握手》我看了七遍，钱钟书的《围城》我一直读到远处传来鸡鸣声。如饥似渴的阅读，给我打下了坚实的文字和文学功底，弥补了少年时的部分缺憾。

在六安师范学校读书时，我用从每月仅有的15元生活费中节省下来的钱买下了中国四大名著、《史记》。虽然那时的《西游记》只要1.5元，《水浒传》只要2.8元，《三国演义》只要2.1元，《红楼梦》只要3.1元，但我至今都珍藏着这些名著。时至今日，我的个人藏书已经近万册，是我们当地家庭藏书最多的。

最让我刻骨铭心的是我的抄书经历。这件事说起来有点笨，有点蠢。一开始是因为参加20世纪80年代的自学考试。有一次，考"中国古代文学"，我因教学任务重，没有买到指定读本的教材，有同学帮我借了四卷本《中国古代文学作品选》，为了更好地完成学业，我硬是一边学习，一边将四卷本《中国古代文学作品选》手抄了下来。由于功夫用到了位，当年这门重要的又难学的课程，我考了82分。而那次全市参考人员的通过率是百分之八点二，我当然也就成了这仅有的少数通过者之一，而且是全市第二名。由于舍得下功夫，我自学考试的所有科目，在一年半内就完成了，被同事们戏称为"常胜将军"。

用功，给我带来了收获，也使我有了很强的成就感。之后，凡是遇到难学的知识，我就加倍地下苦功。我利用寒暑假，陆续手抄了难学难懂的意大利但丁的《神曲》、俄国普希金的《叶普盖尼奥涅金》、法国巴尔扎克的《高老头》，以及曹雪芹的《红楼梦》。通过这样的方式，我打下了扎实的文学功底，使我以后的语文教学工作有了源头活水。更重要的是，抄书让我养成了踏踏实实的学习和工作作风，做什么事都较真，不敢也不会懈怠和偷懒。

我下苦功的作风和习惯，也积极地影响了我的学生，我所教出来的学生都有做笔记的良好习惯。我的学生善于将学习的重点内容做好笔记，以便复习，而且他们还长于将学习内容分门别类，比如名著阅读笔记，古诗词赏析笔记，文言文重点笔记，语法修辞笔记……他们真正能把学过的知识系统化，掌握得非常牢固，甚至一辈子也忘不了。

帮助学生在旧知和新知之间架桥

教师要帮助学生在旧知和新知之间架一座桥，从而使学生学会"温故而知新"的学习方法。

学习"语言简明"，是语文七年级下册第六单元的作文课课题。

怎样让学生认知到"什么是简明"，进而做到作文"语言简明"呢？

我利用教材已有的材料，在复习旧知的同时，为学生架起一座桥，先让学生认知"简明"之"简"。

我的做法是，先让学生朗读教材第四单元课文《叶圣陶先生二三事》

的第七段："在文风方面，叶圣陶先生还特别重视'简洁'。简洁应该是写话之内的一项要求，这里提出来单独说说，是因为叶圣陶先生常常提到，有针对性……"并从中提炼出几个关键句，让学生在比较中认识到什么是"简洁"。

桥的一端是旧知，这个旧知说的是"简洁"；在桥的另一端，是新知，说的是"简明"。

我用这个材料，将旧知"简洁"和新知"简明"联系起来，并引发学生思考："简洁"和"简明"的区别在哪里？

这样的材料和这样的提问，就将桥架了起来，学生上了桥，开始走向未知的行程。

其实，我们用来架桥的材料不止这些，还有故事。比如，王员外请客，由于"该来的怎么还不来""不该走的走了""我又没说你"三句话表意不明，有歧义，导致得罪了客人，只剩下孤家寡人。通过这样的材料，引导学生认知什么是"明"，在此基础上，再点拨什么是"简明"。

学生通过一座桥，从旧知"简洁"走向了新知"简明"，明确了什么是"简明"。

但是，知道是一回事，做到又是一回事。学生知道什么是"简明"，并不代表可以做到"语言简明"。要让学生语言表达做到简明，还必须用训练的方法和实践的方式，方能实现。

训练除了运用教材中提供的练习外，还可以利用已学旧知进行训练。比如，让学生用简明的语言概括《木兰诗》《老王》《伟大的悲剧》的主要内容，并在此基础上，提供三种"不简明"的概括，让学生展开讨论。这同样是在利用旧知，在学生已有能力和目标能力之间架起一座桥，通过这座桥，帮助学生培养一种新的能力。

利用旧知，在旧知和新知之间，在已有能力和目标能力之间，架一座桥，通过这座桥，实现新的教学目标，是一种好的高效的教学方式。一方面，我们巧妙地复习了旧知，强化了旧知；另一方面，在新旧知识之间建立起了联接，实现了知识的巧妙过渡和迁移。

恰当使用比较教学法

比较是一种很有效果的学习方法，试举例说明。

部编版语文八年级上册第二单元编排了四篇课文，《藤野先生》《回忆我的母亲》《列夫·托尔斯泰》和《美丽的颜色》。这四篇课文分属两种体裁：回忆性散文和传记。教材的编者在"单元提示"中写了这样一句话："学习本单元，要了解回忆性散文、传记的特点，比如内容真实、事件典型、注重细节描写等。"这句话意在告诉我们，学习本单元四篇课文，要知道回忆性散文和传记两种文体的共同特点。但是，既然是两种不同的文体，它们的功用和特点，必然是不同的。

那么，教师该怎样引导学生去把握两种文体的不同功用和特点呢？

用比较教学的方法，让学生主动去建构关于这两种文体的不同特点，应该是最佳的选择。

我教学时主要选择了《藤野先生》和《美丽的颜色》两篇课文，让学生在"求异"中比较两篇课文文体的不同点。

第一，课堂的第一个环节，是让学生"无边界"地比较。

课堂导入用的是"单元提示"中的那句话。我说："教材告诉了我们这两种文体的共同点，那么，它们的不同点在哪里呢？请同学们浏览两篇课文，说说你感知到的不同点。"

这种"无边界""无指向"的比较，是想让学生自主探究和发现，教师期待的是意外的收获，是教师预设中没有的比较点，也是对学生思维能力的一种了解和考察。

"两篇课文的人称不同，"某同学说，"《藤野先生》用的是第一人称，《美丽的颜色》用的是第三人称。"

能快速从两篇陌生的课文中读到"人称"的差异，这是一个了不起的发现。我在黑板上板书了"人称"一词。但是，"第一人称"和"第三人称"并非是回忆性散文和传记的本质差别，传记也可以用第一人称去写，比如自传。为了让学生认知到这一点，我让学生阅读了教材中《学写传记》中的一些常识。

"两篇课文表达的情感有一些不同，"另一位同学说，"《藤野先生》表达了丰富的情感，有很多主题。而《美丽的颜色》只是在写传主，只有一个主题，更客观一些。"

这也是一个了不起的发现，我说："也就是说，从表现主题上看，回忆性散文是复杂多样的，而传记集中于表现传主的精神品质。"说着，我板书了"主题"这个关键词。

接下来的较长时间里，学生的讨论陷入了僵局，没有新的发现和观点。

第二，课堂的第二个环节，便是"有方向"但"不限边界"的讨论。

我说："比如，我们还可以考虑这两种文体的功用，看看它们各自的功用在哪里？"

学生似乎不清楚"功用"是什么。根据现场的教学情境，我将这个"比较点"放了下来。我说："接下来，请同学们从'人物地位''是否与现实联系''内容选材广度''叙事的客观性'等几个角度来比较，但不仅限于这几个角度。"

沿着这个思路，学生开始了"有方向"的比较。

从"人物地位"看，藤野先生是普通人物，而居里夫人是名人、伟人。这一点，在比较之后，学生的认知没有困难。学生认识到，从一般意义上看，回忆性散文多写的是普通人物，而传记多写的是名人、伟人。

从"是否与现实联系"看，学生的认知比较困难。我引导学生关注《藤野先生》一文的最后一段："只有他的照相至今还挂在我北京寓居的东墙上，书桌对面。"以及《回忆我的母亲》的最后部分："母亲现在离我而去了，我将永不能再见她一面了。"这里有两个关键词"至今"和"现在"。这告诉我们，回忆性散文在写作上会联系当下，而传记只写传主的过去。

从"内容选材广度"看，学生的认知也不容易。我从《藤野先生》一文着手，让学生找出"直接描写藤野先生"的部分，从而认识到文章还有"不是直接描写藤野先生"的部分，写了"我"在东京的见闻，去往仙台途中的见闻，在仙台得到优待，经历匿名信事件和看电影事件等。而《美丽的颜色》选材紧紧围绕传主。因此，得出的结论是，回忆性散文内容选材"散"，"回忆对象与叙事者经历交织"，既写回忆对象的经历，也写叙事者的经历；而传记聚焦传主生平事迹。这一点，是学生从讨论中得出的结论。

从"叙事的客观性"看，学生的理解是模糊的。我引导学生圈点、朗读了《美丽的颜色》一文中"引用"的句子，引导学生认知"引用"的作用。通过比较，得出结论，回忆性散文"凭主观回忆"，主观性强；而传记常"引实证材料"，客观性更强。

完成这些讨论之后，我们再次回到"功用"的讨论上。怎样看待两种文体的功用呢？我引导学生关注《藤野先生》中的句子："但不知怎地，我总还时时记起他，在我所认为我师的之中，他是最使我感激，给我鼓励的一个"，"便使我忽又良心发现，而且增加勇气了，于是点上一支烟，再继续写些为'正人君子'之流所深恶痛疾的文字"。再引导学生关注《回忆我的母亲》中的句子："我应该感谢母亲"，"我用什么方法来报答母亲的深恩呢"，"我将继续尽忠于我们的民族和人民，尽忠于我们的民族和人民的希望"。得出的结论是，回忆性散文的功用在于表达对回忆对象的感激、感谢、感恩，表达学习、奋斗的心愿；而传记在于赞美、颂扬、传播传主的精神品质。

第三，教学要"得体"，得文体之道。

从教师层面看，教师要抓住文体特征设计教学，要在教学中引导学生感知文体的基本特征和功用。从学生层面看，学生通过学习，要能初步感知到一种文体的基本特点和用途，并习得阅读这种文体的基本方法，部分文体还要学会运用和写作。

为了使初中语文教学"得体"，教师教学"得体"，学生学习"得体"，教材在"双线组元"的编排体系中，从八年级上册开始，"语文要素"这个点开始由"一般要素"转向"文体要素"，也就是开始重视文体教学了。这个单元，阅读部分编排了回忆性散文和传记两种文体四篇课文，并在写作部分安排了"学写传记"内容，对阅读进行能力迁移，实现读写共生。

按照教材"单元提示"的要求，教学需要让学生在"求同"中认知到两种文体的共同点。但是，如果我们的教学仅仅"异中求同"，那么，学生对什么是传记，传记与回忆性散文究竟有什么不同，仍然未知。

从挖掘教学资源的角度看，这一单元的教学设计，"单篇教学"可以着眼于"典型事件""细节描写"和"人物精神"，引导学生感知两种不同文体的"真实性"和"文学性"。但也有必要引导学生在比较中认知两种文体的"差异性"，从真正意义上感知，甚至认知到两种文体的基本特征和功用的差别。

我们的比较可以是"无边界"的"生成"。即让学生比较指定篇目的差异，结论在学生的比较讨论中生成。教师的作用在于组织、点拨和总结。

我们的比较可以是"有方向"的"讨论"。即教师给出具体的比较的"边界"和比较的"点"，组织学生围绕"比较点"进行讨论，从而归纳两种文体的不同。

我们的比较也可以从具体的"文段"开始。即教师引导学生从"读文段"开始，从"比较文段"开始，从感性材料中认知两种文体的差异，进而上升到理性的认知。

我们的比较还可以是多种方法的综合，具体如何比较，看教学对象的层次和教学的具体情境。"无边界""无方向"的比较，易于训练学生的发散思维，可能会带给我们意想不到的收获。源自"文段"的比较，易于引导学生上路，是一种更加可行的教学方式，但限制了学生的思维广度。"有方向"的比较介于二者之间，方向是给学生的一个脚手架。

教学要"得体"，教师要在"得体"之中教，学生要在学中渐渐"得体"，"得体"便得"文之奥秘"。

而比较，是"得体"之妙法。

骑车考察学习

读书人提升自己品位水平的途径是：行万里路，读万卷书。这也是我很早就有的梦想。所以，当我有了一定的能力以后，我就把学习和考察结合了起来。

20世纪90年代，我在安徽师范大学文学院和成人教育学院函授学习中文系的"汉语言文学教育"专业课程，面授时正好赶上寒假，有较为充裕的时间，而我又在研究学习汉乐府的《孔雀东南飞》，这个故事就发生在庐江，是我去安徽师范大学的必经之地。为了更真切地感受故事，我决定骑自行车去芜湖学习，这样既能考察一路上的风土人情，又能实地感受刘兰芝与焦仲卿爱情故事发生地的原生态乡俗，有助于更深入地理解作品的内涵和思想性、艺术性。

记得那是正月初四，我骑上早就准备好的自行车，告别家人，踏上征程。从家乡毛坦厂出发，经过五显、范家店、龙河口、干汊河到达舒城县城。这一路，我考察了五显的过年风俗，考察了龙河口水库的建设历史。龙河口水库是六安地区五大水库之一，它与大名鼎鼎的佛子岭水库、磨子潭水库、响洪甸水库、梅山水库共同构成了皖西地区防洪蓄水的主体，是中华人民共和国水利建设史的见证。这样的切身感受，让我对建设者充满了敬意，也给我的教学积累了满满的课程资源和写作素材。

在舒城县城吃过午饭，我又骑上自行车，继续前进，经过军铺、汤池、三河到达庐江县城。我在县城住下，打听到《孔雀东南飞》的故事发生在庐江县城东南方向的专桥乡，当地还建有孔雀馆。

但是，又有人给我指点：《孔雀东南飞》的故事其实发生在怀宁县小吏港。我想，这个问题并不复杂，我只要弄清东汉末年的庐江郡在哪里就明白了。

经查阅资料，我得知，庐江郡是汉文帝十六年（前164）设置的，当时郡治在安徽省庐江县西。《三国志·吴书》载：汉末战争频仍，舒县（庐江），当兵争之冲，人户迁徙，"江西（江北古称江西）遂虚，合肥以南，惟有皖城"。汉献帝时，庐江郡治移置皖城（今潜山市）。由此得知，当时庐江郡所在地就是今天的潜山市，《孔雀东南飞》诞生地自然就在这里了。确切地说，这个故事诞生在今怀宁县的小吏港。《怀宁县志》载：小吏港，"以汉庐江郡小吏焦仲卿得名"。《安徽府志》载："其（刘兰芝）投水处即今小吏港。"西汉至两晋，此地皆属庐江郡。如今人们说，这出悲剧的男主角焦仲卿属潜山人，即潜山市城郊三四公里处的焦家坂人，女主角刘兰芝属怀宁人，即怀宁县小吏港刘家山人。怀宁女嫁潜山郎，两家隔着一条皖河，遥遥相望。

《孔雀东南飞》叙述焦家坂的年轻寡妇焦八又有一儿一女，儿子焦仲卿在庐江郡当个小吏，女儿焦月英很贤惠。焦仲卿娶河对岸的刘兰芝为妻，刘兰芝知书达理，擅长琴棋书画，焦、刘感情融洽，相处甚好。但焦八又却百般刁难媳妇，竟逼其子休掉刘兰芝。刘兰芝归家后，其兄又逼她再嫁，她只得投水而死，焦仲卿闻讯也自缢而亡，酿成一曲令人伤心落泪的封建婚姻之悲剧。焦八又吓得不敢露脸，焦月英按照当地风俗将这对夫妇合葬在一块山地上，当地人称为乌龟墩。人们为纪念此事，将故事发生地称为焦吏港或小吏港。

《孔雀东南飞》原名《焦仲卿妻》。原诗前有一篇小序："汉末建安中，庐江府小吏焦仲卿妻刘氏，为仲卿母所遣，自誓不嫁，其家逼之，乃投水而死。仲卿闻之，亦自缢于庭树。时人伤之，为诗云尔。"此序言，非常清楚地介绍了这个故事发生的时间、地点和人物身份。《孔雀东南飞》中主人公刘兰芝的家，就在小吏港附近的刘家山，这一带茂林修竹，环境幽静。焦仲卿的家就在小吏港西岸的焦家坂，现属潜山市梅城镇河湾村。两家隔河相望，由此往庐江郡府，路程不远，骑马乘船均可，这与诗中叙述太守之子乘坐豪华车、船，水陆并进迎亲的铺张景象十分吻合。

《孔雀东南飞》是中国文学史上第一部长篇叙事诗，也是乐府诗发展史上的高峰之作，后人盛称它与北朝的《木兰诗》为"乐府双璧"。作为古代史上第一部长篇叙事诗，《孔雀东南飞》故事繁简得当，人物刻画栩栩如生，不仅塑造了焦刘夫妇心心相印、坚贞不屈的形象，也把焦母的顽固和刘兄的蛮横刻画得入木三分。篇尾构思了刘兰芝和焦仲卿死后双双化为孔雀的神话，寄托了人们追求恋爱自由和幸福生活的强烈愿望。

这次骑行考察经历告诉我：要想获得真知，必须下苦功夫，必须实地考察，不能人云亦云。

在这次芜湖学习前后，我又到过无为、二坝、和县、含山、巢湖等地考察学习，均有收获。

此后，只要有机会，我就自己独行，创造考察学习的机会，让自己成为一名实干家、求真者。

教学要找准切入点

抓一个词，渐进深入探究文本，是我常用的阅读教学的切入点。比如，陶渊明的《饮酒（其五）》怎么教？我就抓住一个词"悠然"，引导学生逐步探究学习。

我的教学分为五步：一是读"悠然"。采用八种不同形式的读，也就是反复朗读诗歌，引导学生读出"悠然"的感觉。二是写"悠然"。让学生在诗中找出蕴含"悠然"之意的词语或诗句，用优美的语言描绘意境，品味诗人的"悠然之意"，然后交流。三是悟"悠然"。让学生讨论三个小问题，关键是"诗人为什么会有如此悠然的心境"。四是说"悠然"。即引导学生"说说陶渊明或者其他诗人暗含'悠然之意'的诗句"。五是背"悠然"。我给出的要求是"让我们怀揣这种悠然之意，大声背诵《饮酒（其五）》"。

这样的教学设计和实施，关注了课堂的整体性，注意了教学的启发性，重视了学生的主体地位。一是课堂有主题"悠然"，即课堂的立意所在，不至于让课堂显得零散、零碎。二是设计和实施中，给了学生较多的学习和训练时间，学生在"读""写""讨论"中获得自主发展，课堂"动静相宜"，有教师的主导，也有学生的主体。三是基于主问题的设计，有效推进了探究式学习，促进了学生思维的发展和语言运用能力的形成，比如写"悠然"、悟"悠然"都是语言训练、思维训练的实践活动。四是围绕课堂立意"悠然"，逐步推进教学，层次清晰，有条有理。

但是，即使是这样的设计也需要反思几个问题。我每教学一次，都要有新的变化和改进。比如第一次教学，我就做了这样的反思：一是课堂立意关键词"悠然"是教师给出的，这样的预设过于生硬，未能起到以"教法"引领"学法"的作用。科学的做法是，引导学生在初读诗的基础上，根据自己的理解和教师的导引，提出关键词，然后教师根据课堂生成关键词，并顺着这个"生成的关键词"逐层深入探究。这首诗可以抓的关键词很多，像"真意""悠然""心远""忘言"等，都可以作为理解这首诗的切入点。二是教学程序的设计缺乏严密的逻辑性。写"悠然"、悟"悠然"、说"悠然"三个层次的设计既杂糅，顺序又不够合理。"写""悟""说"三个行为动词，本身有相互包含的部分，用它们来支配同一个宾语"悠然"，需要斟酌它们的顺序。先"悟"，再"说"，最后"写"，应是最合理的布局。"写"，实际上是一种更理性的思考和升华，自然应该放在最后。三是一节课应设置多少个环节。这节课，围绕"悠然"设计了五个环节，加上导入、介绍常识、布置作业，实际上有八个环节。从课堂结构上看，这样的层次划分显得过多，需要做一些精简。四是在背"悠然"环节，教师提出的要求是"让我们怀揣这种悠然之意，大声背诵《饮酒（其五）》"，"悠然之意"与"大声背诵"是相矛盾的，悠然的情感，应该是不经意的，是随性的，淡然的，"大声"不是表现"悠然心境"的方式。在第二个班教学时，我就对以上问题做了改进，这节课的教学设计逐渐趋于完善。

读一首诗，读一篇文，抓一个词进行探究，阅读就有了主题，课堂就有了灵魂，探究就有了方向。但，这个词怎么来，探究的过程怎么布局，结构怎么设计，仍需要我们做进一步的深入思考。还是那句话：教学是一门遗憾的艺术，只有更好，没有最好。我们的教学追求一直在路上。

当然，通过找准恰当的切入点渐进深入探究文本，是我常用的阅读教学方法。比如，我在教学鲁迅的《故乡》时，就找准一个"变"字，来统领全篇的教学，抓住闰土的前后"变化"、杨二嫂的前后"变化"、故乡的前后"变化"、闰土对我的态度的前后"变化"来深入解读文本，主题非常突出。再比如，教学安徒生的《皇帝的新装》时，我抓住一系列人物的"骗"——骗子的"骗"，官员的"骗"，老大臣的"骗"，皇帝自己的"骗"，群众的"骗"，以此来展开这一课的阅读教学，学生学起来轻松，效率高、效果好。

从问题中发现课题

一线教师的研究课题，实际上就是教育教学中遇到的问题。我的第一个省级课题"农村学生日常行为养成与品德形成"就是在问题中产生的。

　　近年来，随着市场经济的深入发展，以及城镇化的推进，许多农村学生的父母外出打工，孩子由爷爷奶奶甚至委托亲戚看管，成了留守儿童，这就给农村教育带来许多问题。多元化的社会对学生产生了一些负面的影响，高校毕业生的就业压力，使一些学生生发了新的"读书无用论"的想法，教学方式的古板单一和落后，难以激发学生的学习兴趣和热情，成人世界的不当行为也侵蚀了学生纯洁的心灵……因此，在推进新课程改革和实施素质教育的时代，如何通过日常行为规范的养成教育，如何结合各学科的教学，培养学生的良好品德，解决新形势下农村学生的成才成人问题，是农村教育的关键问题，关系到农村教育的全局。

　　同时，时代的发展和视觉文化的兴盛、自媒体的庞大、快餐文化的冲击，也使过去的一系列传统教育教学方式的效果大打折扣。未成年学生中出现许多新的问题：对学习失去了兴趣，具有暴力倾向，动不动就离家出走，有很强的逆反心理，喜欢与社会上的问题青年交往，网络游戏成瘾，甚至偷窃、打架、结伙、自杀。这些不良倾向的出现，既影响了学生良好学习习惯的形成，又制约了学生的成长，进而影响到农村人口整体素质的提高和农村经济的可持续发展。总之，解决好农村留守儿童的教育问题，对农村的建设和发展具有积极的现实意义和深远的历史意义。

　　下面介绍"农村学生日常行为养成与品德形成"课题的具体研究经过。

　　研究内容和方法：

　　一是调查当前农村学生的家庭基本状况，如家长的外出情况，家长对子女的教育情况，家长对子女的期望值，家庭经济状况、文化状况、教育投入情况。二是调查了解农村学生在学校、家庭和社会的表现及兴趣点。三是研究农村学生在当下教育上、行为习惯上和品行上存在的问题并分析探究其产生的原因。四是联系司法机关和公安机关进行普法教育宣传，开展多种形式的法制讲座以及创建和谐校园、和谐社区和文明乡镇活动。五是提出解决问题的办法并付诸实践，立足本地本校的实际，结合学科教学，形成操作性强、能普及推广的做法并作理论上的提升和总结。六是在培养学生形成良好习惯和品行的研究过程中，结合师德教育、教师继续教育以及校本研训，强化"立德树人"的实效，提升教师的教育能力、教育品位和教育素养。

研究过程和步骤:

首先是制定方案、申报立项。我们在调查研究和总结以往工作经验教训的基础上,根据出现的新情况,提出问题、制订计划、拿出措施。该课题于2004年4月获安徽省教育科学规划领导组批准,同意立项研究,并给予经费支持。

其次是学习理论,转变观念。理论是行动的指南,科学的理论是我们进行教育科学研究的指路明灯。为了让我们的研究减少盲目性,我们结合教师继续教育和校本培训,组织课题组的同志和学校全体老师认真学习《新课程改革方案》《特级教师教育教学实例》《给教师的100条建议》《帕夫雷什中学》等一系列教育教学文件、文献,让老师都能认识到,教育无小事,事事都有育人的道理,使老师真正吃透新课标的精神,增强育人的自觉性和实效性。

最后是家庭走访、问卷调查、摸清情况。为了使研究工作有的放矢、有针对性,我们先后进行了多次调查活动。

(1)全体教职工的全面家访和班主任的随时家访。

我校每学年都要利用寒暑假家长都在家的时机,将全校教职工编成若干家访小组,逐村逐户地送教上门,与家长沟通探讨教育子女的科学有效的方法。学校还要求每位班主任每学期对本班学生的家访不得少于一次,遇特殊情况,要随时家访。每位班主任要全面掌握本班学生的家庭具体住址,家庭成员状况,家庭经济情况,学生家长的电话号码,并建有班级微信群、QQ群。通过这样的沟通了解,我们掌握了一组数据,用以指导我们的教育教学研究:①我校学生58%为独生子女;②我校学生的家庭成员一般为3~5人;③家庭经济情况不是影响孩子学习的主要因素;④学生家长(父母)初中以上学历的占86%;⑤父母对子女的期望值较高;⑥父母外出打工的占67%(其中父母双方均外出的占36%);⑦父母对子女的教育容易走极端——平时放任,遇到问题时态度粗暴;⑧学生在家的业余时间主要用于看电视、上网。

(2)学生兴趣爱好、理想追求调查。

我们对全校三至九年级学生进行了调查，得到以下一组数据：①学生的兴趣爱好排在前三位的依次为上网、看电视（36%），参加各项活动（23%），交朋友（20%）。这三项占总调查人数的79%。②学生的理想追求占据前三位的依次是明星（44%），老板（26%），军人（10%）。这三项占总调查人数的80%。③学生最崇拜的人排在前三位的依次是影视体育明星（33%），科学家（20%），军人、公安干警（18%）。这三项占总调查人数的71%。

（3）家庭藏书情况调查。

我们对全校三至九年级学生的家庭藏书情况进行了问卷调查，发放调查问卷1500份，回收有效调查问卷1498份。经统计分析，得出以下一组数据：①家庭藏书（不含教科书，下同）5本及以下的75家，占5%；②家庭藏书6~20本的778家，占51.9%；③家庭藏书21~40本的448家，占29.9%；④家庭藏书41~50本的139家，占9.3%；⑤家庭藏书51本以上的58家，占3.9%。总体来看，现今农村中小学生家庭有藏书的愿望和需要，但藏书的数量偏少，种类单一，以小说类和通俗类读物居多。

（4）学生课外阅读情况调查。

我们对全校三至九年级学生一学年的课外阅读情况进行了问卷调查，发放调查问卷1500份，回收调查问卷1439份。经统计分析得出以下一组数据：①课外阅读图书5本及以下的598人，占41.6%；②课外阅读图书6~10本的522人，占36.3%；③课外阅读图书11~15本的244人，占17%；④课外阅读图书16本及以上的75人，占5.2%。分析数据得知：学生课外有了一定的阅读量，但细析阅读的书目就会发现，大多数学生阅读的是通俗类读物，经典和科技类的读物偏少。还有就是部分学生偏好于碎片化阅读、电子类阅读、快餐化阅读。因此，教师要对学生的课外阅读进行正确的引导，提升学生的品位。

具体实施情况：

（1）师生共同参与，开展多项活动。在活动中使学生得到好的熏陶。

根据准备阶段的调查研究，我们掌握了第一手材料，认识到学生存在的一些问题和不足。家庭教育的偏差和缺位，学生课外生活的单调，学校教育方式的呆板、单一，社会缺少关爱等多种因素造成学生行为的偏差。据此，我们有计划、分步骤地开展好各种活动，在活动中培养学生的良好习惯。①开展歌咏比赛。我校每学期都要举办歌咏比赛，在放声高歌的竞赛中培养学生的良好心态和良好行为规范，以及上进心和集体主义精神。②开展书画比赛。我校每学期都要举办书画比赛，发动全校学生广泛参与，在活动中展示学生特长，激发学生兴趣，培养学生良好的审美情操。③成立"鹿鸣文学社"等多个学生社团，开展活动。其中"鹿鸣文学社"得到全校学生的广泛参与，吸纳了200多名社员，办有社刊《鹿鸣》《蓝月亮》，每月出一期，并把同学们的优秀作品向正式的报刊推荐发表，使大家的能力得到锻炼，水平得到提高。④成立"朝阳"广播室。采编、制作、播音等工作全由同学们自主安排，每天四次广播。栏目多种多样，内容丰富多彩，有《校园短讯》《文艺天地》《国内外大事》《歌声嘹亮》等，通过这些平台，培养了同学们的多方面才能，提高了审美品位，形成了团结协作、互相帮助、宽容他人的好品质。⑤组织春游和秋游。我们充分利用绿色山区、革命老区、教育名镇的有利条件，组织同学们走出校园，走进大自然，走近历史，观风景、探奥秘、访农家，在大自然、在文化、在历史的怀抱中陶冶情操，提升品位。

（2）让学生成为活动和研究的主角和主体。

我们在校本、生本课程的研究和开发过程中，总是把学生作为主体。刚开始，我校开设"美文欣赏课"，其中的作品绝大多数是由学生选编的，学生在阅读比较和交流中，不仅提高了阅读欣赏能力和文学素养，还养成了良好的学习和行为习惯，这项工作我们坚持了五年之久。接下来，我们又开发了"成语类编欣赏课"，历时一学期又一个暑假，同学们运用各种方式，共搜集了9000多条成语（包括部分熟语），在语文组老师的指导下按类别和意义分为19大类，228小类，学生掌握和使用起来能举一反三，非常方便。尤其是在搜集、分类的过程中，同学们的学习兴趣激发出来了，学习热情高涨起来了，能力得到了锻炼，素质得到了提升。

后来，我们又鼓励学生自由写作，大胆投稿，每学期都将学生发表的作品和优秀作文汇编成《璞玉集》系列，作为学校的生本教材，从而激发了学生的写作热情和创作欲望。

我校还组织学生陆续开发了"毛坦厂旅游资源""生活中的物理学""身边的数学""对联文化"等多种校本课程，让学生把课本知识与生活、社会、大自然联系在一起。

（3）努力形成教育过程中的群体互动。

当前的德育工作，要把学生习惯的养成当成重要的追求，重视良好道德情感的形成，同时，还要充分运用"群体成长共生"的教育模式。

我们把五到六个学生组成一个习惯养成和学习小组，每一两周活动一个至两个小时，分享彼此的成长快乐和苦恼，这是一个互动的同龄人小组，是青少年自己活动和成长的共同体。通过这种群体互动，使青少年学生在团体生活中学会和他人相处。

一次，课题组陈老师发现，他班上的孙同学脸色不好，上课打瞌睡，细问之后发现，原来是孙同学的父母远在广东打工，她带着弟弟租住在学校旁边的一间小屋里，学习和家务的双重负担过早地压在她幼小的肩上，从而造成她睡眠不足和营养不良。发现这一情况后，学校立即对留守儿童进行了全面调查，为每一位这样的孩子建立个人和家庭档案，详细记录他们的家庭构成、亲属、学习和生活情况，以及家长的联系方式。学校组织老师、志愿者与他们结对子，成立"留守儿童俱乐部"，利用双休日开展活动。设置"留守儿童工作办公室"，负责留守儿童的关爱工作。学校还专门为每位学生设计一本《家校联系手册》，手册中设计了"道德实践活动进家庭体验感悟表"，要求每位学生在实践活动结束后与家长共同填写。

我校有"家长学校"，给家长定期发《家长教程》《家庭教育故事》等学习读本，每周六定期开展讲座。我校还设立"家长接待日""家长开放日"，规定每周五为校长和各学科教师的接待开放日。这一天家长可以凭"家长身份卡"访问校长和老师，也可以进入孩子的课堂。学校的各项活动也让家长和学生参与进来。

通过这样的群体互动，形成了学校、家庭和社会共同关心孩子思想道德建设，时时、处处、事事关注孩子健康成长的主动局面。

（4）从小处点滴做起，由"小节"立"大德"。

我校以规范行为习惯的培养为主线，以提高学生核心素养为目标，坚持走"小、快、灵"的德育之路，从细微之处入手，培养学生的"大德"，可谓是"润物细无声"，这也正是德育取得实效的"捷径"。我们着力构建充满人文关怀和生活气息的健康自然的生态绿色德育环境，培育充满关爱和情趣的德育"场"，让孩子们健康成长的环境充满阳光。

多年来，我们一直坚持开展"细、小、实、新、活"的德育活动，实施"德润校园"工程。这个工程分为四个部分：一是"德润教师"，即以德润师，厚德育人，铸造高尚的师德，从而影响学生；二是"德润学生"，即紧紧抓住热点问题，抓住学生感兴趣的问题，及时对学生进行基本道德规范教育，如开展"一周一个愿望""诚信银行""画漫画，说道德""男子汉夏令营"等活动，让学生潜移默化地受到教育，养成良好的习惯；三是"德润家庭"，坚持把优化家庭教育环境作为学校义不容辞的责任，组织开展"爸妈进课堂""亲子读书交流会""学习型家庭经验交流会"等活动；四是"德润社区"，积极利用社区教育资源，组织学生开展社会实践活动，如开展"大山寨敬老院服务""梁家冲烈士陵园祭奠""东石笋景区讲解员""燕山寨怀古""利群工业园区体验""涂公祠刘邓大军三纵司令部敬礼""毛坦厂明清老街寻思""农贸市场做营业员"等系列活动，为同学们搭建新的体验空间，让同学们收获对生活、对社会的感悟和感激。

"德润校园"工程如春风般沐浴孩子们的心田。孩子们变了，在学校尊敬老师、热爱学习、积极劳动、遵守纪律，成了好学生；在家庭孝敬父母、尊老爱幼、生活俭朴、勤做家务，成了好孩子；在社会，文明礼貌、遵守秩序、保护环境、乘车让座、见义勇为，成了好少年。

（5）紧扣学科教学进行品德教育。

我们不仅要求班主任、德育老师落实学生的思想教育工作，还要求每一位科任老师吃透新课标，挖掘学科教学中的德育因子，有目的、有意识地引导学生，把未成年学生的品德教育寓于学科教学中，不露斧凿之痕，便于学生接受。我们还倡导全体老师写教育反思，总结提升，提高教育的实效性。

（6）全员行动，要求每一位教师坚持做教育个案研究。

我们每学期要求每位班主任做5个个案研究，其他教师做3个个案研究。课题组设计好方案和话题，印发给每位教师，教师从中选择自己感兴趣的话题进行研究，也可以从实际出发，从问题中来，自主设计。五年前的秋季学期，学校经过调研，给教师设计的话题如下：①他（她）为什么会出走？问题是怎样解决的？②他（她）为什么产生暴力倾向？你是怎样帮助其矫正的？③他（她）为什么产生厌学情绪？你是怎样引导的？④他（她）为什么有逆反心理？你怎样顺利与其沟通？⑤他（她）为什么喜欢与"问题少年"交往？你怎样疏导？⑥他（她）为什么网络成瘾？你如何帮其戒除？⑦他（她）为什么抽烟？你是怎样引导的？⑧他（她）为什么不以偷拿别人的东西为耻？你怎样引导？⑨他（她）为什么不愿向老师讲真话？你是怎样与之沟通的？教师针对自己在教育实践中遇到的问题，寻找解决方案，教师之间还互相启发，共同提高。这种带着问题的教育叙事，是很适合一线教师的研究方式，实效性很强。

（7）把学生的思想道德建设与师德建设紧密相连，做到互相补充、相得益彰。

我们每学期都要结合校本培训，做师德报告，请有经验的教师和品德高尚的同志来上辅导课，现身说法，努力提高教师的职业道德水平。

在每个月对教师的月度考核中，我们将师德作为重要指标，并且采用"一票否决制"，这样就创造了教师引导学生养成良好品行、学生督促教师严于律己的良好局面，师生互动，共同提高。

课题研究的成果、学术价值和社会效益。

先说课题研究的成果。历时五年的有针对性的实践研究，使我们对未成年人的思想道德建设有了以下的认识：学生良好品德的形成，需要"一个载体，五个结合，走一条绿色生态的德育之路"，即以活动为载体，与师德建设相结合、与家庭教育相结合、与学科教学相结合、与课程改革相结合、与社区四个文明建设相结合，努力营造绿色生态的德育环境，走"细、小、实、新、活"的德育之路。学生良好品行的形成是系统工程，要常规化，要加强计划性和针对性；良好品德的形成只有在实践的磨炼中才能得以实现；由"小节"立"大德"，润物无声；德育工作是全方位的，需要全体师生员工、家庭、社会的共同参与，要与学科教学紧密结合；学生品德的形成有赖于同伴互助和集体的行动，正如马卡连柯所说："最主要的教育手段是良好的教师集体和组织完善的统一的学生集体。"

再说学术价值和社会效益。研究本课题，促进了教师和学生共同成长，形成论文和报告48篇，有9篇在CN期刊发表。其中，《影响农村学生品行形成的原因及对策》和《浅析制约我国农村教师专业化的客观原因》两文从不同角度进行了理论和实践探索，产生了较大影响。五年来，全校3000多名学生无一例违纪行为，还涌现了以"见义勇为小英雄徐文应"为代表的一大批优秀少年。先后有98名学生获爱国主义读书活动和学科竞赛区级以上奖励，学校中考成绩连续九年获金安区第一。学校校风正、教风严、学风浓，先后被评为"安徽省家教名校""师德建设先进单位"，成为中国科学技术大学和合肥工业大学社会活动基地，合肥炮兵学院训练基地。学校的良好声誉产生了很好的辐射和示范作用，学生良好品德的形成，对创建和谐的毛坦厂镇，对农村的建设和发展产生了推动作用，使毛坦厂镇成为远近闻名的教育之镇、文明之镇、文化之镇。

从教育教学的现实问题中发现课题，成了我研究的习惯。看到农村薄弱学校建设的一些问题，我做了省级课题"农村薄弱学校改造和示范化学校建设"；发现农村教师教学研究的盲目性，我做了省级课题"九年义务阶段教师专业成长实践探索"和市级课题"农村教师教研共同体建设实践研究"。这些从实践中来到实践中去的研究思路，有力地提高了我的研究水平和研究质量。我深信：研究的知识论让我们的学术不再浅薄，方法论让研究不再冗旧，实践论可以让研究不至于空泛！

重视课外阅读，提升核心素养

《义务教育阶段语文课程标准》指出，扩大阅读面，增加阅读量，提倡少做题，多读书，读好书，读整本的书。因此，唤醒沉睡中的课外读物，培养中学生课外阅读能力，提升中学生的审美情趣显得尤为重要。但是，当前初中语文教学中，教师往往忽视课外阅读活动，课外阅读成了语文教学中的薄弱环节。

课外阅读是语文课程的重要内容之一，是学生进行语文实践的重要途径。课外阅读的教育优势在于能突出学生的主体地位，有效地发挥学生学习的自主性、能动性；能够促使学生在充满个性、创造性的阅读中进行深层的精神体验。提高学生的课外阅读量是提高学生文学素养的重要途径。因此，我认为最基础的首先是做好每册教材所推荐的两本必读书目和四本推荐书目的阅读，在此基础上再延伸到其他图书的课外阅读和群文阅读。那么，如何引导不爱读书的学生爱上课外阅读？又如何对学生的课外阅读进行有效指导和及时检测呢？

我的做法是：每周的语文课，一定要安排固定的某节课给学生阅读。只要愿意留出时间，学生的阅读兴趣很容易就会产生，师生共读，深度交流，可以激发学生的兴趣。

还可以让学生参与阅读书目的选择，让他们推荐读过的好书，这样就更加有利于调动学生阅读的积极性。

还要重视的是：如果教师自己没有认真读过的书，就没有底气推荐给学生读，只让学生读，教师自己没有与学生一起读，就无法进行有效的指导，学生读的效果也不好。教师一定要同时读，指导学生阅读，促进学生深度思考。我认为在将书推荐给学生读之前，最好自己已经读过，并且能够提前判断出这本书学生读后会有什么样的收获，否则，不能随便推荐给学生。

其实，不少名著，教师以前也读过，知道情节，但工作以来，有些名著就没有再次细读了，这很不好。给学生推荐可以，但深度交流就有难度了。所以，让学生阅读，和学生交流阅读心得的前提是教师能从改作业、处理班级琐事等日常杂务中抽身出来，逼自己找时间再次细读原书，才能拥有和学生进行探究的底气，才能做一个引领者。不然，指导学生阅读很难落到实处。

有一段时间我在指导学生写作的过程中切实感受到，所有的技法指导对于学生写作能力的提升都是极为有限的，而阅读是提高师生写作能力的前提和基础。

技法指导，只是让学生知道写作的模式、写作的技巧，如果真让学生写出一篇内容丰富的好作文，则学生必须要有充足的阅读量为前提。

我在过去十几年中，践行的是每周至少安排一节课让学生把自己喜欢的书带到班上来读，不指定读什么书，因为教师指定的书学生未必喜欢。只要是内容健康、积极向上的书，就可以读，但要有摘抄和读书笔记。这样有利于课外阅读落到实处。

能坚持阅读的学生，日久天长必然会有收获。

我还用了一个提高学生课外阅读积极性的有效法宝，就是发动家长和学生一起阅读，家长参与阅读，实际上也是家长督促学生阅读。这样也就大大扩展了阅读面，加强了阅读的社会属性，而学生阅读的环境也更好，阅读的实效性也就更强。

课外阅读使学生的核心素养得以提升的同时，教师的教育教学和科研水平也得到同步的提高。

用敬畏之心对待自己的职业

人们常说，尊师重教从我们自己做起。教育教学又何尝不是这样？只有真正热爱并尊重自己的专业，才能做出高水平的成就。那么，我又是从哪些方面来做的呢？

我是带着"尊重"来教语文。

参加工作伊始，我曾经天真地以为，语文教学，只要教学者有满腹才华、有专业知识、有滔滔口才、有花样创新、有漂亮板书、有组织能力，就可以上好一堂堂语文课。诚然，上述本领是我们上好语文课不可少的本领，但是这些就够了吗？

肖培东老师曾做过一个讲座"基于尊重的语文教学"。初看题目，很是好奇，语文教学中要尊重什么呢？听完他的讲座，我找到了答案。拥有上述本领就想把语文课上好，还远远不够！教学者本领再多，也必须有一个尊重的态度。怀着虔诚的心，尊重语文，尊重文本，尊重学生，尊重自我，尊重遗憾，才能做一名真正懂语文教育、真正做语文教学的语文人！

第一，尊重语文。听肖培东老师说到这个观点时，我不禁想起多年前听一位老师上的那堂语文综合实践课，有表演诗朗诵、有学生的小合唱、有全班的大合唱、有师生互动签名送祝福……简直上演了一档热闹非凡的综艺节目，可是，唯独没有语文！这节课跟肖培东老师列举的《东方之珠》《三峡》《我与地坛》三节失败课例是一样的，都没有坚守住语文的阵脚，失去了语言，脱离了文字，这些课不再姓"语文"。

其实，要想教好语文，对语文的本质必须要真正地理解，对语文的规律必须要切实地触摸，备课时首先要把语文备在心中，听、说、读、写，用最语文的方式上好每一堂语文课。做好语文的东西，站稳语文的阵脚，要让语文课真正姓"语文"！

第二，尊重文本。我非常喜欢肖培东老师说的这句话——"紧贴文本地面行走"。文本是语文教学之依托，我们教学任何一篇课文，都应该进入文本，朗读句子，推敲字词，在字里行间久久地匍匐、慢慢地穿行。立足文本，让我们的语文教学落实到语言和文字上，因为语言文字正是藏着人物精神、文章主旨和作者情感的密码！

第三，尊重学生。肖培东老师说："必须保证学生在课堂上能成长。"的确，课堂不是教师表演的舞台，课堂最终应该是学生成长的地方。我们要懂得，一堂课是不是好课，不仅仅看教师有没有精彩的表现，更要看学生有没有出色的表现。

要让学生有出色的表现，语文教师就必须要备学情，依据学情设计教学，充分预设各种可能。即便出现学生偏离设计的情况，也要尊重学生，调整设计，顺着学生的思路，一起慢慢讨论、品读文字。我相信这样的过程一定是课堂上最精彩的环节，因为这是我们教师与学生思维相互碰撞出火花的时刻。我们给学生一个尊重，学生便会回报给我们一个漂亮的课堂生成。

第四，尊重自我。这个"自我"是每一个在语文专业上想要成长的我们。

"尊重自我，首先要勇于否定自我。"勇于否定自我，这份勇气，真的很难得。但是想要在专业上成长，我们就必须对自己严厉一些：在教学中，要"敢于死在公开课上",要敢于倾听前辈真诚的点评,正视自己的不足(其实不足之处正是我们提升的空间),要认真对待每一节常态课,力争把每一节常态课上到自己最满意的状态。在教研上,要勤于学习,善于思考,勤于动手(写),提升自己的理论素养。

重新整合自己,雕琢自己,努力让自己成长为更优秀的自己,这,就是尊重自我!

第五,尊重遗憾。教学是一门遗憾的艺术。每一节课都是一件有缺憾的艺术品。无论教师准备得多么充分,无论这个教师多么优秀,无论这个教师的设计多么精心……但不得不承认,每一节课都不可能是完美无瑕的,一定会存在着某些遗憾。面对这种情况,我们反而不必遗憾,因为正如肖培东老师所说的"一节有遗憾的课,一节可以改的课,就是一节好课"。

不必遗憾,尊重遗憾。正是因为我们能发现这一个个遗憾,才会想办法去弥补,努力去减少遗憾,才能体现出我们在不断进步、不断成长!

作为一名语文教育者,请带着"尊重"踏进语文课堂,尊重这是一堂语文课,尊重手里捧的这本语文课本,尊重课堂里端坐的那一群可爱的学生,尊重自己是一名语文人,还要尊重我们自己的不完美!

多年来的不断成长,以及取得的成绩,就是在这敬畏和尊重中,怀着虔诚的态度,用着扎实的做法所获得的。

名师工作室,让一群人走得更远

通过持之以恒的努力,我的课深受学生的喜爱,教学成绩也连续十年在金安区排第一;我把自己的感悟和想法写了出来,发表在相关的报纸杂志上,甚至是核心期刊上;我还应上级安排,多次担任省、市、区级主讲人,给校长、班主任、骨干教师、新上岗教师作培训。从主观上看,我有了一定的能力;从客观上看,我有了一定的影响。因此,2013年经市教育局评议,我的教学团队获批成立"六安市首批名师工作室——周宏名师工作室",这是六安市至今唯一一个初中语文名师工作室。

我们成立名师工作室的宗旨是"促进教育科研的发展,探索教育教学改革，促进产生一批有影响的教育科研成果，打造和培育一支教育科研团队，辐射和带动全市教育科研发展，并进一步推动学校发展优质特色，深入实施素质教育"。

工作室以教师之间相互合作为方式，以课题研究为载体，以实践活动为依托，以课堂教学为重点，以合作共赢为原则，以专业发展为目标，通过形式多样的活动，进一步增强教师的教科研能力，提升教师的专业化水平。

第一，为引领青年教师专业化提升立标架桥。指引青年教师的专业发展和价值追求，对青年教师的培养做到常规化、制度化。建立和完善青年教师培养制度，为师资队伍建设提供制度保障。组建青年教师研修班，使其学习目标明确、学习活动具体、学习考核务实。学校建立师资队伍建设的物质保障机制和激励机制，确保各项活动能够有效开展，调动名师和青年教师的积极性和主动性。学校和教育局在资金上给予大力支持，保证各项活动顺利开展。学校定期开展由骨干教师和学科带头人主讲的学术专题讲座、示范课等活动，定期观摩点评青年教师公开课，定期开展理论研修，定期开展优质课比赛和优秀论文评选活动，定期组织教师外出考察学习。仅2018学年度，我们工作室开展大型活动9次，参与活动的教师达720人，举办各类讲座23场，上公开课54节。开设培训课达240课时，培训教师达1800人。组织教师到江、浙、沪及北京、重庆等地考察学习，出简报10期，发表论文12篇，获区级以上优质课大奖的有18人，其中有6人获市级以上表彰。在"安徽基础教育资源应用平台"上，周宏名师工作室受欢迎度和活跃度都名列前茅。

第二，为青年教师明确成长方向。激活名师对青年教师的引领作用，重点放在德和才两个方面。教师是一个奉献的职业，只有具备高尚的道德品质，才能将内心沉潜下来，淡泊名利，从而成为一名合格的教师。名师能够在教育教学上取得出色的成就，首要原因就是他们热爱教育事业，把教育教学作为毕生的追求。名校因为有名师而存在，而名师的师德师风又会自觉形成良好的校风教风。因此，工作室发挥了名师在师德上的榜样作用，让名师与青年教师零距离接触，让青年教师的师德在名师的熏陶下得到升华。我们工作室培养了以"皖西好老师"许高存、全国优秀教师邹兆祥为代表的一大批德才兼备的优秀教师。工作室还在学术研究上引领青年教师。我们既强化名师在学术上给予青年教师指导，也提倡用名师自身的学术精神感染青年教师。在实践研究中，我们定期举办名师讲坛，将教学方法、学术思想、教育理念、人生感悟等，毫无保留地传授给青年教师，使青年教师在学术上有所提升，在师德、做人等方面有所收获，帮助他们明确人生追求的方向。在工作室的培养下，一大批青年教师得以成长，像甄维、杨厚永、汪华章等青年教师已经走上了学校领导岗位。

第三，让名师成为引领青年教师专业成长的导师。工作室发挥名师的"带"劲，帮助名师和青年教师结对子，创造条件让名师指导青年教师研修、教研、备课、上课、磨课等。磨精品课，可以不断提升青年教师的专业化水平。一堂好课不是一蹴而就的，要反复打磨，听青年教师一堂课，简单点评并不能使他在教学上有多大的提升。而磨课在青年教师的专业成长中有着非常重要的作用，一堂课在教学设计构思、基本功历练、语言表达、教学组织、教学目标实现等诸多方面，都有反复提升的空间。把一节课磨好了，磨成精品课，对提升青年教师的教学能力、树立自信心有着非同寻常的意义。

第四，让教研共同体助推青年教师成长。工作室着力于一线普通教师的锻炼和成长。我们选派青年教师参加各项教学交流活动或各种教学比赛，给青年教师锻炼和提升的机会。在实践中，我们充分信任青年教师，创造机会让青年教师锻炼和展示自己，从而提升整个学校的师资水平。为了保证青年教师通过锻炼能够迅速成长，我们还对青年教师进行精心指导，使他们在教学展示中有良好的表现。经过实践磨炼，王芳、刘慧、苏丽、翁世娟、王霞等青年教师都成长为专业水平过硬的优秀老师。

第五，让校外名师在青年教师的成长中发挥辅助作用。工作室着力于开阔青年教师的眼界。师资队伍建设不能仅仅局限于校内活动的开展，还要创造条件让青年教师走出去，学习借鉴其他地区、其他学校先进的教学理念和手段。我们尽力为青年教师提供交流机会和展示平台，推荐本校的青年教师参加各类交流活动。经常把青年教师"送出去"，让他们参加校外各种研讨会、同课异构等活动，聆听校外专家的教学课和报告，不断开阔视野，更新观念、提升能力。2019年4月，工作室组织40名教师赴宣城考察学习，与杨和平名师工作室就中考研讨、非连续性阅读、群文阅读等方面的问题进行交流，收获很大。我们还多次与程杨木名师工作室、金星闪名师工作室、王宝虎名师工作室、胡召霞名师工作室进行合作交流，互动学习，共同提高。

青年教师专业化成长是一个发展的概念，不仅表现为一种状态，还是一个不断深化的过程。通过本校和校际名师的引领和同伴互助，青年教师能够及时地对教学实践进行持续不断的研究和批判性反思，从而不断改进课堂教学，增强学科专业素养，实现自我素质的提升，进而提高青年教师的整体教学水平，实现教育的可持续发展。

2016年，经层层评选，周宏名师工作室被省教育厅确定为省级名师工作室，成为六安市唯一一个省级乡村名师工作室。此后，工作室致力于通过高端培养，造就专家型教学名师和教育家型校长，带动全省中小学教师队伍、校长队伍建设。

1.具体目标。

（1）更新教育理念，提升理论素养。通过专家讲座、主题研讨、读书交流等形式，引导和帮助工作室负责人及骨干名师深入学习教育理论，树立现代教育理念，改善专业知识结构，提高教育理论素养。

（2）总结治校经验和名师教学经验。通过学校管理和课堂教学问题诊断、办学经验及教学经验交流、职业生涯反思、主题交流研讨等方式，促进工作室负责人及其他教师反思办学及教育教学实践，明确专业发展目标和需求，完善自我发展规划。

（3）提升办学及教育教学经验，创新教育实践。以理论提升和办学（教学）思想凝练成果为基础，结合名校考察、名校高端集中研修、行动研究、岗位实践，继续拓展教育视野，持续推进学校教育教学创新。

（4）总结研修成果，著书立说。通过撰写课题研究报告、发表教研论文、撰写教育论著等形式，总结、展示和推广名师名校长的优秀教育教学经验和学校治理经验。

2.研修形式。

（1）组织教师到教育发达地区实践考察，组织工作室成员深入江、浙、沪等基础教育发达地区的学校实践考察。"看名校长治校方略""看名校教学改革""看名师课堂教学""看名师工作室建设与运行"，走进名校，在与名师名校长的交流中，了解名师和名校长的成长规律和发展路径，学习先进的理念和经验，为学校治理和教育教学改进的行动研究积累优秀素材和优质资源。仅2019年，我们就组织工作室成员先后考察了金华市第五中学、婺州外国语学校、永康市外国语学校、复旦大学附属中学、上海市市北中学、上海市闸北八中、重庆市巴蜀学校、北京市十一学校、北京市史家胡同学校、苏州中学等名校，让老师们开阔了眼界，转变了观念，明确了方向。

（2）知名高校理论研修。与国内知名高等学校开展跨区域合作培训，发挥名校知名专家学者的资源优势，组织教师进行前沿理论、先进理念的研修学习，以便了解基础教育改革和发展趋势，把握国家教育政策和法规，启迪新思维、新知识、新方法，提升教师的理论与实践水平。我们组织工作室成员到北京大学、清华大学、复旦大学、北京师范大学、华东师范大学、扬州大学、华东政法大学、浙江师范大学、安徽师范大学等名校研修。

（3）线上线下混合式研修。组织线上线下混合式研修，加盟安徽省名师、名校长学习共同体，满足培养对象个性化学习需求及交流、研讨的需要，促进共同成长。我们工作室承担了课题"农村教师教研共同体建设实践研究""新时期中学生行为养成与品德形成"的研究工作。

（4）岗位行动研究。工作室依据教育综合改革方案要求，结合深化课程改革、落实立德树人等重点工作，在高校导师指导下确定研究方向和课题，开展教育教学研究与教学改革工作，探究课程改革理论和实践模式，生成富有理论指导意义、实践创新价值和安徽地方特色的改革试验成果。

访学让视野更开阔

2018年1月20日，中共中央、国务院出台的《关于全面深化新时代教师队伍建设改革的意见》中，明确提出要"培养造就数以百万计的骨干教师、数以十万计的卓越教师、数以万计的教育家型教师"。2018年9月10日，全国教育大会召开，标志着教师队伍建设进入了新的历史阶段。这对我们每一位教师来说都是机遇和挑战并存！

为落实大会精神，安徽省教育厅出台了《关于推荐中职示范校校长中小学名师好校长赴境外培训人选的通知》（皖教秘师〔2018〕24号），指出："为全方位了解美国教育的办学理念、体制机制和学校治理结构，学习其先进经验和有效做法，研究我省基础教育改革发展的趋势举措，提升我省基础教育水平，努力培养和造就一批具有国际化视野的基础教育名师和管理人员队伍，安徽省教育厅拟组团于2018年下半年赴美国执行安徽省名师好校长（特级教师）境外培训任务。"我有幸参加了这次随团培训。

（一）教育之路漫漫其修远，吾将上下而求索

为培养造就一批中小学名师和好校长，带动全省中小学教师队伍整体素质全面提升，促进我省教育事业又好又快发展，省教育厅启动实施中小学梯级培养工程，其中高端的"名师好校长（特级教师）境外培训"于2019年1月9日在美国的石溪大学正式开始，为期半个月。全省遴选了18名中小学特级教师与教育管理者参加此次培训，我是其中的一员。

纽约时间1月10日凌晨，培训团刚抵达纽约，安排好入住手续，略做准备后，就于上午8:30进行了开班仪式。

首先是石溪大学中国中心的吕阳副主任为我们介绍了石溪大学的概况。接着，石溪大学副校长、培训中心主任刘骏教授代表学校对我们的到来表示了热烈欢迎，并为我们邀请来了纽约州的教育官员Judith Chin 和 Roger Tilles，还有两个学区的教育主管。他们先为我们介绍了纽约州教育发展的整体情况及现阶段的状况，也直面了纽约州中小学教育发展中的一些问题。培训团成员与纽约州的教育官员进行了真诚而又直接的面对面交流。培训团成员针对我国中小学教育中的一些实际问题，甚至是中美教育中都可能具有的共性问题，与纽约州的教育官员进行了详细的交流。大家仔细聆听，认真做笔记，并联系实际进行思考，直到中午12:00不得不意犹未尽地结束

交流，并商定在后面的实地考察中再继续交流。

接下来我们对石溪大学校区及美籍华裔科学家杨振宁的工作室进行了参观，对学校文化及教育理念有了初步的感受。石溪大学是全球高等教育机构排名靠前的名校，是杨振宁教授任教37年的地方，培养了7位诺贝尔奖获得者。该校治学严谨，关注社会发展，与中国，特别是安徽有着紧密的联系和良好的合作关系。

第一天访学就获得了不少启示。

启示一：追求教育质量的提升，是教育的永恒主题，古今中外莫不如此，美国教育也重视质量。但追求什么质量，怎么样追求质量却大有讲究。要让学生在原有的基础上有进步，要关注所有的学生，要充分挖掘学生特长，让每个学生在自己擅长的方面得到充分发展。例如，石溪大学特别重视学生的综合发展，关心学生的未来发展，包括身体素质的提高，他们的校友捐款3亿美元建设了设备齐全的室内体育馆，学生自主锻炼的积极性很高。启示二：学习方式的改变，其实也是一场革命，它是人们思维方式的革命，必将推动教育和整个社会的发展。比如，石溪大学的课程设置，突出学生创新能力的培养，关注学校的教育与社会的关联度，引导学生适应社会需求而学习，领引社会正能量的弘扬，而不是庸俗地讨好社会。启示三：教育者、培训者不仅仅想要完成教育培训任务，更多的是想从受训者那里得到真实的反馈，甚至是从受训者那里学到东西，正如孔子所说："三人行，必有我师焉。"只有这样，才是真正的、良性发展的教育。启示四：教育具有宽容性，比如对于特别优秀的学生，学校和社会是支持的，同时对于学困生，包括家庭困难的学生，学校和社会应给予更多的支持和帮助，让其得到相应的最好的发展。启示五：政府对社会和教育应该是引导、服务和管理，而且这种管理是有限管理和责任管理，而不是强制的。比如，对于社会培训机构，政府及其职能部门，应予以规范，而不是一律取缔了之。"大社会，小政府"，政府更大的职责在于服务社会，有限管理、科学管理、合理管理。

尽管中美两国历史文化背景有着很大差异，但对教育和人才培养的理念和重视是相通的。第一天的交流和参观，收获颇丰，启发良多，也使本次培训有了一个良好的开端。

（二）做有远见与有情怀的教育

培训进入第二天，我们聆听了报告，并进行了有效的交流。上午是一位教育主管官员 Wafa Deeb-Westervelt 博士的报告。这位女士从事教育31年，用她的真诚与亲和，为我们介绍了美国教育近几十年来的发展历程，特别是近些年来所进行的第五次全国教育改革的情况，对教育改革所存在的不足也没有回避。她提出了对21世纪教育发展方向与学生能力培养的思考，细致地从学习技能、语文能力（阅读写作）、生活技能、社交能力、世界公民意识等方面做了讲解，还就比较前沿的"基于问题的学习"和"基于项目的学习"理论的提出与实施情况作了较为详细的介绍。她对美国教师的入职培训、课程标准设计与变化的培训，对教师合理评价体系、教育培养的连续性等也作了介绍。在具体交流环节，她耐心、认真地回答了16个问题，让我们看到了美国教育的发展，他们既有与我们一样的教育宗旨，也同样有现实的难题与困境。这位女士还给出了让孩子们提高效率、融入社会的具体办法：旅行（包括技术手段）、参加志愿活动、亲身体验等。这种理论与实践紧密结合的研究方法，是给我的最大启示。

下午是一对搭档 Kenneth Forman 博士、Craig Markson 博士为我们作教育的分享——一位从事教育理论研究的大学教授与一位退休的校长，可视为"理论与实践相结合"的范例。这样的"双簧"形式还是第一次出现在培训中，算是一个特色。那位大学教授主要是以教育的大数据研究为背景，对美国纽约州教育的整体情况进行了调查研究与理论分析，以数据来说话。这位大学教授主要基于学生出勤率、社区教育投入与家庭贫困情况等几个方面对学生的学术水平影响情况作跟踪分析，发现教师评估中的危机，为教育主管部门制定科学的教师评估系统提供理论依据。而那位退休的校长则是从学校层面就如何利用数据来管理学校作了经验式分享，从八个方面介绍了运用有效数据的步骤，既有一定的理论体系，又有实际的案例分析。自由交流的时候，这位退休的校长不仅一一回答了我们对教育的一些实际问题的询问，也透露了当下美国教育，特别是纽约长岛地区的学校教育的现状和教师管理与地位问题，让我们对当下中美中小学教育有了一个较为理性的比较。我们真切感受到，第三方的教育调研数据与评估分析，是政府或教育主管部门决策参考时不可或缺的，宏观教育政策的出台要有科学的依据。教育是复杂的，但我们要抓住最主要的矛盾，纲举才能目张！

（三）教育，引导学生得到最适合的发展

14日，我们培训团一行驱车1个小时，来到纽约的一个中学，校长兰迪博士热情地接待了我们，并全程陪同我们参观考察。首先我们开了一个见面会，兰迪校长介绍了学校的基本情况。这是一所完全中学，在校生约2600人，教师220人，员工150人，兰迪任该校校长10年，学校文化兼容并包，活动与文化课同等重要。接下来，兰迪校长带我们参观了整个校园，学校的合唱团和乐队给我们留下了深刻的印象，他们没有刻意准备，师生按正常的教学节奏进行，自然、真实地工作学习。学校有各种学习和活动的地方，对学生的艺术、体育发展非常重视。学校教学为学生特长与个性发展服务，课程分为必修与选修两大类，必修课程包括数学、自然科学、社会科学、语言学以及艺体类五大课程，选修课程主要是各大类之下的具体科目。教学均采用走班制形式，教室不固定，班级不固定，每个学生都有一张根据教学内容以及自己特长兴趣安排的课程表。老师的办公地点也主要在任教的教室。学校还开设了29门大学先修课程，对学生和教师有较高要求。

参观结束后，我们与兰迪校长及其他老师进行了互动交流，他们还特别关注中国是如何引导教师专业成长的。当他们明白了中国教师的"国培""网络研修""校本研修"三条途径时，很感兴趣，希望双方加强联系合作，取长补短。

这次的实地考察，收获颇大，启示很多。启示一：教育要发展学生的特长，让每个学生的亮点展现出来，学校要为学生的发展搭建平台。启示二：教育要培养学生独立、有担当的自主意识。启示三：教育要有一种包容精神，要允许学生在失败和挫折中成长。启示四：教育要重视榜样的作用。兰迪校长特意带我们看了他们的"英雄墙"，这是以该校杰出的年仅29

岁的海豹突击队员迈克尔·P.墨菲中尉为国捐躯的事迹为主题的文化墙，学校很重视以这样的身边英雄为榜样来树立学生的正确的价值观。

（四）给师生提供尽量多的发展平台

15日，我们访问了杰弗逊港中学，受到学校方面的热烈欢迎，让我们感到特别温馨的是学校负责人的致辞被翻译成了中文。我们所参观的这个学校有461名小学生、260名初中生以及380名高中生，小学教职员工70名，初中45名，高中65名。这是一所在2017年获得美国蓝带表彰的学校。

学校课程设置注重满足不同程度孩子的需要。学校总共开设23门大学先修课程，可以让学有余力的孩子进行选修，如果考试成绩达到一定要求，大学也承认这些先修的学分。这给优秀的学生提供了很好的发展空间，高中教育与大学教育在这里有很好的衔接。学校课程设置从实际出发，放眼未来，体现全球视野。例如，学校开设了刑侦课程、经济课程、生态环境课程、统计学（概率）课程、阅读课程等。学校充分重视艺体类课程。例如，学校体育课程有田径、球类以及瑜伽、摔跤等，学生可以自由选择自己喜欢和适合的运动项目。学校注重学生互助学习。课堂上小组合作学习非常多，比如世界历史课中，学生分为四组，一起坐在地上，探讨问题，老师也加入其中；大学先修课程中的物理课上，学生分组进行试卷练习，每组题目都不相同，完成后进行交换。教师的角色除了授业解惑，好像并没有那么重要，师生关系比较融洽。

今天的参观学习收获也很大，美式教育给我的印象和启发是：①学校和教师注重引导学生自主学习。②教师的作用是兴趣激发和必要的帮助。③重视学生体能锻炼。④自由开放的教育风格让学生真正走进学习中。⑤尊重每个个体的发展。⑥让学生多元化发展。⑦关注弱势群体教育。⑧给学生提供学习进步的平台，不强迫他们做什么。

（五）思维碰撞而生成的学术自由

随着培训的深入，16日上午8:30，石溪大学专门为我们组织了一场中美校长（教师、教育主管）交流会，邀请了 East Hills 学校校长 Melissa

Krieger 先生、Seaford 学校校长 Dan Smith 先生、一贯制学校校长 James Philemy 先生、Three Villeges 校区负责人 Alan Baum 先生、石溪大学教师中心执行主 Cristine Cosmello 女士等五位嘉宾参加座谈与交流，石溪大学教育领导项目主管 Craig Markso 先生主持交流会。

交流会先是美国的校长们分别介绍他们学校的情况以及他们学校的办学教育理念，然后中国代表团的校长（教师）进行提问。座谈和交流让我们彼此增进了了解，也让我们更好地了解美国中小学教育的现状以及美国校长们对学校教育的思考。Melissa Krieger 先生所在的学校是一所小学，接收二至五年级的学生，共有 520 名学生，学生家庭背景多样，课程设计按照纽约州政府确定的大纲进行。学校的理念是希望帮助学生树立自信，鼓励学生敢于冒险；不怕学生犯错误，鼓励学生从错误中学习；让学生知道学校支持他们，让家长成为学校教育的合作伙伴；教育学生学会欣赏、学会合作。同时，学校还设有专门的培养学生性格素质的小组，每个月会有相应的教育主题，比如有"学会善良""不要伤害他人""消除消极情绪"等主题教育。

Dan Smith 先生是一位有着 30 多年教育经历的中学校长，他们学校接收六至八年级的学生，目前约有 580 名学生。他们学校的主要特色是跨学科的课程设计，比如社会科学中会融入英文阅读等。

James Philemy 先生所在的学校接收学前班到八年级的学生，有 300 多名学生，学生主要来自长岛皇后区周边的学区，当初建这所学校是为了缓解其他学区生源过多的压力，学生来源有非裔、西班牙裔、印度、中国等。学校的教育理念是一切为了学生的全面发展。James Philemy 先生觉得他们现在主要面临的挑战，一是教师怎样跳出既有的框架教学，给学生机会，让学生学以致用。二是让学生明白每个人有差异是正常的，要在求同存异中发展。因为生源来自不同国家，学校每月开展一次不同国家的历史背景和文化主题的教育活动，邀请家长参加。学校很清楚学生的文化背景不同，家长的认识也就不同，有的家长希望学校重实践促发展，有的家长则希望有更多的课外辅导，提高分数，还有的家长认为教育完全是学校的责任，家长只负责搞好学生的温饱就行了。所以学校现在明确列出 6 件事（如有没有来过学校、有没有参与社区活动、有没有管理学生、有没有关注学生作业等）来要求家长配合学校教育，如果家长没能完成，学校和老师就会认为家长对学校不感兴趣。他们觉得家长不仅仅只是参与学校教育，而是应该共建教育，这样家长就会觉得自己不是被动的，而是主动的，积极性很高。

Alan Baum 先生是石溪大学附近的某个学区的负责人，该学区范围内有5所小学，2所初中，1所高中，共6000余名学生。学生来源同样多样化，有各种非英语母语的学生，学区内学生家庭贫富差距比较大，家长对待教育的观点也不尽相同，有的家长积极配合学校教育，有的则完全不配合不参与。学校为了让家长积极参与学校教育，采用家访、文件说明等方式和手段积极劝说不配合的家长，但效果不是很明显。当然，学校也不希望出现那种"直升机"式的家长，即那种过度控制孩子、过度干涉学校教育的家长。

石溪大学教师中心执行主管 Cristine Cosmello 女士所在部门的主要职能是帮助教师跟上时代步伐，提升教师的业务水平。在纽约，中小学教师每五年大概要有一百多学时的学习培训，同时还有一些定制化的培训，比如政府出台新课标时，要培训老师。教师中心平时也有各类培训，比如，开展校园安全、提高英语水平、教学中科技手段的应用等多方面的培训。

石溪大学教育领导项目主管 Craig Markso 先生在主持交流会过程中也提出了他的观点，他认为教育理念主要有三大问题：教什么？怎么教？怎样评估教学的有效性？为此，他想问中国校长们当前面临的挑战是什么？我们代表团的校长、教师们纷纷说出了各自在学校教育中的所思所想。时间很快就到了中午12:00，三个多小时的座谈和交流已在不知不觉中过去，通过中美校长（教师、教育主管）的真诚交流，我们从中可以看出：一是美国中小学学校均为自己的学生来源多元化感到自豪，培养学生感到有成就感。这大概是因为学生来源不同，教育更难，而在这样的背景下取得成就更为不易。他们为这种多元背景、多元文化的教育采取了许多实际有效的办法和举措。二是学校教育与社区紧密结合，学校培养的不是单纯的校园人，而是社会群体的一分子。三是尊重每个学生的差异性，真正以学生为主体，以学生的发展为最高目标。四是重视培养学生适应未来社会的能力，而不仅仅是分数。五是教师需要不断提升和进修，以提高业务能力和水平，适应时代发展。

思维碰撞形成共识：①教育要关注学生与社会的交流，才能培养真正的能力。②要鼓励学生的冒险精神，这样更能培养其创造力、创新能力。③要允许学生犯错误，这是成长的必然经过，让学生敢于犯错误，敢于付出代价。④要重视学生自信心的培养，只有自信，才能勇往直前。⑤多开展活动，在活动中更能培养能力。同时，鼓励家长也参与到活动中去。⑥加大教育投入，促进教育发展。⑦要重视过程中评价。⑧教师能自主决定教材的使用，这样更能激发能动性，效果更好。

下午 Lauren Kaushansky 教授为我们做了题为"教育理论与实践"的讲座，主要从教育的四个维度——历史维度、心理学维度、政治维度以及社会维度具体分析其对美国教育以及美国课堂的影响。

Lauren Kaushansky 教授的开场白是：我喜欢教育，并且很高兴成为一名教育工作者。非常荣幸的是今天能与来自遥远的东方的有着共同理想的你们——中国安徽的教育朋友们，共同探讨教育的理论和实践的话题。在我看来，实践和理论同等重要……接下来的讲座和交流让我有了以下感悟：①你给谁授课，首先一定要了解对方的需求，知识上的、能力上的，甚至生活上的需求，都要深入了解。②教室有墙，但教育无墙，让你的学生将你这儿作为起点，一直坚持走下去，没有终点。③学生是一个个各自独立又各不相同的个体，能力水平各异，因此，不能用一种标准、一种方法对待所有的学生。④阅读能力的培养对学生成长很重要。⑤学生的最近发展区是个动态概念，不断变化，所以要与时俱进。⑥特殊事件常常成为教育改革的催化剂，如1957年苏联卫星上天对美国教育的影响，因此，做教育要善于抓住有利的契机。⑦学会挖掘教育规律，如从学生喜欢电子游戏中得到教育启发：参与性、投入感、成就感对兴趣有激发作用。⑧不要把你的想法强加给学生。⑨让学生能走多远就走多远，不要只当埋头砌墙的瓦工，而是要思考砌墙的目标在哪？教育，就在于改变，而且要变得越来越好！

（六）教育要引导师生参与到团队协作中

17日上午的培训课是"基于未来变革的学校领导力"，该课程从管理体制、规划性思维能力以及团队协作式的领导力实践三个方面深入探讨了学校教育管理问题，授课者为圣约翰大学教授伯莱特博士。在上课前，伯莱特博士特意研究了中国，特别是安徽，了解到安徽科大讯飞的人工智能处于世界领先的位置，由此引出了话题：我们的教育为未来做什么。他说学校有两种类型，一种是被动适应，另一种是开拓进取，我们要力争做变革型的具有领导力的校长。因为你越是愿意变革进取，就越容易提升，需求有多强，变化就有多大。那么，一个领导者如何把自己的理想转化成员工的价值追求并付诸行动呢？那就要求领导者为大家设置共同愿景，引导团队合作共进，自己要担当起责任引领，管理系统要畅达，给员工以晋升机会。另外就是一切向前看，面向未来。当然，未来谁也无法完全准确地设计，但这不是说不需要向往，恰好相反，现代化就是一种创新力，是一种前瞻性思维，它不是一种技术手段，而是一种思维方式。中国有一个新词最能概括它的精髓，那就是"与时俱进"。从中也可看出，教育现代化是一个动态的概念，不变是相对的，变是绝对的，不进则退，要抓住主要矛盾，一直前行，一直在路上。

下午石溪大学副校长刘骏教授与我们交流中国英语教学的问题。研究表明，人的语言习得一方面与人的生理发育有关，另一方面与环境有关，如果是12岁以前学习某种语言，一般能达到母语学习水平。那么，我们怎样帮助学生学习外语呢？一是给他们提供尽可能多的学习、使用机会，把学习者变成使用者，这样效果会很好。二是给学习者明确的目标和学习途径，让他们知道怎么学。三是鼓励学生将所学语言广泛用于交际场所，在做中学、在用中学。四是多种能力融合，就英语来说，听、说、读、写、翻译应当齐头并进。五是允许学生犯错误，让其自然习得，不要急于纠错。这样既增强了学生信心，又提供了更多的学习机会。另外，刘骏博士对教育的评估也有独到的见解。

（七）不让一个孩子掉队——美国特殊教育

我们来到美国小学的科学实验室里参观，看到只有四位学生围着一张桌子，一位中年男教师正在边演示边操作，边上还坐着两位女教师，其中一位紧贴着一个小男孩。仔细观察，这个小男孩明显异于常人。

看到这种现象，我们心中很是纳闷，询问陪同的人员才知道，在美国，这些智力有障碍的特殊孩子是和正常的孩子在同一所学校学习的，这样可以让这些孩子尽可能地和正常孩子接触，享受正常孩子的生活。美国教育提倡"合流"，也就是让这些特殊孩子尽可能在有特殊的额外的帮助下与正常孩子在一起上学，为将来他们能融入社会正常地工作学习做好准备。

几天学习下来，无论是讲座，还是实地观察，我们从不同角度了解到美国特殊教育的一些信息，感受颇多。

第一，立法先行，为特殊教育保驾护航。

截至1975年，美国还只有少数孩子能够接受特殊教育，超过100万的特殊孩子被公立学校拒之门外，另外的350万的特殊孩子无法接受正规有效的教育。联邦政府制定了相关法律，最终，特殊孩子均可受到教育。

1997年，是美国特殊教育的一个分水岭。那一年，美国国会通过了"失能个体"的教育法案。这个法案重新划定了特殊教育针对的对象，扩大了特殊教育对象的范围。除了包括有明显身体残疾的孩子之外，还包括发育迟缓、情绪障碍、行为功能有缺陷的孩子，包括轻重程度各异的多动症、自闭症，以及各种程度的功能性学习障碍的孩子，比如有语言混乱、阅读困难症、语言障碍的孩子。另外除了制订个人教育计划外，还制订了个人过渡性计划，帮助接受特殊教育的孩子从青春期过渡到成年期。

2001年又通过了中小学教育法案《不让一个孩子掉队》，其中包括不能让残障、智障孩子掉队。这个法案将接受特殊教育的孩子的失能能力划分得更为具体。这样一来，有更多在某些方面有缺陷的孩子被甄别出来，受到特殊教育的引导和保护。

美国法律规定，所有3～21岁的各类残障、智障孩子，从3岁起就可以享受免费的特殊教育直至21岁。任何公立学校不得以任何理由拒绝这些特殊孩子。而特殊教育的老师通常是一对一，或者是一对两三个学生，绝对的小班制。

第二，特殊教室为特殊教育提供空间。

我们连续参观了几所学校，总会看到一些特殊教室，有需要特殊教育的学生会在这儿上课。

我想，这些特殊孩子与正常孩子坐在一起时，正常孩子认为这是正常的，也就达到了平等教育的目的。社会没有抛弃那些有缺陷的孩子，老师给予他们特别的关心，也许这才是特殊教育的真正意义所在。

第三，助教使特殊教育充满关怀。

小学老师和助教对孩子们的爱心让我深受感动。每一个孩子进教室时，她们都给一个热情的拥抱，就像拥抱自己的孩子。对待特殊孩子，无论孩子们做什么，她们从不生气，当然她们也特别清楚什么时候需要坚持，什么时候需要忽视。我想，这是一种文化习惯。

我在参观时，看到一个助教坐在一个特殊孩子跟前，一直面带笑容，充满慈爱，当孩子发言时，毫不吝啬地竖起大拇指，夸张地赞扬他；同样也是这个助教，花了至少五分钟时间，坚持让这个孩子在说话之前举手。

"不让一个孩子掉队！"不仅仅写在了法律条文里，不仅仅印在了纸上，说在了嘴上，更是落实在实践中，融入了每位教育工作者的意识当中。

不让一个孩子掉队，让教育没有盲区，没有空白处。

半个月的培训还是很短暂的，无论是听专家讲座，还是实地参观考察，每一次我们都装着好多问题去求解，但每一次都显得时间是那么匆忙不够用。大家都感觉意犹未尽，对教育中的深层次问题还有好多想"打破砂锅问到底"。当然，问题不是一下子就能搞清楚的。美国的教育不是万能的，同样有它的难题与困惑。这些，正是我们此行交流的真正收获——在比较中交流互鉴，互相学习，共同发展。

教育行走，风景无限！教育永远在路上！

第六章　整合教育资源

教育从来就是综合用功用力的，所以会做教育的人必定善于整合教育资源。教育资源包括校内教育资源和校外教育资源。就校内教育资源来说，要整合班主任与授课教师的资源，要整合各授课教师之间的资源，要整合各团队的资源，要整合校园文化资源，要整合领导与后勤资源，等等；就校外教育资源来说，要整合学校与政府之间的资源，要整合学校与兄弟单位之间的资源，要整合学校与社区之间的资源，要整合学校与大自然之间的资源，要整合学校与传统文化之间的资源。

整合班主任与语文教师的合力

先谈谈为什么研究这两者的关系。

之前的语文教学大纲中指出，语文是学习和工作的基础工具。语文学科是学习各门学科的基础。……语文学科对于提高学生的思想道德素质和科学文化素质，培养有理想、有道德、有文化、有纪律的社会主义公民，具有重要的意义。

班主任是班集体的教育者、组织者和管理者，是学校对学生进行思想品德教育的骨干，是学校联系班级任课教师的纽带，是沟通学校教育、家庭教育和社会教育的桥梁。班主任肩负重任，工作难度大。

中学阶段，语文课课时最多，又是基础工具课，思想性也很强。语文教学和班主任工作相容相交。因此，语文教师担任班主任，适合而又方便。现实生活中，语文教师担任班主任的机会也最多，如果能把语文教学与班主任的工作有机结合起来，使两者相得益彰，往往能获得事半功倍的效果。

从时代特点和现代化建设需要的角度看，合格的中学语文教师不仅是文化知识的传播者，还是青少年一代步入社会生活的引路人。语文教学本身就具备了班主任工作的许多特点。自从人类进入文明社会以来，语文就成了人们生活中必不可少的工具。有人把语文比作"科学的母亲"，这个比方形象地揭示了语文的真谛。马克思曾经说过，掌握一种语言，就等于掌握一项武器。祖国的语言是打开科学领域大门的基本武器。语文教师的光荣任务就是要使学生能掌握这一武器。当今，语文教师教育学生"语言美""心灵美"是责无旁贷，纯洁语文是分内之事，继承古代优秀文化遗产义不容辞，培养一代新人是其天职……这一切与班主任工作联系紧密。

同时，语文教师是学生生活的导师，他们不仅是教书的经师，还是育人的工程师。他们不单要教好语文知识和技能，还要培养学生的思想品德和情操。也就是说语文教师负有全面教育学生的义务。培养学生的理解能力，训练学生的表达能力，提高学生的科学素养，发展学生的智力，陶冶学生的情操，提高学生的审美能力，等等，都是他们的职责。语文教师队伍最大，他们的使命不限于课内校内，还需跨出课堂，走出校园，参加社会实践活动，肩负起社会教育的责任，而所有这些，又都为语文教学注入活力。

语文的思想性、教育性是其学科的性质特点。中学阶段，学生通过课文的学习和各项训练，潜移默化地受到思想教育。因为课本中的文章，都是"文质兼美，适合教学的典范文章"。这些文章"思想内容好""语言文字好"，又"适合教学"，只要教师能充分利用，在教学过程中，学生将会随着对作品内容的深入领会而产生感情共鸣，忧亦忧，乐亦乐，嬉笑怒骂，七情并生。对学生来说，学习的过程，就是接受思想教育的过程。比如，学生写作文，就是他们运用比较合适的语言文字来表达对某一事物的认识或某一问题的看法，以及由此而产生不同感情的一种方式。因此，作文从构思到写作，乃至修改，无一不关联着学生的立场、观点、情感等诸多问题，"语言是思想的直接现实"。至于教师的指导、批改以及讲评，也都直接地在向学生进行思想教育。

语文课的思想教育无处不在，无处不是。语文学科的思想性、教育性决定了语文教师担任班主任的必然性很大。据对我市中学的抽样调查显示：语文教师担任班主任的比率是41.2%，且初中多于高中，一般都不低于

30%，有的学校竟高达70%，还出现过全校的班主任均为语文教师的现象。我市有完全中学（高中）28所，初级中学308所，这个调查结果应该有一定的说服力。

既然语文教师担任班主任的现象这样普遍，两者的职能重合如此之多，那么，探讨"语文教师如何结合班主任工作搞好教学"命题的意义就不言而喻了。语文教师与班主任工作如何紧密结合、互相推动而发生共振并产生更大的振幅呢？这是本文所要探讨的主要问题。

作为班主任兼语文教师，应结合班主任工作，与学生打成一片，让自己既为良师，又是益友，更当楷模。

语文学科涉及面广，理应教得生动活泼，符合学生的口味，激发学生的兴趣，但在现实生活中往往出现语文教学耗时多、效率低的难堪局面。不少人为之哀叹复哀叹，却未能彻底扭转这一局面。原因是多方面的，但主要是因为语文教师没有充分发挥本学科的特长，没有从全局上去驾驭语文教材和教法的缘故。教师教得多、讲得烦、读得碎，虽然花的力气大，投入多，可水分也多，浓度不够；学生听得累、听得厌，久而久之，学生觉得语文课无所谓，无真才实学（相对于数理化严格的系统知识），甚至认为语文课不上也无所谓。

苏霍姆林斯基指出："教师不仅要成为一个教导者，而且要成为学生的朋友，和他们一起克服困难，一起感受欢乐和忧愁。"这正是语文教师的优势和长处，因为语文教材与生活联系最紧密，很容易引起学生的共鸣。例如，朱自清先生的《背影》，乍一看平淡，若反复玩味，再结合生活实际，就会发现其有震撼人心的力量。学生不仅能从中学到平易朴实的语言，还能受到心灵上的陶冶，领会父爱的真谛，从而激发对生活、家庭和父母的爱。当然，人的心扉都是向知己者敞开的，学生也不例外，当他们在和老师的实际交往中，切实感到老师能够理解自己、关心自己的时候，就会把心里话，把苦恼、忧伤、困惑，甚至对父母都不愿启齿的话告诉老师，以得到帮助和指导，只有在这个时候，老师才能真正了解学生。不过，要加强这种引力，教师还需要在学生心目中树立一个全新的形象。也就是说，语文教师不能只是个教书匠，还应该是个热爱生活、道德高尚、兴趣广泛、才华横溢、乐于并善于和学生打交道的人。许多语文老师在学生的心目中都是能说会道的演说家，能思善辩的才子，严于律己的严父，宽以待人的慈母……这样的语文老师，不仅是知识的传播者，思想的启迪者，还是学生可信赖的，有共同爱好、共同语言的朋友。学生和这样的语文老师交往，能在各方面不断充实自己。这样的语文老师本身就有一种引力，学生在他面前无拘无束，无话不讲。这为学生受其教诲架起了情感的桥梁。"亲其师，信其道"，学生越信任老师，老师的教育越易为学生所理解和接受，并转化为行动和能力。相反，如果老师得不到学生的信任，与学生产生共鸣的东西将会减少，学生也不会把他看作良师益友，更不愿向老师敞开内心世界，最终老师不能深入了解学生，更谈不上很好地教育学生。因此，语文教师一定要充分认识到与学生交朋友、树立良好形象的重要作用，并努力完善自己，以自己的德识才学吸引学生，使他们主动地和自己交往，以便水到渠成地进行教育教学。

作为班主任兼语文教师，还要处处为学生着想。只有尊重学生，才能提高学生接受教育的主动性和积极性。赞可夫说："当教师的必不可少的，甚至几乎是最主要的品质，就是热爱学生。"夏丏尊说："教育上的水是什么？就是情，就是爱。教师没有了情和爱，就成了无水的池，任你方形也罢，圆形也罢，总逃不了一个空虚。"学生渴望得到别人的爱和尊重，那样会使他们产生一种自我肯定的意向，从而在内心深处萌发一种天天向上、不断进步的真诚愿望。这是推动他们主动自觉接受教育的巨大力量。苏霍姆林斯基说："只有教师关心学生的人的尊严感，才能使学生通过学习而受教育。教育的核心，就其本质来说，就在于让儿童始终体验到自己的尊严感：我是一个勤奋的脑力劳动者，是祖国的好公民，是父母的好儿女，是一个有着高尚志趣、激情和不断取得进步的完美的人。"老师爱学生，平等地对待他们，就会让他们感到这位老师是一位可亲可敬、可以信赖的大朋友，在这种心理接近、感情认同的条件下，老师的教育教学要求就容易被学生接受，并产生共鸣。

为了加深对学生的了解，并为他们的学习创设一个良好的家庭氛围，我每次接初一年级时，都会结合自己的班主任工作，联系《中华人民共和国义务教育法》的宣传，从9月至11月，对全体新生进行有目的、有计划的全面家访。我是外乡人，不识路，就利用放学的时间，叫学生带路，和学生一起走，边走边谈心，平等相处，自然融洽，不知不觉中增进了师生的感情，学生都乐于向我讲心里话，这比叫学生到办公室去问话效果好得多。一路上，我们谈思想、讲学习、议生活、论家庭，润物无声之中，我了解了学生，学生也亲近了我。师生之间的距离缩小了，谈的问题也更多、更深、更实。我还结合课本上的知识和作文教学，要求学生把我们在路上的情景写出来。我也同大家一道"下水"，亲身体会写作的甘苦乐趣。有时还让学生比比谁写得好一些、妙一些、活一些。由于经历一样，而观察的角度、原有的水平不同，所以各有千秋。比较交流中每个学生又都能或多或少的从他人那获得一些启发，互相之间取长补短，受益颇大。我再加以适当的辅导，让学生将修改充实后的作品在班上读出来，其他学生像听故事一样，也会得到另一种启发。

在学生家里，我与其家长促膝交谈，有意识地把《中华人民共和国义务教育法》的内容自然融入拉家常的谈话中。家长们从亲切的交谈中，不知不觉认识到自己教育子女的义务，学到一些教育子女的方法，这样，就为学生在家庭中取得了学习上的帮助。两个月里，我跑遍了全乡的山山水水。为了不耽误上课，我都是在晚上进行家访，记得最迟一次回校已是深夜一点多钟。虽然劳苦，但我用辛勤的汗水赢得了学生和家长的心。家长们看到老师是如此关心自己孩子的学习，当然也积极地为自己的孩子创造良好的学习条件；学生看到老师这样为他们着想，学习劲头更大了，主动性更强了，对学校和老师的依恋感更甚了。

通过家访，我绘制了全班学生家庭住址图，按家庭住址分布情况，把全班学生分为十组，便于他们在校外、在离开老师的情况下，互相帮助，取长补短。这对学生课前预习，课后复习尤为有利。

平时，我督促学生写日记，我告诉他们：有什么新鲜事，有什么感想，有什么疑问，都可以写在日记里。我通过日记的形式，与学生沟通了思想。由于学生觉得是在向知己倾诉，也就有话可讲了；又因为师生感情密切在先，也就无话不谈了，如此，还消除了写日记"假、大、空"的现象。形成习惯之后，大多数学生都能在晚上睡觉前记下当天的日记。我还在班上编订了"优秀作文日记选"——把质量高的作品集在一起，供全班同学观阅、欣赏。由于是身边同学的作文，同样体裁、同样题目的文章自己也写过，因而倍感亲切，作用比买作文书还大。对于优秀作文较多的同学，我还为他们出了个人专辑，这些都激发了同学们的写作兴趣。我班有位杨同学说："以前，我觉得写日记是种负担，老师每次检查，我总有点抵触情绪。通过这段时间的记日记、写作文比赛，我觉得写作是种乐趣。每晚睡觉前总要把当天印象最深的事记下来，一天不记，就好像有什么事没完成，心里有种失落感。"现在我班同学有一个共同的认识和感受：翻看自己的日记，比读小说还要有意思，因为那是自己的切身感受。

青少年学生涉世未深，他们有个性、有思想、有智慧，且活泼、可爱、单纯，他们对文化知识学习的欲望是很高的，对任何事都感兴趣。他们向尊敬的老师求知是天经地义的第一件大事。这样一群既可爱向上，又不成熟的青少年，需要经过学校的教育、教师的教诲，才能成长为有用之才。为此，教师必须以身作则，才能完成这样光荣而神圣的任务。正如卢梭所说："只有一门学科是必须要交给孩子的，这门学科就是做人的天职。……我宁愿把有这种知识的老师称为导师……因为问题不在于要他拿什么东西去教孩子，而是要他指导孩子怎样做人。"怎样做人，教师的身教重于言教，要求学生做到的，教师在学生面前必须以身示范，言行一致。

针对现在学生比较娇惯的特点，我平时处处表现出刚毅的性格，表现出战胜困难的决心，以为学生做榜样。我跟学生比赛，决心要做到的事，就决不半途而废。1991年农历正月初四，我要去安徽师范大学学习，当时是假期，时间比较充足，我对《孔雀东南飞》这一课很感兴趣，于是就在学生面前宣布自己的壮举：这次去芜湖，来回虽然有一千多里，但我决心骑自行车去，而且还要绕道庐江县专桥乡，实地考察一下孔雀东南飞的故事。经过艰苦的努力，我骑自行车途经十几个县，收获颇大，对学生的影响也是深远的。再如，我参加工作这多年来，一直没有停止学习，以虚心好学的态度，以发展的眼光，以刻苦的精神来逐步完善自己，因此，我班学生也都对学习语文抱着极大的兴趣和热情。

我们还应当看到，青少年学生来自社会的各个不同家庭，他们的家庭影响、社会地位、经济状况、文化素养、生活环境、交往朋友、遗传素质等都有差异。他们聚集到同一课堂学习，就会表现出各不相同的特点。作为班主任，就应当了解其特点，因材施教，方能取得最好的效果。

1991年，我班从五河县转来一位李同学。刚来时，李同学一句话也不说，我甚至怀疑她是哑巴。通过细心的工作后，才知道是家庭的不幸造成了她孤僻的性格。于是我给予她特别的照顾，使用与众不同的教育方法，尽量多给予她温暖，还叫同学们和她交朋友，给她补课……渐渐地，她爱笑了，对学习也感兴趣了。一次李同学生病了，眼睛出现了视力暂失现象。由于远离亲人，病情未卜，她非常害怕，特别伤心。我一边劝慰她，一边叫同学轮流照顾她。我还买了肉、蔬菜等，托女生辅导员烧给她吃。当李同学端着肉汤时，眼眶里溢满了泪水。我又带她到60多公里之外的六安医院检查治疗，经过多方努力，她的病情好转了。经受这一挫折，李同学好像成熟了，学习也更刻苦了，期末统考，语文取得了118分的好成绩。

语文是带感情的科目，阅读文章、分析课文、写作练笔，无不与感情有着不解之缘。语文教师如果能结合班主任工作，以情感人，以生活中的素材充实语文教学，就能把语文教活、教实，这对作文教学尤为有利。"感人心者，莫先乎情"，情感能使语文教学迸发出动人的火花。

我曾带本班学生搞勤工俭学，种了一块地的黄豆，收获了30多斤豆子。我跟班委会的同学说，这些豆子放着容易坏，如果我们把它烧熟，不仅可以节约菜金，锻炼动手能力，还能让同学们体会到劳动的喜悦。征得班委会的意见后，我自己花钱买了10斤猪肉，和黄豆一起烧。当同学们端着自己劳动的果实和老师的一片真情时，都很感动。虽无豪言壮语，但此时无声胜有声。我还要求同学们以这次活动为题材写作，如记叙文《我们的园地》，说明文《黄豆》，议论文《是劳动创造了财富》。因为有现实生活这一源泉，所以无论是写哪类文体，都能内容充实，言之有物，记叙文写得生动活泼，说明文写得科学有味，议论文写得情真理切。

作文离不开"真"与"情"，阅读也是如此。要搞好阅读指导，首先要培养学生的阅读兴趣，而学习兴趣的培养就要发挥语文学科的特点，要让学生理解、懂得、感受，更何况大多数课文中的"情"浓得都快要流下来了。且不论诗歌、小说中的"情"，单就散文中的"情"就非得让你慢慢咀嚼不可。像朱自清的《荷塘月色》《绿》，茅盾的《白杨礼赞》等，如果学生用真情去读，那将会收到感同身受的共鸣效果。而这种境界的获得，又建立在现实生活的基础上。因此，语文教师要善于联系现实中一切可联系的事物，让学生从感性和兴趣出发，以情感为线索，生动地把握课文，以求得融会贯通的效果。

总之，语文教师应充分利用班主任之便，把生活中的知识和书本中的知识相结合，这样必将大大提高教学效果。

另外，在班级工作的开展中，应有机地融入语文教学，尤其是作文教学。

语文学科有个特点，也是其优势，那就是它与生活紧密联系，而班主任工作就是与学生的学习、生活等方面打交道，如若将两者紧密结合起来，岂不妙哉？而且，学生又是学习的主人，要想搞好教学工作，归根结底要依靠学生主体的作用。语文学科是工具学科，适用范围广，生活性强，这为将语文教活、教实提供了条件。我们应尽力让学生的学习像生活一样，丰富多彩，活泼有致，从而提高教学效率。班级工作正好为之提供了优越的条件，开辟了广阔的道路。

叶圣陶说，"课文无非是例子"。要发挥例子的作用，就不能在"例子"上原地踏步。语文教师要学会通过思维的类化，由课内向课外、由知识向能力、由金子向点金术迁移。"教是为了不教"，要进入"不教"的境界，必然要扩大语文教学成果。担任班主任工作的语文教师，要学会利用班主任工作的"天时、地利、人和"，整合学校、家庭、社会各方面的力量以及数理化政史地等各学科的有趣知识，协调好它们之间的关系，实现其广泛的外部联系。课内精讲、作文、讨论，课外泛读、练笔、交谈、辩论，课内外互相渗透，这就组成了广义的语文教学的基本结构，这样的语文教学将使学生视野开阔，知识丰富，智力发展，把生活中不自觉运用的工具，变成自觉的有意识的训练，达到迅速提高听、说、读、写能力的目的。

学生要把学到的知识转化为能力，还需要及时的强化、反馈和运用，

180

要让他们多动脑多动手。语文教学需要大量使用工具书，因为这样既能调动学生学习的积极性，又能训练其能力，从而提高语文教学效果。我在每接一个班时，都要求每位学生买一本字典和词典，并教会其使用方法，然后放手让学生自己做，养成良好的习惯，终身受益。同时，教学中的字词障碍，他们借助工具书，在课前解决，还节省了课堂上许多的繁琐讲解，可以把精力集中于句段篇章的阅读教学中，提高语文的教学品位。

语文学科的生活气息浓，语文教师要让自己的教学充分适应于这一点，让学生的学习就像生活一样，丰富多彩，让他们意识到，学校不仅有学习，也有生活，在生活中学习，生活中也蕴含着做学问的道理。当今社会充满了竞争，为了适应社会的需要，我在教育教学中也引进"竞争机制"。例如，把全班的四大组，按座位顺序分成十六个"四人小组"，形成八对"两两友谊对抗"的竞赛局面。每次讨论问题时，小组内讨论很热烈，同学们积极思考，生怕落后。许多问题，依靠同学们的集体智慧就得以解决。讨论、辩论还锻炼了同学们的思维和口才。又如，我们可以用"发表作品法"处理作文教学中的"评讲"环节，激发同学们的写作欲，因为每个人都有表现自己能力水平的欲望，每个人都有荣誉感和利益观，学生也不例外。

另外，每个学生都有自己的优势，即使是许多所谓的"后进生"也是如此。今天的莘莘学子，将有可能是明天的科学家、教育家、文学家、艺术家……因而，作为一名教师，应该有敏锐的眼光，充分发掘、发展每个学生的专长。而作为对学生负有全面教育责任的班主任兼语文教师更应注意这一点。为了发挥学生各自的才能，我们班里有一个"百花园"栏，里面又有许多小栏目，每个小栏目都有一个编辑和两个帮手，这些小"主人"、小"专家"都由对相应学科很感兴趣的同学担任。他们工作积极主动，责任感强，把各自的栏目办得红红火火，热热闹闹，活跃了班级学习气氛，发挥了各个同学的专长，为多方面发展人才打下了基础。我班还成立了"文学"等七个兴趣小组，开展多种活动。这不仅激发了学生的学习兴趣，发挥了学生各自的专长，还拓宽了学生的知识面，丰富了学生的生活，为语文教学的深化改革创造了条件。例如，开展"学雷锋、赛作文"活动，既使同学们受到了思想教育，又激发了写作热情；开展时事知识竞赛活动，既能引导同学们关心国家大事，又培养了参与意识；开展"我与小树同成长"活动，既绿化了校园，又培养了同学们的观察能力和环保意识……

语文学科的基础工具性质，决定了语文与其他各学科千丝万缕的联系，要想提高教学质量，作为班主任的语文老师，应起"领头羊"的作用，要善于利用其他各科的方便之点，不失时机地引导其为开展班级工作服务。为了使班级工作开展得丰富多彩，为了给语文教学创造更多的话题，语文教师应对其他各科的优势采取"拿来主义"的策略，使一个班级的教育教学凝成一个整体。为了做到这一点，我和物理教师、地理教师、历史教师商议，带同学们去距离学校90多里的佛子岭水库参观。在水库大坝上，同学们看到了大别山区优越的地理条件和优美的自然风光，同学们都觉得家乡可爱。物理老师结合"电磁学"和"能的转化"知识，为同学们讲解了水力发电的原理；地理老师给同学们介绍了我国丰富的水力资源，同学们又为自己伟大的祖国感到自豪；历史老师从水库建设的历史说起，谈到了我们自力更生所产生的力量，以及在风云变幻的国际环境中，我们的民族和人民经受的洗礼，同学们对国家发展充满了信心。这次活动的收获是多方面的，回来后，作文教学的素材多起来了，学生学习的积极性调动起来了。

班级工作是多方面的，有时当然免不了一些麻烦事、棘手事。但如果教师能把握分寸，利用得好，就能化险为夷、转败为胜，甚至获得意外的收获。

有一年开学，我班一位徐同学，因父亲去世，母亲带她跟继父过日子，由于家庭生活困难，不幸辍学。学生流失是班主任最头痛的事，因为家长不让孩子念书，你去动员，而读书又要花钱，这是矛盾的。况且，孩子受家庭的影响，往往也有厌学情绪。怎么办？我先组织同学们到该同学家附近的山里去春游，让失学者"眼馋"，向往学校大家庭的生活，等把这位同学的学习胃口吊起来后，我又让班干到她家做动员工作。她们以情动人，用切身的体会，叙说孩子想学习的心情。我们还用班费为她买了学习用品，又向学校申请为其减免费用。更令人感动的是：学雷锋小组抽时间帮徐同学家干农活——精诚所至，金石为开，在全班同学的一致努力和帮助下，徐同学终于又坐到了教室里。通过这次活动，同学们的社会活动能力得到了锻炼，也更加珍惜自己的学习机会了。有半数同学都在日记里记下这样的内容：学习机会来之不易，要珍惜。

班级工作是多彩的，作为班主任的语文教师若能充分利用，一定会给教学带来无限生机。

要想及时发现班里的新鲜事，语文教师就应善于"小题大做"，学会从平凡的事例中发掘闪光点。

学校工作是平凡的，但平凡不等于平庸，只要你用心体会，就能获得新鲜的感受，领略个中的甘苦。学校的工作具有平凡之中见伟大的性质。教师面对的是几十个学生，他们的内心都是各不相同的，"每个人的心里都装着一个世界"。因此，就全班来说，班级工作是多彩多样的，平淡之中含有朝气，繁琐之中寓有真情。语文教师慧眼识才，就会发现这是个"很精彩的世界"，如若再把它引入语文教学，定会受益匪浅。

1991年3月21日，我班14岁的徐文应同学在山洪暴发时，在连许多大人都望而生畏的四尺多深的大水中，冒着生命危险，救出了落水者王业勤、王先兰父女。这件事开始我并不知道，一次在一个同学的日记中发现了这一情况，于是我询问了写日记的同学，才了解了实情。我就把这件事拿到班里讨论，并作宣传。落水者的父亲也送来感谢信。学校给予徐文应同学"学雷锋标兵"称号，在全校范围内开展了"学雷锋、学赖宁、学徐文应"活动。我们又把这一材料报给上级团委和电视台，电视节目播出以后，影响很大。我班同学为身边有这样的动人事迹深感自豪，情绪高涨，班级气氛空前活跃，学习兴趣越来越浓。我又不失时机地加以引导，并在班里成立了通讯小组，报道在"学雷锋、学赖宁、学徐文应"活动中涌现出来的好人好事，以及活动动态。通讯小组利用学校的宣传窗，每周作两次的系列报道，恰好又赶上我教学"新闻"这一单元，同学们边学边实践，学以致用，颇有收获。

有人慨叹学校生活平凡，语文教学空洞，其实那是因为他对学校生活的体验只是浮光掠影的缘故。若能深入学校、深入班级、深入学生，做到心中装着学生，就会发现学校生活也有许多令人激动的素材。

当今社会，商品经济影响社会生活的各个方面，这给我们的教育教学方式带来挑战。因此，我们要跟上时代的节奏，把握时代的脉搏，用新的思维方式去处理教育教学中的一些事情，以取得与时代的合拍。再者，我们工作的对象是青少年，他们纯真、敏感，来不得半点虚假。加里宁曾经形容过：教师仿佛蹲在一面镜子里，外面有几百双精细的、富于敏感的、善于窥视出教师优点和缺点的眼睛，在不断地盯视着他。世界上没有任何人受过这样严格的监督，也没有任何人能对年轻的心灵给予如此深远的影响。因此，教师不仅要有美好的心灵，还要有富于创造性的工作方法，既要把教育教学工作落到实处，又要符合学生的口味，跟上时代的步伐。人们一般都痛恨虚假空泛的东西，具有童心、思维敏捷的现代中学生更是如此。如若语文教师只是讲一些口号性的东西，教条式的知识，只能造成学生的逆反心理，语文教学也会走向死胡同。因此，我们一定要抓住一切生动的事例，善于"小题大做"，把教育教学引向纵深，把语文教实教活，以适应时代的需要。

有一年的春天，我收到安徽省"希望工程"办公室的一封感谢信，原来是我班学生桑永静同学悄悄地把过春节时父母给的压岁钱和平时节省的零用钱捐献给了"希望工程"。我利用这件事，在班上开展多种活动，使同学们认识到我省贫困地区还有许多同龄人不能坐在宽敞明亮的教室里读书，他们干着繁重的家务，甚至外出打工，这是多么令人遗憾又令人伤心的事啊！并结合语文教学，要求学生写记叙文《爱心》，议论文《学习机会》。由于身边有具体可感的事迹，这些作文都写得有内容，有真情。同时，学生还感受到了自己的学习机会的珍贵，于是，学习就更加刻苦努力了。

总之，突破教材的限制，使语文教学向大教育方面拓展，取得的效果是显著的。例如：1991年县统考，我班语文成绩在东河口区15个平行班中，位列第一，及格率达100%；全区同级学生，语文90分以上共7人，我班有4人。1992年县统考，我班语文成绩比其他14个班的最高成绩（即除我班外的最好成绩）平均分高出10.9分；751名学生的语文成绩前20名中，我班有12人。由于各方面成绩突出，我班还被评为市文明班级。

作为人类灵魂工程师的语文教师，其任务不光是传授知识，还应利用教材，结合生活，指导学生学会做人。

语文教学与班主任工作的联系非常密切，两者相辅相成，互补互利。我们每个语文教师都应争当班主任，尤其是年轻的语文教师更应如此。我们的学校教育采取的是班级授课制，班主任的作用举足轻重，班主任教育学生要比一般教师全面、深入、直接，而且他们通常不只是以个人的才能、学识关心学生的，更多的是组织和协调各方面的力量来教育学生，尤其是在建设先进班集体的过程中，更是运用集体的力量来教育每一个学生。

当然，班主任工作十分艰巨和繁重，班主任不仅要抓好班集体的建设，负责本学科的教学，还要全面了解每个学生，对每个学生全面负责；要协调本班任课老师之间的相互关系，发挥核心作用；要积极主动地做好指导共青团、少先队的工作；要关心学生学习，关心学生生活，关心学生思想，关心学生身体，关心学生的每个方面——这就是繁重的班主任工作。但是，正是这艰辛的工作，使班主任受到社会各界的高度尊重，也给语文教学带来无限生机和活力，带来充实的内容。

语文学科是名副其实的基础工具学科，语文成绩好的班级，各方面都不会太差，而语文成绩差的班级，其他各科也不会很好。因此，对每个语文教师来说，不能胜任班主任工作，总是一种遗憾。每个语文教师都应该勇于承担责任、勇于实践，要有献身精神，甘做春蚕，甘为蜡烛，"春蚕到死丝方尽，蜡炬成灰泪始干"。只有如此，才能更好地掌握教育教学规律，积累经验，促进语文教学的发展与提高。在学生心灵深处保留下来的长远记忆都是千金难买的，很多人在生活中遇到困难坎坷或获得成就和荣誉的时候，心灵深处泛起的激励之情和感激之意，大多属于他们的班主任。我们总是要衰老的，但班主任的精神最不易衰老，因为在他的暮年，依然有许多年轻的心在关注着他。他是辛苦的，也是幸福的，更是光荣的。

愿有更多的年轻的语文教师乐于并善于做班主任工作！

发挥校长的非权力影响力

校长是一校之首，拥有学校的财政权、决策权和指挥权。李岚清说过："一个好校长，带领一批好教师，就能办出一所好学校。"这说明了校长在学校工作中的重要地位和作用。

校长的作用主要表现在两个方面：一是权力影响力，这属于职位效应；二是非权力影响力，这属于情感效应。古人谈领导的艺术有句名言叫"威恩并用"，"威"指的是权力因素，"恩"就是非权力因素。前者是组织和人民赋予的，只要校长讲政策，走群众路线，是能运用好的；而后者的弹性则大得多，是靠校长的良好形象起作用的。对于有着丰富情感的教师来说，校长的非权力影响力有"润物细无声"的功效。条件相同的学校，由于校长非权力影响力的差别，工作效果差别很大，这是因为优秀的校长在行使职权时，充分发挥了非权力影响力的情感效应。而我主要从"德""才""情""行"四个方面来充分发挥校长非权力影响力的作用。

一是以"德"赢人。"为政以德，譬如北辰。"中华民族有五千年的文明史，是世界上唯一一个历史没有间断的礼仪之邦，这与我们民族的文化内核"德"和"仁"是分不开的，"德"和"仁"使我们伟大的民族产生了极强的凝聚力。万事"德"为本，"德高望重"，校长只有具备优良的政治品质和高尚的道德情操，才能让师生由衷敬佩。

校长要有崇高的信念和百折不挠的奋斗精神，给教师以激励和信心，即使教师在工作中遇到挫折，也能从校长身上获取力量。当前学校工作还有许多困难，但只要校长有"捧着一颗心来，不带半根草去"的精神，定能给教师以巨大鼓舞。

校长要有廉洁自律、勤俭节约的品质，校长要时时警诫自己，要认识到手中的权力是人民赋予的，要有"领导即服务"的思想，要有艰苦奋斗的精神，少花钱、多办事、办好事。

校长应平易近人，虚怀若谷。校长要善于团结全校同志，对下属既要严格要求，又要和蔼可亲。校长的成绩相对教师容易被认可，这就要求校长在成绩荣誉面前要把握住自己，谦虚谨慎，戒骄戒躁，决不能把成绩当作夸耀的资本，只有尽职尽责，踏实工作，才能有感召力。

二是要以"才"服人。看过《三国演义》的人都知道，如果说刘备是以"德"赢人，那么诸葛亮则是以"才"服人，而正是这"德"与"才"，使本无立足之地的蜀汉，取得了与魏吴抗衡的实力。我们从事的是教书育人的伟大事业，知识日新月异，竞争无处不在，庸者只能被淘汰。

校长应具有创新精神和决断魄力，对工作要有预见性。校长不能满足于现状，要善于分析校情，善于发现问题，把理论与实际结合起来；要思维敏锐，兴趣广泛，求知欲强，思想丰富，有较高的人格品位。

校长应有终身好学的素养。有才能的校长必须具有丰富的知识，知识的获得又取决于自觉的学习。诸葛亮的才能不是天生的，他在出山之前，就刻苦钻研各种学问，上通天文，下知地理，纵识天下。校长要努力学习马克思列宁主义、毛泽东思想、邓小平理论、"三个代表"重要思想、科学发展观、习近平新时代中国特色社会主义思想，学习党的方针政策，准确理解上级文件精神。不仅如此，还要学习市场经济理论，掌握教育规律。总之要在百忙中挤出时间学习，不断丰富和充实自己，使自己的才能逐步提高，让教师能放心地跟着他干工作。

校长要努力使自己成为全才。一位好校长，必须是教育教学的行家里手，必须是素质教育的积极推行者，懂得教育艺术，熟悉各科课标；必须是听课评课的专家，教书育人的模范，善于演讲和写作；必须是教研教改的领头人，协调方方面面关系的平衡师；必须是专家中的杂家，专才中的通才。

三是要以"情"动人。"一个成功的校长就是一位教育家。"校长要能动地开展工作，准确地把握教师的思想脉搏，与教师同甘共苦，能真心实意地为教师服务。"感人心者，莫先乎情。"校长要以诚待人，把教师当作学校的主人，尊重教师的民主权利和创造精神。

校长必须多为教师办实事，尽力为他们排忧解难，成为教师的贴心人。校长要有一副热心肠，时刻关心教师，处处体察教师的需求，在工资、奖金、职称等方面解决其实际困难，在不违反原则的情况下，多方予以帮助照顾。这有利于加强教师对学校的向心力和亲近感，从而激发其工作积极性。当然，校长要注意言行一致。如果为了安抚埋怨者而信口开河，许下承诺，尔后又不兑现，甚至矢口否认，必定给下属造成困扰，久而久之，必然会产生负面影响。

校长要善于激励教师，使其迸发出为学校出谋划策的热情。"三人行，必有我师焉"，领导者不能保证自己事事高明；而作为下属，从事具体工作，就某一局部问题，往往比领导看得更清。但由于职位的差别，许多人怕得罪领导，担心领导的自尊心受不了而没有畅所欲言。因此，校长要"甘当小学生"，向教师学习，倾听教师的意见，让教师"知无不言，言无不尽"，把教师的正确意见当作鞭策警诫自己的动力。让教师参与学校各项规章制度的制定，以后的实施就会畅顺得多。

四要以"行"促人。"身教重于言教"，群众看不起"语言巨人，行动矮子"的领导。"百姓从行不从言"。当前，一些地方和单位干群关系紧张，部分群众存在逆反心理，这与一些领导不能率先垂范、不能以身作则有关。这也从反面说明了"身教"的迫切性。

校长要兢兢业业地工作，要经常深入实际调查研究，到教师中去，到学生中去，走进课堂，走进寝室。校长要兼课，而且要做一名优秀的教师；要求教师做到的，自己也要做到；要敢于工作和善于工作，对学校不仅要有苦劳，还要有功劳。我从28岁开始当校长，其间一直坚持上课，并且成绩优秀。几十年来，我坚持早上七点前到校，晚上必须到学校值班，这已经是我的工作、生活习惯了。

校长在实际行动上要雷厉风行、果断迅速，要有健康的体魄、充沛的精力、乐观的情绪、清醒的头脑、良好的记忆力、敏锐的反应力。因此，要注意体育锻炼和精神调节，注意养成良好的工作、学习、生活习惯，以适应现代社会快节奏的需要。

总之，校长的榜样作用就是无声的命令。任何工作，校长都要想在前，讲在前，更要做在前。校长是一校之魂，直接影响着教师对事业的追求和学校工作的开展，因此，校长在行使自己职权的同时，务必充分发挥自己的影响力，务必注意自己的表率作用，激励广大教师对我们的教育事业产生向心力，把每一所学校办好，把教育事业当作自己的使命。

做学法、依法、守法的教师

随着市场经济的发展，法律渗入生活的各个领域。现代校长、教师一定要有法治观念和责任感，否则，不仅搞不好学校及班级的管理和教育教学工作，还可能要承担相应的法律责任。如规范办学行为的有关要求，一定要严格遵照执行。我曾学过四年法律，经济法、民法、刑法、行政法都学习了，虽然因种种原因没有参加司法考试，但这些法律知识使我做事往往更加顺利，甚至我还运用法律知识为学校和教师维权，并且取得了成功。因此，作为教育工作者，最好能学一些必要的法律知识，这样在当今纷繁的社会中能做到不越红线，与方方面面打交道，思路明晰，也能掌握主动权。

我常常用法的精神来提醒自己，并将其作为行动准则。作为一名公职人员，"法无授权不可为"，所以一切的教育教学活动都要在法的框架下进行，否则，就可能"违规""越界"。公职人员还要注意，"法定职责必须为"，否则，就会"失职"，就会"缺位"，就会"不作为"。

为了让我们的教师，特别是年轻教师懂得教育规范，我特意制定了14条教育守则。现节录如下：

毛坦厂镇中心学校教师必备教育守则

为规范教育教学行为，提高教育手段的科学性、有效性，保护学生和教师的合法权益，构建平安校园、和谐校园，特制定本守则。

（1）早晨，班主任应适当提前到校（在规定学生到校时间之前），全面掌握班级和学生情况。如发现有学生缺席，应在5分钟内通知家长，了解情况，及时确定应对办法。

（2）教师无论因公、私事请假，除履行正常请假手续外，还应提前一天告知任教班级的班主任；如未请假，任何教师不得提前下课或离校。任课教师上课不得推迟1秒钟进教室，下课也不得提前1秒钟出教室。

（3）发现学生生病、突发性受伤，教师和班主任要及时送学生去医院并同时通知家长。

（4）做操及集体活动时班主任必须在场。

（5）上体育课时，要询问学生是否有特异体质，不得强迫学生做高强度的运动。

（6）上实验课时，要提前制定科学有效的安全防范预案，教师不得将危险的实验药品、仪器带入教室，不得安排危险的、安全无法保障的演示实验、分组实验。

（7）做学生思想工作，要全面掌握有关情况，要细致、细心、细微，力争润物细无声，杜绝简单、粗暴的语言和行为，不得披露学生隐私。

（8）教育、辅导学生必须在办公室或教室进行，并且至少要有两名教师（或学生）在场。严禁有偿补课等违规行为。

（9）要尊重学生，保护学生的隐私，不得在语言、行动上贬低、诋毁、侮辱学生的人格。要对学生进行心理健康辅导和教育。

（10）严禁体罚和变相体罚学生，批评、处分学生时，要给学生合理的申辩机会，处分学生后必须把学生交到家长手里，严禁遗留管理盲区。

（11）要运用科学、有效的措施教育问题学生，禁止用罚抄5遍以上作业等类似手段惩戒学生，禁止罚站超过5分钟，禁止让学生到教室外罚站。

（12）放学后，如留学生辅导，事前应告知家长，同时教师本人必须在场陪伴，留学生辅导的时间不得超过15分钟。

（13）不得私自组织学生进行校外活动，活动要拟好详细的方案并报批。

（14）各办公室负责人及本办公室领导班子成员负责督查并及时处置突发事件，同时做好上报工作。

以上这些规范，能很好地引导教师依法执教，科学合理地教书育人。

记得有位新上岗的教师说过一件事。她说，当年参加面试时有三道题，其中有一题是："你是二年级一班的老师，你班8岁的黄云同学手臂受伤出血了，你怎么处理?"她很自豪地说，因为在我们学校实习时受过规范的训练，答题时既轻松又到位，还条理清晰，得了高分。下面节录这位老师的答题要点。

　　遇到这种情况，我会这样处理：①查看学生的伤情，安抚学生情绪。如果伤势不重，我就送校医务室简单处理；如果伤势较重，就立即送医院。②通知学生家长。③安排好本班学生的课程。④与家长做好沟通，处理好医疗费用。⑤向学校领导汇报。⑥作安全教育反思，举一反三，避免类似事故的再发生。⑦给黄云同学补上耽误的课程——当然啦，我是义务的、免费的哟!

　　由此可见，做一个学法、依法、守法的教育人，让我们的教育更有保障。

创建爱国主义教育基地

　　毛坦厂是教育之乡、文化之乡，历代文人名人辈出，走出过教育家胡苏明、张晋善，走出过革命先驱朱蕴山、王肖山，走出过文化名人王仲方、司徒越……特别是王肖山、王仲方父子，心系教育、牵念家乡。

　　王肖山（1883—1968），六安毛坦厂人，1903年留学日本，1904年加入同盟会，参加过武昌起义、五四运动和北伐战争。辛亥革命胜利后，被派回安徽任皖北宣抚使，后在芜湖办学，是安徽教育界的先驱。李克农、柯庆施、宫乔岩、曹渊等一批安徽省早期的共产党人是他的学生。王肖山的三个儿子和一个女儿都参加了共产党，大儿子王忠和是黄埔军校学生，后在战争中牺牲，二儿子王仲文因病早逝。中华人民共和国成立后，王肖山曾任教育部参事，一生为革命事业、教育事业奔波，后在"文革"中受迫害致死。

　　王肖山的夫人马成兰（1883—1941），六安毛坦厂人，是知名画家马镜如先生的女儿。马成兰聪慧贤淑、自信刚毅、勤劳能干，抚育三个儿子和一个女儿长大成人，并成为中国共产党优秀党员，为革命事业奋斗终生。在丈夫王肖山为革命事业、教育事业奔波的时候，她勤劳持家，照顾一家老小，同时冒着生命危险为李克农、柯庆施等革命青年提供资助和掩护，是一位平凡而伟大的女性。

王仲方，王肖山、马成兰夫妇之子，1921年1月出生于安徽芜湖市，1937年12月几经辗转奔赴延安参加革命工作，1938年加入中国共产党。曾任抗日军政大学、泽东青干校、延安民族学院教员，华北局社会部科长。中华人民共和国成立后，任公安部办公厅副主任，中共青海省委常委、秘书长、省委政法领导小组组长。"文革"中受林彪集团迫害，被关进监狱五年多。"四人帮"垮台后，任中国社会科学院副秘书长兼法学研究所所长，中央宣传部办公厅主任，中国法学会常务副会长等职。九十多岁高龄时仍笔耕不辍，著作甚丰。

王肖山、马成兰夫妇生前立愿造福桑梓，助教兴学。其子王仲方秉承父母之志，于1995年捐款10万元，设立"王肖山希望工程奖（助）学金"，助失学，奖英才，自1995年至2013年先后奖励资助家乡学生2000余人，使用经费超过18万元。

为纪念其父母，更为振兴家乡教育事业，93岁高龄的王仲方先生于2013年春再次捐款50万元，援建王马成兰图书馆，同时捐赠图书2000余册，其中《炼狱》等作品，就是王仲方所著。

2014年春，94岁高龄的王仲方，再次回到家乡毛坦厂，又捐资款10万元，续设立"王肖山希望工程奖（助）学金"，继续助失学，奖英才，促进家乡的教育发展，激励家乡学子好学上进。

为了更好地发扬革命前辈、家乡名人的教育作用，我校将"王马成兰图书馆"及相关设施设立为"爱国主义教育基地"，每届新生都要到此参观学习。

像这样把家乡的特色文化作为重要的课程教育资源，我们还安排和利用了很多。如：明清老街及其对联文化，张家店战役三纵指挥部，梁家冲烈士陵园，马政文化园，十八根柱子，等等，都是我们的课程资源。

整合家校教育资源

家庭是社会的细胞，除了学校，学生的大部分时间是在家里度过的，因此，家校教育配合得好，对学生的成长非常有好处。有感于此，我的教育体系总是把家长纳入其中，许多工作都会取得家长的配合。

我们成立了家长学校和家长委员会，既是对家长的教育，也是让家长参与到学校的管理中来。比如学校开展的活动，听听家长的意见；学校作息时间的变更，提前通知家长；学校食堂的管理，要求家长监督；甚至学校的教师招聘，也吸纳家长的合理建议。

随着我国经济的飞速发展，社会上出现了一些新的问题和情况，也给我们教育工作者提出了新的课题。如何应对，如何适时调整教育策略，就要考验我们教育工作者的智慧了。例如，离婚现象就给孩子们的教育提出新的挑战。

一次，我检查学生日记时发现班上牛同学父母的婚姻出现了变故。我就找来牛同学，问清了具体情况，并帮助她正确对待，尤其是希望她融入学校的大家庭，告诉她父母虽然分开了，但还是她的父母，还是一样爱她。我还找到牛同学的父母，提醒他们要注意的事项，特别是要对孩子加倍地关爱。经过一段时间的工作，牛同学走出了家庭变故的阴影，开朗起来了，而且写了一篇作文发表了出来，这篇作文后来被很多单位当作本单位职工学习的材料。这篇作文如下：

两个妈妈

像天下所有母亲一样，我的亲生母亲不仅赐予我生命，而且给过我无微不至的关怀和良好的教育。她特别注重我良好习惯的培养。从我记事起，她就叫我自己动手、自己做事，总是那样的耐心，因而我的手工作业和美术作业一直是班里最好的。每当同学们问我时，我总是自豪地说："是我妈妈教的。"

可是，我十二岁那年，不知什么原因，父亲和母亲总是吵架，以致感情不和而最终分手了，法院把我判给了父亲。

过了一段日子，父亲给我找了一位后妈。听别人说，是我这个后妈把我母亲挤走的。因此，我当时非常恨她，恨她拆散了我的家庭，恨她使我失去了母爱。人们都说：后妈心狠。于是后妈第一天进我家时，我就给了她一个下马威：父亲叫我喊她"阿姨"时，我叫她"第三者"，让她当众难堪。

后来，我逐渐感到后妈并非想象中那么让人害怕，她还挺关心我的。天气变冷时，她及时给我送衣服；每次回家，她总是烧我爱吃的糖醋排骨；父亲打我时，她总是护着我；她还经常叫父亲送我到母亲那里看看。慢慢地，我对她消除了敌意，不再怀疑我的家庭是被她拆散的了，并且对她有了好感，愿意叫她"阿姨"了。

记得有一次我起床迟了，眼看赶不上学校的交通车了，我又不会骑自行车，爸爸又出差了，这时，后妈二话没说，骑上自行车，带着我就往学校奔。我家离学校有二十里，又多是上坡。瘦弱的她载着一米七的我，吃力是可想而知了。到了校门口，她已是大汗淋淋，上气不接下气了。望着受累的她，我激动地喊了一声"妈妈"！

我常想：我的家庭虽然经历过不幸，大人们感情上的事，我也说不清，也许有他们的道理。不过我得到了两位母亲的爱是真切的，因此，我感到自己是快乐的女孩。

从这篇文章中，我们感到孩子在这个变故中挺了过来，而且很阳光。这位牛同学后来学业有成，受到了很好的教育，现在她在日本发展得非常好，也有了自己幸福的家庭。

我们还通过整合家校的教育力量，引导青少年养成正确的审美观。

有段时间网络上流行一些畸形审美，如"油头粉面""颜值至上"等，对青少年学生产生了不良影响。青少年是国家的未来，作为新时代教师，培养担当民族复兴大任的时代新人，抵制不良文化对他们的侵蚀，用健康优秀的文化滋养青少年学生，是我们责无旁贷的重大责任。

学者尼尔·波兹曼曾在其著作《娱乐至死》中告诫人们：毁掉我们的，不是我们所憎恨的东西，而恰恰是我们所"热爱"的东西。面对眼花缭乱的各种"泛娱乐化"现象，重温和思考这种理性之声，很有必要，也很有价值。

因此，我校一直致力于健康文化的传播和引导。一是学校用充满正能量、健康的文化引导学生，大力发展体育运动。二是通过家长会、家长沙龙、致家长的一封信等活动，指导家长也养成正确的审美观，进而帮助学生健康成长。

优化教师集体

素质教育和新课程改革已经推进多年，但实施的效果并不尽如人意。究其原因，除了社会因素外，学校没有形成优化的教师集体是重要原因之一。从以下几个方面可以看出问题所在：（1）教师队伍受市场经济的冲击而不稳定；（2）教育系统内的"大锅饭"现象使教师敬业精神淡泊，好教师没有带动差教师的意识，"后进者"也没有学优的热情；（3）教育评估不科学，造成教师把主要精力放在升学率上，而这又导致争时间、搞题海战；（4）教研教改理论与实践脱节，教师的教学品位不高；（5）中学阶段各学科教师之间协作不强，学科之间不重视联系，教师重教书，轻育人。另外，我们又看到，凡是素质教育和新课程改革实施得好的学校，都有名师和以他们为代表的一支优化的教师队伍。因此，我们可以以班级为单位，以班主任为核心，对教师进行优化组合，同时改进评估和考核方式，为开展素质教育和发展"两全"目标准备人力条件。现结合我校"班主任聘任制"的实践，对此主题作论述。

要搞好素质教育，必须先提高教师素质。学校要下功夫培养出一批名师，发挥其专长。校长要创造条件，让一部分教师先成长起来。我校多年以来比较注重这项工作，定指标任务，促进修学习，派员参加学术会议，涌现了一批各具特色的好教师。如：富有激情年年都能教出好成绩的教学能手邹兆祥；能写善画、多才多艺的刘成和；热心家访、关心学生的王仕松；教研成果突出，有一定理论水平的张行中；善于辅导学生参加兴趣小组和竞赛的邵行发；课堂语言思辨性强，对学生有吸引力的汤高峰……有了这些教学骨干，学校就能以这些同志为聚焦点，形成一个个班级教师集体。我认为让一部分教师先成长起来，是建设教师队伍的必要的先行的步骤，有了这些榜样的作用，才能激发全体教师的积极进取之心。

另外，要充分发挥班主任的作用。首先，校长在乐于并善于做班主任工作的教师中择优聘用班主任，聘用的班主任必须具备以下优势：（1）富有创新精神，教学能力强；（2）热爱学生，理解他人；（3）好学肯钻，吃苦耐劳；（4）善于做协调工作，有组织管理能力；（5）具有教育学、心理学的知识修养；（6）教育思想正确，教学方法科学。

其次，让班主任根据"双向选择、优化组合"的原则聘用本班授课教师。这里，为防止班主任敷衍，或把手中的权力作人情，学校采取了以下措施：（1）做好思想工作；（2）制定班级目标责任制，具体到各学期；（3）制定措施：学校聘用班主任一般是三年，从初一到初三，便于教育的连续性，如完不成学期目标，可中途解聘。这样给班主任一定的责任和约束压力。

最后，实施过程要处处体现班主任的核心作用。因为有了班主任都是优秀教师这个基础和授课教师由班主任聘用这个条件，所以班主任在本班授课教师中有一定权威，学校要维护他，班级工作要尊重班主任的意见，这样容易形成教师集体。这样给学生进行教育的是教师集体，而不是单个的教师个人，有助于消除教师各自为教的现象，便于以班级为单位开展素质教育。

考核评估及奖励措施要与之相适应。现行的考核方法大多是考查教师个人，这不利于形成有凝聚力的教师集体，就像语文教学中单篇课文的教学不如整体单元教学一样。当然，面对市场经济，在优化教师的组合中，既要注重"奖勤罚懒""多劳多得""优质多酬"的做法，以加大聘用制的力度，调动教师工作的积极性，又要强化教师的协作精神，因为教师劳动的特点是教学过程的个人性和教学成果的集体性的结合。

在福利方面，我校目前未涉及国拨工资，而是将学校自有经费和绩效工资拉开分配档次。将学校各项工作量化为分值，做一项工作，得一项待遇。本学年我校人均工作量为12分，教师最高工作量为20.2分（该教师授一班数学，四班物理，任教研组组长和班主任），最低工作量为8.05分。这样做能让工作责任心强、能力强、教学效果好的教师人尽其才，同时，每月多得1800多元工资，使经费物尽其用。在考核方面，对一个班集体内的教师，既要体现个人的作用，又要显示集体的功能，可以变过去的单纯考核教师个人为考核班级教师集体，再由班主任考核教师个人，目的是让同班教师"荣辱与共"。例如：我校"普九工作"第二条规定：普九工作不力，班级流失一生，班主任扣3分，本班其他教师扣1分。这样，"巩固率"就不是班主任一个人的事了，集体的力量是无穷的。又如"教学工作"第十条规定：考试成绩倒数第三名的，扣授课人2分；倒数第二名的，扣授课人4分；倒数第一名的，扣授课人6分。本班其他授课教师扣其相应的1/3的分值。正数前三名的同理类推加分。这样，本班教师就要相互帮助、齐心协力，争时间、搞题海战的教法再也行不通了，只有搞好协调工作，强化教研教改，共同提高教学效率和质量，才是正道。

最后再从优化组合的必然结果方面来谈谈其对素质教育的推动作用。组合也是一门学问，人的合理配置更是如此。实行聘任制，有利于调动教师的积极性，有利于开展素质教育，有利于提高办学效益，有利于提高学校和教师的整体利益。具体表现在以下几个方面。

第一，教师主动提高自身素质，敬业精神增强。优秀的想更优秀，"后进者"赶"先进者"，有了竞争的压力，就有了危机感。就我校来说，实行聘任制后，优秀教师普遍得到重用。

第二，校园文化气息变浓，师生精神面貌良好，素质提高。我校初中部三个年级的学生全部住校，管理难。过去教师死教，学生死学；实行优化组合后，校园人际关系和谐，班级注重学习气氛培养，教室布置艺术化，校园美化品位化。

第三，形成了有利于开展素质教育的教师集体，教师变以前的只注重教书为既教书又育人。这对于塑造学生高尚健全的人格很有好处。教师注重对学生进行人文教育，注重学生道德品质、文化智能、身心素质、特长等的和谐发展。教师积极探索教学新路子，努力激发学生的学习兴趣和学习热情，真正体现出"教学"法就是教"学法"。

第四，实行聘任制后，教师中帮学氛围浓厚，"文人相轻"的陋习得到很大程度地清除。因为大家认识到，成绩是大家共同努力才能提高的。因此，请教他人的人多了，主动帮助他人的人多了，这对落实"两全"很有好处。近几年来，我校中考成绩始终位于我市东南片榜首，还出现过一个班考取省示范高中36人的好成绩。

在实践中，我们深切地感受到：良好的教师集体是推进素质教育的重要条件。

整合素质教育资源

当下，"素质教育提升"和"核心素养"成了热门话题，各中小学都争先恐后地说自己是实施素质教育的学校，努力提升学生和学科的核心素养。素质教育落实起来，大多偏重于体、音、美课程的开足开齐，成立各科兴趣小组，如此等等。固然，以上所列举的都是素质教育不可缺少的部分，但并非素质教育的重点，更非素质教育的全部。素质教育应包括以下三个方面。

第一，学科教学。这是素质教育的主渠道。要真正落实素质教育，必须加强各学科教学，提高教学效率，注重教学艺术，向课堂45分钟要质量，变学生被动学习为主动需求。这就要求教师备课时在备知识的基础上，要重点突出备学生、备教法，找到适合学生的最恰当的方法，激发学生的学习兴趣。上课时，教师的讲解要有启发性，要简明扼要、重点突出、形象生动、逻辑性强，能最大限度地调动学生的学习积极性。课后作业要精炼，有目的性，最好是教师根据教学目的自己设计出来的。学校和教育行政部门在考核时应变过去的考核单科授课教师为全面考核一个班级的教师集体。这样能避免学科教师单纯传授知识，争时间、搞题海战等问题。对学生实施全面教育，把素质教育有机融入各学科的教学中去，这是实施素质教育的主渠道、主阵地。离开了学科教学去讲素质教育，那只能是空中楼阁。

　　我校经过调研、研讨，对课堂教学进行了变革，即由原来的教师讲授变为学生的自主学习，把课堂主阵地让给学生。

　　新课程标准下，教师的真正本领主要不在于讲授知识，而在于激发学生的学习动机，唤起学生的求知欲望，让他们兴趣盎然地参与到教学全过程中来，经过自己的思维活动和动手操作获得知识，从而提高学生用知识解决问题的能力。

　　能力的获得是促成学生自主学习的重要因素，有些学生就是缺乏学习能力，导致学习低效。如果教师能着力从这一点入手，组织教学，那么学生真正是获益无穷了。

　　教师要注重角色的转变。新课程要求教师由传统的知识传授者转变为学生学习的组织者。在教学中，组织学生个体学习、同桌交流、小组合作、全班交流等都是新课程中倡导采用的课堂教学组织形式，必须给学生自主学习、思考感悟提供充足的时间。教师灌给学生的，学生很难记住；学生在实践中自己获得的，永远是自己的。

　　教师应成为学生学习的参与者。教师参与学生学习活动的行为方式主要是观察、倾听、交流。教师与学生之间的交流，既要有认知的交流，也要有情感的交流；既可以通过语言进行交流，也可以通过表情、动作来实现交流。要积极培养学生主动参与、乐于探究、勤于动手、分析和解决问题以及合作交流的能力，改变学生从前单一、被动的学习方式。注重学生学习方法的指导，培养学生终身学习的愿望和能力，为学生的全面发展和健康成长创造有利的条件。新课程改革后，学校课程更加贴近学生的生活，提供了满足学生现实生活、未来发展的课程，特别关注学生核心价值观的养成和能力的指导。

　　初入职的教师最为关心的是"我怎么教"，甚至走上讲台的第一句说什么、第二句话说什么、做出什么样的手势都要事先想好。随着教学经历的积累，教师关注的重点逐渐转移到"教什么"上来，注重对教材内容的呈现、主要知识点的落实和知识结构的梳理。当这两方面都能应付自如，教师开始关注"学生怎么学"。因为教师会发现尽管自己"教"得很精心，一节课安排得结构严谨、重点突出，质疑解析环环相扣，语言形象生动，但学生的学习状态和学习成绩却常常不尽如人意。由此，教师认识到在教学中不仅要重视教师的教，还要重视学生的学。

我们强调"以学定教"。所谓"以学定教"就是依据学情确定教学的起点、方法和策略，这里的学情包括学生的知识、能力基础，学生的认知水平，学生课前的预习程度等学习主体的基本情况。心理学研究表明，学习的本质不是对知识的文本复述，而是对信息的加工和编码，是对概念和规则的理解和运用，是对经验的建构和认知结构的重组。因此，学习者应当充分经历动手操作、观察感知、亲身体验、归纳概括、应用练习等各种学习活动过程。而不同的教学目标和内容，因其所指向的学习结果层级不同，所需要的内部学习心理过程及外部学习活动形式自然不同。

教师的教学智慧，主要体现在对学生的学习活动进行设计。这里要注意三个概念："以学生为主体""以学定教""以学习为核心"。"以学习为核心"不同于"以学生为核心"，"以学生为核心"，即"以学生为主体"，关注的是"谁来学"，针对的是传统教学忽视学生主体地位的问题。"以学习为核心"也不同于"以学定教"，"以学定教"关注的是"学什么"，针对的是在教学内容选择和难度设置上忽视学生学习起点和已有经验的问题。"以学习为核心"，关注的是每一个具体的教学内容"怎么学"，针对的是当前教学忽视学生学习认知心理过程的问题。

第二，开展活动。这是学科教学的必要补充。人的能力素质的提高，必须通过人自身的活动才能实现。例如，物理、化学、生物的实验能培养学生的动手动脑能力，将课本知识强化为自身实际操作本领。又如，学生参加社会调查活动，能培养其观察能力、应变能力和适应社会的能力。再如，各种体育竞赛，不仅能提高学生的素质，还能激发学生的集体主义意识、竞争意识，培养其机智性、灵敏性、坚韧性等品质。总之，一系列的活动能让学生的各个方面得到全面发展。

我们学校成立了第二课堂，有音乐小组、美术小组、书法小组等12个特长兴趣组，要求学生每人至少参加一个兴趣小组。学校每学年都要召开秋季运动会。学校还把"大红伞"非物质文化遗产引入课堂。

第三，环境育人。人生活于环境中，环境对人的成长起着至关重要的作用。什么样的环境育出什么样的人才，良好的环境能陶冶人的情操，对青少年学生更是如此。因此，首先，我们要致力于环境的营造。这里我们姑且不论社会大环境，就学校而言，要努力创造良好的校园环境。教室要窗明几净，一尘不染；寝室要整洁如家，常扫常洁；校园要净化、绿化、美化，发挥黑板报、宣传窗、学习园地、广播室的宣传作用，让墙壁能"说话"，让花草都"含情"，使学生感受到优良的校园文化气息。其次，教育方式要优化，对学生要以正面教育为主，以引导、开导、鼓励为主，严禁体罚或变相体罚学生，尽力挖掘学生的潜力，激发学生的学习热情。最后，要有良好的人际关系，教师要为人师表，从衣着到谈吐，从语言到行动，都要堪称学生的楷模。领导与教师之间、教师与教师之间、教师与学生之间，都要互相尊重，关系融洽，让学生在温馨的环境中健康成长。

我校的环境从总体布局到局部落实，处处体现出校园文化的品位。从教学楼的命名到走廊文化，都在育人的过程中无声地说话。比如楼名有明德楼、至善楼、齐贤楼、百川楼、朝阳楼、静思楼、乐群楼等。学校每幢楼都有专题走廊文化，有"法制走廊""名校走廊""弟子规走廊""师说走廊""名言走廊""励志故事走廊""名著走廊""二十四节气走廊"等。

总之，素质教育的范畴极其广泛，但主要环节还是文化课，我们不能本末倒置，放松课堂教学而另外标新立异。同时，素质教育又是一种教育理想，它可以让人得到全面发展。我们的一切努力只是在接近它的理想状态，而素质教育是永无止境的，更不是一蹴而就的。但愿我们每个教育工作者都有踏踏实实的态度，脚踏实地的作风，这对我们教育事业的健康发展是有好处的。

培养"合格家长"

人的一生受三个方面的教育，即学校教育、家庭教育和社会教育。过去，人们重视学校教育，往往忽视家庭教育，认为家庭是人的生活场所，家中的事是私事，这种认识上的误区导致了家庭教育在人的整个教育体系中的失衡，对学生的全面发展、品行修养、学习习惯、心理素质、义务教育等造成损失，产生了许多社会问题。近几年，毛坦厂镇中心学校从本校实际出发，对办好家长学校进行了有益的探索。

第一，树立大教育观念，按规律办事。我校成立了以一名主要领导同志为组长，老教育工作者、班主任为主体的家长学校校务委员会，建立了一系列规章制度，把家教工作列入学校工作的议事日程，并加大投入，购买资料，确定教员，定点上课。同时，召开座谈会，教育广大教师认识到家教工作的重要性，认识到搞好这项工作对素质教育和常规教育教学的作用和意义。我们还把每周二、周四定为家长开放日：周二下午组织家长参观校园，走进教室，了解孩子学习情况。周四下午召开家长培养会，培训相关教育知识，让有能力、有经验、愿意交流的家长给其他家长上课，传授教育子女的好方法。同时，学校还把家教工作作为考核教师的一项内容。

第二，根据本校的实际情况和学生寄宿制的特点，灵活多样地开展工作。我校的特点一是外来学生多，二是寄宿，三是家长陪读多。我校很多陪读家长利用闲时打工，因此，镇上应运而生很多服装厂。于是学校出面，与这些服装厂协调，统一作息时间，各年级定时放学，这样便于家长接送，又容易组织家长培训。

第三，致家长公开信。学校每学期都把学校的工作要点、目标，学校的情况，学校对学生的要求，学校需要家长给予的配合等情况都列清楚，写成一封公开信，让家访教师登门送上。这样既加强了学校和家庭的联系，也让家长学到了许多知识。

第四，定期给家长上课。利用农闲及外出打工家长回家的机会，学校每学期给家长上两次辅导课。辅导课的主题多样，如"教育子女须如""培养子女择业观""帮助孩子正确对待优点和缺点""严格但不溺爱"。其中一堂课"外出打工家长要关心自己的子女"让许多家长潸然泪下，收到了很好的效果。

第五，问卷调查。学校每学期出一份调查问卷，精心设计题目。从调查问卷中获得一些成功的经验，同时暴露出家庭教育中存在的一些问题，如教育子女态度粗暴，对子女重养轻教、重智轻德等问题。这样我们的工作就能做到有的放矢，目标性更强。

第六，开展家访工作并与送温暖活动相结合。学期结束时学校组织教师对全体家长进行全面家访，送上学生成绩单，填写家访登记表，与家长沟通思想，还给困难的家庭献一份爱心。近年来，我们还结合教育扶贫工作，对困难学生和家庭进行了包保帮扶，不让一个学生辍学，不让一个学生掉队，即使学生上了大学，我校也进行跟踪服务。

第七，成立家长互学自然组。为方便开展活动，发挥集体的智慧和群体优势，我校按居住的地理位置，将家长编成30多个互助互学组，让先进的带动、引导后进的，并让有组织才能的家长任组长，抓住家长望子成龙的心理，引导他们开展竞赛、评比活动，有力地激发了家长对子女教育的热情。同时我们也注意引导家长：在教育子女方面，一定不能攀比。指导家长要根据自己孩子的特长来教育孩子，充分发挥自己孩子的优势，扬长避短。

我校在工作实践中重视学校教育和家庭教育、社会教育的配合，这不仅不影响正常的教学工作，还对学校的整体工作有很大的促进，我们的工作深受家长、社会的赞赏，可谓事半功倍。因此，我们坚信，应该努力把家长学校办好，使之成为培养"合格家长"的学校，让家长成为教育子女的第一位合格教师。

多年父子成兄弟

校长是一校之魂，是教师和学生的教育者和引领者。但是，校长如果不注意角色调整，在家里也行使权威，把校长的领导者角色带往家庭教育中，往往处理不好与子女的关系。

作为教育的内行和教育管理者，在工作取得成就的同时，更希望自己的子女出色。我就给儿子取了个简单而又很少与人重复的名字——周易，我希望他的人生像他的名字一样简单而又与众不同。我和他虽是父子，却更像是朋友。从他小时候起，我俩之间就充满了民主和友谊。因此，他一直有很强的自信心。在教育孩子的过程中，童言无忌的他，往往给我这个为父、为师、为校长者很多启发。

他6岁那年，我买了一对彩龟，让他了解这种现在很少见的动物。他当然很喜欢，精心饲养。冬天到了，妈妈给他穿上了棉衣，没想到他竟把彩龟从池子里捞上来，放到棉絮里。由于缺少湿度，当我们知道时，彩龟已经死了。虽然这件事的结果不好，但我从中看到了一颗善良纯真的心，这是非常宝贵的，我们要悉心地呵护！

他8岁那年，有一次吃咸鸭蛋，只吃蛋黄，把蛋白弃于桌上，一块、两块……我忍不住了，指着蛋白说："你给我吃掉！"周易眨眨眼，夹起蛋白迅速递给我说："给你吃。"我愕然了。他又补充一句："你不是叫我给你吃掉吗？"这件事让我久久难忘，孩子不是不懂我的语意，而是不仅理解了还巧妙地把意思说得有利于他自己（将介词"给"作动词用，把祈使句做陈述句用），虽然他不知语法、句法为何物，不懂词性怎么用，但他凭语感领悟了，并且灵活地把我要求他吃的意思，别解为他递给我吃。所以，我们要充分相信孩子的感悟和理解能力。

他9岁那年，有一次放学回家，他很郑重地对我说："你们不能打我！"我问："为什么呀？"他说："老师上课告诉我们了，现在有一部《未成年人保护法》专门保护我们小孩子啦，我们小孩子什么都不用怕了。"过了一会他又说："老师还说，如果你们打我，那就是犯法。"我看着他认真的样子，对他说："那你要听话。"他马上反驳道："不对，即使我不听话，你们也不能打我。"我只好说："对，那我们就都做个守法的人吧。"这件小事让我想了很久：是啊，再小的孩子都有平等的人权，这是法律赋予每个人的权利。我们做家长和做教师的，对孩子的这种权利给予足够重视了吗？

他10岁那年，有一次到我们学校来玩，从厨房里找了一些松节油，装在缸子里，放到火上烧，结果融化了的松节油粘得到处都是，弄得他满手洗不掉。我说："周易，你太顽皮了，看看，难受了不是？"他却反驳说："要怪就怪你，你没有尽到监护的责任。"我想想也是，我们在批评学生时，应当先想想：我们成年人自己有没有不足，我们是否尽到了自己的责任？

他12岁那年，有一天，看了《三国演义》后，他很有感触似的评价起来了：诸葛亮虽然说是智慧的化身，但并非真正聪明。例如，他不善于发挥别人的作用，利用集体的智慧，处处事事都是自己想得很周全，安排得很周到，别人只是被动地执行，结果自己积劳成疾，未老先死。而相对来说，表面忠厚迟钝的鲁肃倒是大智，他举贤才，重团结，尤其是他很有心计地把荆州让给蜀军把守，借用别人的力量来抗击敌人……听了他的"高论"，我很是诧异。我想，不能认为孩子什么都不懂，而要放手让孩子自己去发现、去探索，那样，也许会有出乎意料的收获。

他14岁那年春节，我们在一起看电视连续剧《康熙王朝》。当看到康熙14岁亲政时，我下意识地鼓励他说："周易，你看人家玄烨8岁登基，14岁亲政……"还没等我说完，他就接着说："我倒是想亲政，可也没有政可亲呀！"其言一出，让我好惊讶。我想：我们在教育孩子的时候有多少不切实际、好高骛远的空谈啊。这种空洞的说教又有多少教育意义呢？

现在周易在一所知名的985重点大学读书，学的是汽车工程专业。我想已经成年的他，应当能走好自己的路，"我的青春我做主"。我相信，将来无论他是研究汽车，是经营汽车，还是修理汽车，只要是他的兴趣所致，有成就感，成为一名对社会有用的人，就应该是成功者。

推己及人，我把对待自己孩子的教育思想，作为管理学校和引导师生的指南，效果非常好。

整合教材资源

研读经典文本，我发现古人有非常了不起的法治思想，这是一笔宝贵的财富，但在过去的教学中往往被忽视了，白白浪费了难得的课程资源。因此，我们应该挖掘其中的合理内核，引导师生重视它，欣赏它，学习它，理解这些可贵的思想，这在我们今天建设法治国家、弘扬法治精神的背景下，显得尤为重要。同时还能提升学生的法律意识，促进学生成长为现代合格的公民。下面我以语文教材中两篇经典的课文——《曹刿论战》和《出师表》为例，分析一下其中蕴含的法治思想。

《曹刿论战》写的是"齐鲁长勺之战"，是齐桓公即位后向鲁国发动的第二次战争，是历史上有名的以弱胜强的经典战例。全文分三段，第一段写战前曹刿请见鲁庄公并与之讨论开战的依靠条件。面对强齐的进犯，一介平民曹刿主动请见，作者记述了他与"乡人"的一番对话。乡人善意地劝他不要去参与"肉食者"的事，曹刿却坦直地回答："肉食者鄙，未能远谋。"可见，曹刿有很强的市民意识，公民意识。"天下兴亡，匹夫有责"，人人都是国家的主人，都要有主人翁意识，国家不是某一个人或某一部分人的国家，国家是全体人民的国家。这就是法的精神实质所在。不能把国家的命运交在少数人手中，这已在前次之战中有所证明，那一次"公丧戎路，传乘而归。秦子、梁子以公旗辟于下道，是以皆止"，如今齐军压境，岂可再让国家败在他们手中？所以，具有法治思想的人都很关心时事，愿意为国家事务尽责出力。

接下去，曹刿与鲁庄公围绕"何以战"的论题进行了严肃的对话。鲁庄公心无成算，对曹刿的询问作不出爽快切要的回答。鲁庄公提出的"衣食"分配，"弗敢专也，必以分人"，以及神灵祭祀，"牺牲玉帛，弗敢加也，必以信"，都不切要害，都被曹刿所否定。唯有在曹刿的启发引导下，鲁庄公提出的治理讼狱"小大之狱，虽不能察，必以情"这一点，曹刿认为"忠之属也，可以一战"。这体现了很重要的司法公正精神。什么是"必以情"？那就是判案"以事实为依据，以法律为准绳"的司法精神的真实体现。

公正司法，明察案件，是一切以人民为中心，忠实为人民办事的表现，凭这一条，可以一战。如此看来，国家要取信于民，就要司法公正。司法公正是国之根本，是争取胜利的基础支柱。

司法的作用有多大？在曹刿看来，司法的重要性高于对民众的小恩小惠和诚实的祭祀，公正司法，明察案件是进行战争，哪怕是一场反侵略的正义的自卫战争的首要条件。而战争是什么？《孙子兵法》开宗明义："兵者，国之大事，死生之地，存亡之道，不可不察也。"战争是国家头等重要的事情，是关乎国家生死存亡的大事，是不能不认真思考、谨慎行事的大事。古今中外因战争而亡国亡政的事例数不胜数，而曹刿将司法与战争紧密联系起来是前无古人的。在曹刿看来，司法才是决定国家生死存亡的头等大事。所谓非战之罪也，实司法乃战之本源也。再回到课文叙述的事件，弱小的鲁国能战胜强大的齐国，与鲁国能通过司法的公正而取信于民密切相关，与以曹刿为代表的鲁国人认识到司法公正的重要性，并实践了司法公正的理想是分不开的。2700多年前的曹刿竟有那么多发人深省的观点，实在可贵。《曹刿论战》我读过无数遍，教过十多遍，但过去只看到曹刿的军事谋略，欣赏以弱胜强的长勺之战的战略战术，却忽视了曹刿对司法的态度，是仅看到了问题的一个方面，而忽略了其主要观点，甚至是问题的实质和关键点。

再看诸葛亮的《出师表》。这是诸葛亮在建兴五年（227）出师伐魏时给后主刘禅上的表文。前半部分是进谏，后半部分自叙经历和表决心。诸葛亮所给的三条建议是：广开言路，严明赏罚，亲贤远佞。广开言路是前提，严明赏罚是关键，亲贤远佞是核心。这里重点分析一下第二条建议严明赏罚。

（1）要赏罚公正、内外一体——"宫中府中，俱为一体，陟罚臧否，不宜异同。"

（2）要法纪严明、内外一法——"若有作奸犯科及为忠善者，宜付有司论其刑赏，以昭陛下平明之理，不宜偏私，使内外异法也。"

这里具体说明应怎样做，不应怎样做，关键是"俱为一体，不宜异同""不宜偏私，使内外异法也"。这种公正严明的法治精神，是诸葛亮的一贯主张，也是他出师前最担心的，所以他告诫后主不要干预，防止内外异法，扰乱朝政。而要做到这一点，关键又在于"宜付有司论其刑赏"。它的意思是关于司法之事应一律交给其主管的部门（也就是司法机关）加以处理，或是惩办或是奖赏。这种司法独立的思想正是保证司法公正严明的必要条件，是保证法治严肃的关键。即使是在今天，法治已经比较健全的时代，那些以权代法、干预司法实践的行为，还经常困扰着我们，阻碍着社会的文明进程。可见诸葛亮的"宜付有司论其刑赏"的司法理论和实践是多么难能可贵，多么值得借鉴和学习。

陈寿在《三国志·诸葛亮传》中，对其评价如下："诸葛亮之为相国也，抚百姓，示仪轨，约官职，从权制，开诚心，布公道；尽忠益时者虽仇必赏，犯法怠慢者，虽亲必罚，服罪输情者，虽重必释，游辞巧饰者，虽轻必戮；善无微而不赏，恶无纤而不贬；庶事精练，物理其本，循名责实，虚伪不齿。终于邦域之内，咸畏而爱之，刑政虽峻而无怨者，以其用心平而劝戒明也。可谓识治之良才，管、萧之亚匹矣。"

其实诸葛亮在西南主政，就以法治蜀，注重"内修政理"。诸葛亮在治蜀方针上采取了先秦法家"法住而国治"的思想，"科教严明，赏罚必信"。诸葛亮在《赏罚》中说："禁令刑罚，所以成心"，"赏以兴功，罚以禁奸"。他认为法令刑罚是治国的重要工具，可震慑人心，劝善规恶。他说："经常之法，规矩之要。"

诸葛亮认为"赏罚不明，教令不常，以私为公"，"人有二心，其国危殆"，并建议刘禅要"陟罚臧否，不宜异同"，"不宜偏私，使内外异法出也"。他"赏不逾时"，"刑不阿贵"，树立了司法的绝对权威。

诸葛亮在回答法正时说道："吾今威之以法，法行则知恩，限之以爵，爵加则知荣；恩荣并济，上下有节，为治之要。"为了实施以法治国，诸葛亮制定了《蜀科》，并源于管子"劝之以庆赏，振之以刑罚"，引申为"赏以兴功，罚以禁奸"。诸葛亮执法肃然，赏罚有信，街亭失守，他挥泪斩马谡，自贬三等，可谓杀一人而威震三军，其义自明。

远在1000多年前等级森严的三国时期，诸葛亮就能够对皇宫和丞相府两个当时最有权势的地方提出"不宜偏私，使内外异法也"的主张，是何等的远见卓识！他力陈君主执法要公平、公道，不能搞多重标准，不能偏私，主张在法律面前人人平等的做法，确实为其法治思想之精华。

偏于西南一隅的蜀汉，能够在动乱的年代生存下来，并得到发展壮大，与诸葛亮倡导并建立起一整套法令科律是分不开的。

今天，在我国法治建设中，一些人将法与道德对立起来，狭隘地认为法就是理，道德就是情，讲理就不讲道德，抛弃了法律所必需的伦理原则，使法律活动失去了价值指引；一些人热衷于搞小团体利益，热衷于搞特权，这些都是与现代法治思想相违背的。古人尚且能做到敬畏法律的尊严，难道我们还不如古人？古人的那些闪耀着智慧光芒的法治思想，无疑对我们有着十分现实的借鉴作用，应当发扬光大。

而作为人文学科的语文，我们在教学中要合理利用经典中的积极因素，深入挖掘课程资源，确定重要的教学内容，提升学生的人文素养。这比教学方法还要重要，因为教学思想、教学内容是本，教学方法、教学手段只是标。我们要标本皆修。

向名著学习教育智慧

经典名著之所以能成为经典，就是从中可以学到许多智慧，而且历久弥新。西方人就曾说过："在管理中，大的集体学习中国的《水浒传》，小的集体看《西游记》。"我从中分析出这样的道理来：一个人的能力是有限的，要干一番事业，必须有一群团结一心的人组织成的优秀的有战斗力的集体。一个人可以走得很快，一群人却可以走得很远。

事业有成的优秀的团队都有这样的特点：一是要有一位具有远大目标和恒心的领导者，这位领导者要有大局意识，有全局观念。如唐僧、宋江等，取经大业之所以成功，当然要有唐僧百折不挠的精神，要有他的明确的目标引领，即使困难重重，但初心不改；梁山好汉终成正果，也是因为宋江的回归正统——在那个距今近1000年的封建时代，这是最好的结果，否则，他们可能永远是强盗、是土匪，永远入不了主流社会。所以我在班级和学校的管理中，未当校长时一定维护校长的权威，当了校长一定要有担当精神，有明确的办学目标和办学思想，这样我就能带领大家走得更好，老师和学生才感到有奔头。

优秀的团队还需要培养一批有本领的业务骨干。比如《西游记》中的孙悟空，比如《水浒传》中的林冲等战将。如果没有孙悟空，就不能降妖伏魔，就不能保唐僧的取经大业顺利完成；如果没有水泊梁山上的一群战将，就没有与各路人马较量的资本，也没有和朝廷讲招安的条件和资本。所以，学校也是如此，要取得教育教学的实绩，必须培养教学业务骨干，提升所有老师的教育教学水平。我在毛坦厂镇中心学校一直坚持加强教师队伍建设。做法有三：一是鼓励所有教师参加培训，提高学历水平，费用一律由学校承担。二是加强校本培训。校本培训让教师赢在课堂，我校坚持科研兴校、科研兴教、科研兴师，教师利用远程教育资源，自己动手制作课件，开展多媒体教学。学校激励教师结合教学实际，撰写教学反思、教育叙事和教研论文，积淀理论素养。学科教研组制定研修条例，重点围绕说课、上课、评课开展教研活动。如开展"老教师的示范课""年轻教师的汇报课""教研组的研讨课""对新教师的追踪课"以及"全校范围同学科教师相互听课"等活动，先由同组教师集中辩课，然后拟写教学设计。三是指导青年教师快速成长。对于新上岗的青年教师，实施"青蓝工程"，安排骨干教师结对辅导，手把手指导他们钻研教材、设计教案，一同排解教学实践中的各种难题。学校对新教师明确提出"一年入门，两年过关，三年成熟，四年骨干"的严格要求。经过锻造打磨，我校教师综合素质得到明显提升。

优秀的团队还需要有任劳任怨的普通员工。就像《西游记》团队需要沙僧那样的人，这也是必不可少的角色，少了他，团队就难以运转。所以我们要善待这些普通员工，没有他们，团队难以运行。我校始终重视这些人的生活和工作情况，关心他们，爱护他们，善待他们，依靠他们。因此，我们学校的教师队伍建设，一直有源头活水，学校的管理和教育教学始终充满活力。

优秀的团队也需要有生活情趣的乐天派人物。《西游记》中的猪八戒就是一个具有生活情趣的人。虽然他在取经路上动不动就打退堂鼓，动不动就要去高老庄，动不动就叫着要散伙，但他很有人情味，可爱而又真实。时代在发展，校长的工作与生活也不能刻板，要讲究生活情趣和工作乐趣。这样才能深入教师的心里，特别是对年轻教师的管理。校长还要不断进取，与时俱进。因此，在学校的团队中，这样的角色也是必不可少的，他们是生活和工作的润滑剂，让我们的工作推进得更顺畅。

我在毛坦厂工作时间较长，这样有个优势，那就是有一班同心同德的同仁，便于我开展工作。如我们名师工作室成员、学校领导班子成员，甚至与政府、与兄弟单位之间的关系都处理得很好。这样，学校的各项工作就能得到他们的鼎力支持。

所有这些，都是我从经典名著中学到的管理智慧。

让红烛精神代代相传

在毛坦厂工作时间长了，就有了很多想法和做法，这些都成为我教育教学的资源。在毛坦厂镇中心学校，我当了34年语文教师，担任过3年副教导主任，做过26年校长，培养了一大批学生。因为我爱教师这个职业，总是以阳光的态度对待工作、对待学生，传播的是教师职业的正能量，所以我的很多学生也选择了教师这个职业，并且还有一些学生回到家乡毛坦厂当教师，特别是和我一样，做起了语文教师——他们的说法是，还是跟着师父后面学做教师，心里踏实。到目前为止，我校158名教师中，由我亲自教出来的学生有32位，其中有12位是当语文老师。就这样，我们的山区毛坦厂有了教师的梯级发展，山区教育有了后劲和保障。

这些人中，管俊玲、王芳、陈露、刘锐、方曼、许高存、方章梅、童亚丽，因为跟我学习的时间长，所以受我的影响深，他们在中学阶段学习成绩就很突出，尤其是对语文很感兴趣，于是上大学时就报了师范类的中文专业，毕业后，也毫不犹豫地选择了回家乡的母校任语文老师，成了我的同事，我们由师生关系变成了同事关系，他们也由同学关系变成了同事关系。在学校，我直接当他们的导师，经常给他们上示范课，也经常听他们的课，并给予直接具体的指导。我指导他们备课，指导他们上课，指导他们写教学反思，指导他们发表论文，指导他们当好班主任，指导他们做课题研究。经过几年的锻炼和培养，他们现在都成了骨干教师，并且都成了周宏名师工作室主要成员。管俊玲、王芳多次参加市级优质课比赛并获奖，陈露、刘锐还被评为六安市优秀教师和皖西最美教师。因为我们毛坦厂有了优质教师资源，所以我们学校的基础教育一直很扎实，语文学科的成绩尤其突出，连续13年中考成绩取得金安区第一名。

因为我和这些年轻教师曾经有师生之情，所以虽然现在是同事，但他们一直叫我周老师——有的亲切地喊我"老先生"。就这样，我们亦师亦友，老中青相结合，教师梯队建设质量高，有源头活水，教学研讨就更加融洽，能发挥我们各自的优势，取长补短，相得益彰，对我们的教育事业和个人的专业成长都有很好的促进作用。

我的学生中，夫妻二人都回母校当老师的也有许多。典型的代表有李传朝与桑永静，甄维和方曼。先说说李传朝夫妇。李传朝是我校1992年的毕业生，桑永静是我校1993年的毕业生。两人都住在毛坦厂镇凤凰冲村，都是优秀的学生，其中桑永静的父亲还是一名小学校长。两人毕业后就到我校任教，表现很好。如今，两人都是我校骨干教师，李传朝进了校领导班子，桑永静成为市教坛新星。2018年，金安区市区缺教师，教育局要我镇支援6名教师，我本来是让这对夫妇进城的，也是对他们的人文关照，可是他们竟然没有动心，仍然坚守在家乡母校任教。

甄维和方曼，这两位也是我的嫡亲学生，受我的影响也很大，到现在，我还保存着他们的听课笔记和优秀作文选本。因为对母校的感情深，他们不仅回到了母校，并且在母校发展得很好。方曼成了学校优秀的教师之一，还是周宏名师工作室的主要成员，在全国核心期刊上发表了论文；而甄维更是独当一面，是我镇一所学校的校长。

社会的发展，人才流动性的加大，对教师队伍的稳定有很大的冲击。其实，要使教师队伍稳定，必须让其生活安定。这些年轻夫妇教师，是我校的中坚力量，是我校的未来，因为夫妇俩都在一个学校，所以也是教师队伍中最稳定的成分。

我的学生中还有从公务员转行到母校当老师的，如刘大武、桑永存、邵娜娜、杨芳、汪媛媛、刘婷婷。

人们都说很多教师改行跳槽，影响学校的发展。曾经有报道说：某地招考公务员，结果200名录取者中，有180名是教师跳槽过去的。作为一名教育工作者，听到这个信息，很是心酸。可喜的是，作为文化之乡、教育之乡的毛坦厂，我们这里的流向正好是相反的。刘大武、桑永存等老师，曾经是公务员，因为他们喜欢孩子、喜欢教育，加之毛坦厂的教育正能量以及我们一班人的引领，他们都陆陆续续地从公务员队伍中转行到教师队伍中来了。

教师职业其实是一种事业，具有永恒的光辉。古人敬重的是"天地国亲师"，可见教师是永远受人尊敬的。教师工作的规律性强，坚守的是真善美，教师可以充分利用假期多给自己充电，不断提升，持续进步，永远发展。所以，我何其有幸选择并坚持了适合自己的职业。我在几十年的教育教学生涯中坚定正确的目标导向，选择恰当的切入点，持之以恒地坚守，取得了一定的成绩，在奉献事业的同时，也提高了自己的幸福指数，提升了人生品位。献身教育事业，是我人生的智慧选择，所以我鼓励我的学生当教师，我勉励我的孩子当教师。如果有来生，我自己还会当教师！

后　记

古人云，人生有三不朽：立德、立功、立言。从狭义方面来理解，我们普通人做不到，因为那是圣人和大家的事。但从广义方面来讲，我们教师可以试着努力去做，因为我们教师的职业本身就是功德无量的，立德树人是我们的本职，把一批批孩子培养成人、成才，也是建功立业，是永远的好事、善事，具有永恒的光彩，把自己的教育教学经历和所思所感中有价值的东西写下来，讲好自己的教育故事，也是立言，能够帮助他人，启迪后人。

作为一名普通的教师，把自己的成长行思写出来，让同行们共享，我认为是有意义的。这本著作，是我几十年工作和思考的见证，是行，更是思。因为来源于生活，所以是鲜活的；因为产生于教育活动中，所以真实感人；因为是我个人的，所以是个性中蕴含着共性的教育原理。这样，就有了一定的独特价值。

这本著作，是我工作和思考的心血，就像我的孩子一样，她的成形，除了我自己的行思探索，更要感谢我成长路上的导师和贵人。

我要感谢安徽师范大学教育科学学院的阮成武教授，我十几岁在师范学校读书的时候，他就是我的导师，为我打下了做好老师的基础。我在校长班培训时，他又多次给我指导，使我成为优秀的校长。我作为学科带头人在安徽师范大学参加培训时，他更是高屋建瓴地给我们以理论和实践的打磨，尤其是他的学术精神和学术态度，更是给了我潜移默化的影响，促使我成为一个有思想的学科带头人。

我要感谢安徽师范大学教育科学学院的周兴国教授，是他引导我走上教育科研的道路，增强了我做教育科研的信心，教会了我做教育科研的方法，并且为我们教育科研作品的成形铺路，推动了江淮名师的成长。

我要感谢我们六安市金安区教育局局长韩怀国同志，他一直帮助和引

214

导我成长。他总是以推进教师的专业化成长为己任，他给我们工作室以鼓励和帮助，支持我到美国访学，促使我走上教育大讲堂，还抽出时间指导我的著作并作序。

我要感谢教师进修学校的老校长韩先悟，是他在我三十几岁专业成长的"高原迷茫期"给了我自信，使我知道了发展的方向，让我一个乡村教师也勇于向特级教师、正高级教师冲击，并取得专业上的快速进步和长足发展。

我要感谢在本书出版过程中付出心血的编辑、校对老师，她们给了我悉心的指导，耐心的帮助，周到的服务。这种甘为人梯、甘当园丁的精神，让我们作者永难忘却。

我还要感谢在我成长和这本著作形成过程中给予我帮助的师长、朋友、同仁们，在此不一一列举，但由衷地表示感激。

另外，本书在写作中参考引用了一些资料，正文中未一一标注，在此谨向这些资料的著作权人表示感谢。

我热爱教师这个职业，因为她非常适合我，也成就了我。正如我的学生和同事们所说，我们幸运地赶上了好时代，我们生活的这几十年正是和平发展和教育大有作为的年代。人的一生只有两个成长的黄金时期，一个是自己的成长期，一个是陪伴着孩子的成长期，而老师们一辈子都在陪伴着孩子们成长。因此，从这个意义上说，我们做教师的一生都处在黄金时期。人总要随着年龄的增长而衰老，但"得英才而教育之"的精神永不会老。因为即使我们身体衰老，也仍然有许多年轻的目光关注着我们，有许多年轻的心陪伴着我们。老师和校长是辛苦的，但也是幸运的、幸福的，更是光荣的。让我们伴着一代代年轻人的成长，自己也永远年轻吧！

周　宏

二〇一九年十月